TRANSITION TO A
HIGH-QUALITY DE
WITH INNOVATION

创新
驱动高质量发展

李凌 著

上海社会科学院出版社
SHANGHAI ACADEMY OF SOCIAL SCIENCES PRESS

本书系上海社会科学院创新工程优秀青年人才"创新经济学"项目(2015RQN(T)003)研究成果

编审委员会

主　　编　张道根　于信汇
副主编　王玉梅　谢京辉　王　振　何建华
　　　　　张兆安　周　伟
委　　员　（以姓氏笔画为序）
　　　　　王　健　方松华　叶必丰　权　衡
　　　　　朱建江　刘　杰　刘　鸣　孙福庆
　　　　　杨　雄　沈开艳　周冯琦　荣跃明
　　　　　姚勤华　晏可佳　黄凯锋　强　荧
执行编委　陶希东　王中美　李宏利

总　序

当代世界是飞速发展和变化的世界，全球性的新技术革命迅速而深刻地改变着人类的观念形态、行为模式和社会生活，同时推动着人类知识系统的高度互渗，新领域、新学科不断被开拓。面对新时代新情况，年轻人更具有特殊的优越性，他们的思想可能更解放、更勇于探索，他们的研究可能更具生命力、更富创造性。美国人类学家玛格丽特·米德在《文化与承诺——一项有关代沟问题的研究》一书中提出，向年轻人学习，将成为当代世界独特的文化传递方式。我们应当为年轻人建构更大的平台，倾听和学习他们的研究成果。

2018年，适逢上海社会科学院建院60周年，上海社会科学院向全院40岁以下青年科研人员征集高质量书稿，组织资助出版"上海社会科学院院庆60周年·青年学者丛书"，把他们有价值的研究成果推向社会，希冀对我国学术的发展和青年学者的成长有所助益。本套丛书精选本院青年科研人员最新代表作，内容涵盖经济、社会、宗教、历史、法学、国际金融、城市治理等方面，反映了上海社会科学院新一代学人创新的能力和不俗的见地。年轻人是上海社会科学院最宝贵的财富之一，是上海社会科学院面向未来的根基。

上海社会科学院科研处

2018年7月

目 录

导论　创新驱动高质量发展　　1
 第一节　问题的提出：中国经济从高速度增长转向高质量发展　　1
  一、中国经济的高速度增长　　2
  二、外部冲击与转向高质量发展　　4
  三、质量变革方面存在的突出问题　　7
  四、效率变革方面存在的突出问题　　8
  五、动力变革方面存在的突出问题　　10
 第二节　创新驱动高质量发展的若干共识　　11
  一、发展阶段的共识：转入"新常态"　　11
  二、增长动力的共识：转向创新驱动　　14
  三、深化改革的共识：改善资源错配　　16
  四、全面开放的共识：对接国际标准　　18
 第三节　本书的基本观点与主要内容　　20
  一、基本观点　　20
  二、主要内容　　21

理论框架篇

第一章　创新驱动高质量发展的理论框架　　31
 第一节　从三次工业革命看创新驱动的历史演进　　31

一、第一次工业革命与创新驱动		32
二、第二次工业革命与创新驱动		32
三、第三次工业革命与创新驱动		33

第二节 "创新驱动"的理论内涵与解读　35
  一、斯密式创新　35
  二、熊彼特式创新　37
  三、波兰尼的大转型　39
  四、创新驱动的内涵辨析　40
  五、简要评述　42

第三节 创新驱动高质量发展的理论框架　43
  一、纵向维度："要素驱动—效率驱动—创新驱动"的内在逻辑　44
  二、横向维度：四大创新体系为高质量发展提供创新动力　46

第二章 知识创新体系与创新驱动高质量发展　49

第一节 知识创新与人力资本　49
  一、何谓知识创新　50
  二、人力资本是知识创新的载体　51
  三、知识创新的三种推进模式　52

第二节 作为创新驱动策源地的知识创新体系　54
  一、知识创新体系是网络化的知识创新　54
  二、知识创新体系的运行机制　55
  三、知识创新体系的智库介入：以美国为例　56

第三节 知识创新体系形成与高质量发展：以我国东部沿海地区为例　59
  一、教育投入的视角　59
  二、科学研究的视角　62

三、职业培训的视角　　67

第三章　技术创新体系与创新驱动高质量发展　　69
第一节　技术创新与技术开发创新链　　70
　　一、何谓技术创新　　70
　　二、技术创新的四个实践环节　　76
第二节　作为创新驱动主战场的技术创新体系　　78
　　一、技术创新体系是集成化的技术创新　　79
　　二、从封闭走向开放的技术创新体系　　80
第三节　技术创新体系变革与高质量发展　　82
　　一、市场环境与企业创新活力　　83
　　二、薪酬激励与人员创新动力　　84
　　三、部门利益与技术开发衔接　　85
　　四、产权保护与创新成果转化　　86
　　五、产学研与技术创新协同力　　86

第四章　模式创新体系与创新驱动高质量发展　　88
第一节　模式创新及其影响因素　　89
　　一、何谓模式创新　　89
　　二、信息技术催生模式创新　　90
　　三、影响模式创新的市场与政府因素　　93
第二节　作为创新驱动应用端的模式创新体系　　94
　　一、模式创新体系是系统化的模式创新　　95
　　二、企业战略视角下的模式创新体系　　96
　　三、产业发展视角下的模式创新体系　　98
第三节　模式创新体系生长与高质量发展　　99

一、物联网促进业态创新与资源整合　　100
　　二、平台经济发展加速商业模式创新　　102
　　三、移动智能技术开启全球化新模式　　106

第五章　空间（区域）创新体系与创新驱动高质量发展　　110
　第一节　空间创新、创新空间与创新能力　　111
　　一、何谓空间创新　　111
　　二、空间创新与创新空间　　112
　　三、空间创新与空间创新能力　　112
　第二节　作为创新驱动承接点的空间创新体系　　114
　　一、空间创新体系是高能化的空间创新　　114
　　二、空间创新体系的动力机制：内部动力与外部动力　　117
　　三、空间创新体系的保障体系：公共服务和文化氛围　　117
　第三节　空间创新体系演化与高质量发展　　118
　　一、互动性与空间创新体系的发展质量　　119
　　二、空间创新体系的互动机制与溢出效应　　120
　　三、创新城市的演化路径与空间结构　　122

实证研究篇

第六章　创新驱动高质量发展的指标体系　　129
　第一节　创新驱动评价指标体系的构建方法与借鉴　　129
　　一、创新驱动的国际评价指标体系　　130
　　二、创新驱动的国内评价指标体系　　137
　　三、评论与借鉴　　143
　第二节　创新驱动高质量发展评价指标体系的设计原则与基本框架　　146

一、创新驱动高质量发展指标体系设计的四个原则　　146
　　二、创新驱动高质量发展评价指标体系的具体设计　　147
第三节　上海创新驱动高质量发展的实证分析　　150
　　一、数据来源及预处理　　150
　　二、上海创新驱动高质量发展指数及其分解　　152

第七章　创新驱动高质量发展的国际视野　　162
第一节　世界城市转型发展的经验事实　　162
　　一、德国鲁尔区：从工业城市到文旅城市　　163
　　二、美国匹兹堡：从钢铁之都到文教中心　　165
　　三、日本川崎：从工业都市到环保典范　　169
　　四、印度班加罗尔：从纺织城到IT城　　172
第二节　创新驱动高质量发展的国际经验　　174
　　一、知识创新体系：培育创新型人才　　175
　　二、技术创新体系：提高劳动生产率　　176
　　三、模式创新体系：鼓励新业态发展　　177
　　四、空间创新体系：形成多中心布局　　178
第三节　后国际金融危机时期美德俄的创新理念　　179
　　一、美国的国家创新基础架构　　180
　　二、德国的"工业4.0"战略　　183
　　三、俄罗斯的国家创新体系　　184

上海实践篇

第八章　创新驱动与上海"四个中心"建设　　189
第一节　关于上海"四个中心"建设的六个基本判断　　190

一、上海城市发展的阶段性特征　　190

二、上海"四个中心"建设的六个基本判断　　190

第二节　上海创新驱动与"四个中心"建设历程回溯　　194

一、20世纪80年代：完备的工业体系与"上海经济发展战略"转型意向　　195

二、20世纪90年代初：浦东开发开放与上海发展的国家战略高度　　195

三、世纪之交："迈向21世纪的上海"与国际化大都市建设　　196

四、后金融危机时代："创新驱动发展"与"四个中心"建设　　197

第三节　上海创新驱动与"四个中心"建设总体评价　　200

一、创新驱动与"四个中心"建设取得新突破　　201

二、创新驱动与"四个中心"建设产生新问题　　204

三、创新驱动与"四个中心"建设面对新变量　　206

第四节　创新驱动与上海"四个中心"建设路径再选择　　208

一、创新驱动与"四个中心"的关系　　209

二、"四个中心"内在联系再认识　　210

三、"四个中心"联动发展机制再造　　212

第五节　"四个中心"未来30年的创新发展　　214

一、信息化对"四个中心"演变的影响　　214

二、"四个中心"高质量发展的决定因素　　217

三、未来30年上海"四个中心"演变与展望　　218

第九章　创新驱动与上海全球科技创新中心建设　　222

第一节　创新驱动与全球科技创新中心发展新特征　　223

一、科技创新中心视域下的创新　　223

二、全球科技创新中心发展新特征　　224

第二节　上海建设全球科技创新中心的渊源与优势　　　　　229
　　　　一、科技创新是中国之强国策　　　　　　　　　　　　230
　　　　二、上海具备建设全球科技创新中心的条件与优势　　　232
　　第三节　上海建设全球科技创新中心面临的三大挑战　　　　236
　　　　一、挑战之一：人口红利消失与老龄化趋势　　　　　　236
　　　　二、挑战之二：高企的生活支出与创业成本　　　　　　237
　　　　三、挑战之三：企业家精神与创新文化缺失　　　　　　238
　　第四节　上海建设全球科技创新中心的主要瓶颈　　　　　　239
　　　　一、科技人才　　　　　　　　　　　　　　　　　　　240
　　　　二、科技创新资金　　　　　　　　　　　　　　　　　241
　　　　三、成果转化　　　　　　　　　　　　　　　　　　　241
　　　　四、利益分配　　　　　　　　　　　　　　　　　　　242
　　　　五、创新政策　　　　　　　　　　　　　　　　　　　243
　　　　六、创新生态环境　　　　　　　　　　　　　　　　　244
　　第五节　制度变革引领上海全球科技创新中心建设　　　　　245
　　　　一、科技创新中心建设中政府与市场关系再思考　　　　245
　　　　二、上海全球科技创新中心建设的政策突破口　　　　　247

第十章　创新驱动与上海知识产权交易中心建设　　　　　　　249
　　第一节　知识产权交易中心是上海科技创新中心建设的重要
　　　　　　组成部分　　　　　　　　　　　　　　　　　　　249
　　　　一、知识产权和知识产权交易中心　　　　　　　　　　250
　　　　二、知识产权交易中心与上海科技创新中心建设　　　　251
　　第二节　上海知识产权交易现状与组建知识产权交易中心
　　　　　　可行性分析　　　　　　　　　　　　　　　　　　252
　　　　一、全国布局与上海的定位　　　　　　　　　　　　　252

二、上海知识产权交易现状与存在的问题　　253
　　三、组建上海知识产权交易中心的可行性　　255
第三节　国外知识产权交易中心的主要模式与经验启示　　256
　　一、国外知识产权交易中心运作的四种模式　　257
　　二、国外知识产权交易中心运作的主要经验　　258
　　三、对上海组建知识产权交易中心的几点启示　　259
第四节　上海知识产权交易中心能级提升的关键举措　　261
　　一、核心功能升级：机制设计与相关举措　　261
　　二、非核心功能延伸：机制设计与相关举措　　263

第十一章　创新驱动与上海科技创新团队激励　　268

第一节　创新团队是上海创新驱动高质量发展的基本单元　　268
　　一、创新团队的内涵　　269
　　二、上海高新技术产业化领域科技创新团队建设基本情况　　271
第二节　上海科技创新团队激励存在的主要问题及原因分析　　272
　　一、内部激励不充分及原因分析　　272
　　二、市场激励不到位及原因分析　　274
　　三、政策激励不解渴及原因分析　　275
第三节　外资（民营）科技企业创新团队建设的案例与启示　　276
　　一、全力争夺创新团队的领军人物　　277
　　二、全方位创建跨区域的创新团队　　278
　　三、营造乐于创新的团队组织机制　　280
　　四、培育浓厚、宽松、自由的创新团队氛围　　282
　　五、强化培训为创新团队注入持久活力　　283
第四节　完善上海科技创新团队建设激励政策的举措和建议　　284
　　一、内部激励要打破平均主义　　285

二、市场激励要遵循市场规律　　287

三、政策激励要营造创新环境　　288

第十二章　创新驱动与上海经济的"互联网＋"　　290

第一节　"互联网＋"行动计划助力创新驱动发展战略　　290

一、推动传统产业深度变革　　291

二、致使众多"创客"脱颖而出　　291

三、加快推进政府职能转变　　292

第二节　"大众创业、万众创新"与共享发展新理念　　294

一、"双创"模式：核心理念、建设载体与主要特征　　295

二、上海和杭州"双创"态势对比分析　　298

三、"双创"模式开启劳动关系新时代　　302

四、深化行政体制改革助推"双创"　　304

第三节　分享经济的创新模式与管理变革　　306

一、分享经济是经济发展的新模式　　307

二、分享经济撬动供给侧结构性改革　　308

三、分享经济需要共享、共建、共治　　310

第十三章　创新驱动与上海文化创意产业发展　　312

第一节　科技创新与文化创意产业融合发展的时空契合　　312

一、科技创新贯穿文化创意产业发展的各个阶段　　313

二、文化创意产业园区是科技与文化创意融合发展的创新空间　　315

第二节　上海文化创意产业发展：现状与问题　　316

一、打造具有国际影响力的文化创意产业中心　　316

二、聚焦质量：上海文化创意产业发展面临的主要问题　　320

第三节　科技创新与文化创意融合发展的国际经验与启示　　323
　　　　一、美国硅谷：开放式创新　　323
　　　　二、英国伦敦：创意企业集群　　325
　　　　三、中国台湾：科技人才延揽　　327
　　第四节　科技创新助推上海文化创意产业发展若干建议　　330
　　　　一、精准规划细化产业分类　　330
　　　　二、构建全面开放的创新空间　　331
　　　　三、发展中小创意企业集群　　331
　　　　四、探索全产业链盈利模式　　332
　　　　五、培养文化与科技跨界人才　　332
　　　　六、提供优质高效的公共服务　　332

参考文献　　334
后　记　　345

导　论
创新驱动高质量发展

党的十九大报告指出:"创新是引领发展的第一动力,是建设现代化经济体系的战略支撑。"为了解决"发展质量和效益还不高,创新能力不够强"等发展不平衡、不充分的一些突出问题,推进创新型国家建设,实现科技强国、质量强国、航天强国、网络强国、交通强国、数字中国、智慧社会等目标,"必须坚持质量第一、效益优先,以供给侧结构性改革为主线,推动经济发展质量变革、效率变革、动力变革,提高全要素生产率,着力加快建设实体经济、科技创新、现代金融、人力资源协同发展的产业体系,着力构建市场机制有效、微观主体有活力、宏观调控有度的经济体制,不断增强我国经济创新力和竞争力"。

第一节　问题的提出:中国经济从高速度增长转向高质量发展

改革开放以来,中国的发展得益于高速增长,创造了发展中大国的增长奇迹。但高速增长往往与粗放型增长、数量型增长联系在一起,并不能与高质量发展画等号,一些社会经济问题与风险,日渐成为隐藏在高速增长背后的"阿喀琉斯之踵"。周其仁教授曾不无形象地以换灯泡为例,来说明"速度与质量"之间的辩证关系。他指出,如果灯泡质量不好,总是坏,那就需要频繁地更换,工厂就要不停地生产灯泡,否则就会来不及更换;相反,如果灯泡质量好,一只灯泡可以用上好几年,那就不需要更换了,增长的速度自然会降下来。显然,我们更青睐于一个高质量发展的经济,而从高速度增长转向高质量发展则需要从理念到行动的一系列变革。

一、中国经济的高速度增长

中国的经济社会发展取得了令世人瞩目的成就,人均GDP从1991年的357美元增长至2016年的8 127美元,在平价购买力水平下,分别相当于987国际元和15 529国际元。① 在过去的40年里,实现了约10%的经济高速增长,并且有两次连续5年保持增速10%以上。回顾人类发展历史,一个国家连续5年的GDP增速超过10%的记录可能只有3次。除了有一次发生在日本,另两次都发生在中国。第一次发生在20世纪90年代中期,邓小平南方讲话之后,社会总需求强烈扩张,中国经济冲向一波新高峰,1992—1996年的GDP增长率分别是14.2%、14.0%、13.1%、10.9%、10.0%;另一

图0-1 中国经济增长率(1978—2017年)

---

① 数据来源:世界银行数据库、中国统计数据库。

次发生在中国加入世贸组织之后,大量的出口以及开放经济与全球化红利推升了中国经济增速,2003—2007年的GDP增长率分别是10.0%、10.1%、11.3%、12.7%和14.2%。2008年美国的次贷危机升级为全球金融危机,中断了中国连续5年超10%的高速增长,在外部冲击的影响下,增速下降到10%以下,并逐步转入漫长的调整期。

相比之下,前一个连续5年10%以上增长是趋势向下的,当时面临的主要问题是如何应对经济过热,具体表现为"四高",即高投资增长、高货币投放、高物价上涨和高贸易逆差;"四热",即房地产热、开发区热、集资热和股票热。宏观调控的主要任务是在不妨碍经济增长的基础上,治理通货膨胀,遏制投资过热,实现经济"软着陆"。而后一个连续5年10%以上增长是趋势向上的,主要得益于对外开放和全球化红利,高速增长并没有引发严重的通货膨胀。

再从经济周期(峰—谷—峰)的划分标准来看,在改革开放40年的时间里,中国经济大致在6%—14%的增长区间内波动,年均增长9.6%,这是一个相当高的赶超型增长区间和增长速度,是同期世界经济增长率2.9%的3.3倍。[①] 其间,中国经济一共经历了大致三个完整的经济周期和半个下降周期,呈现出增长速度放缓,周期时间拉长,峰谷落差变小,增长波动平滑化等特点与趋势(见表0-1)。

表0-1 中国经济运行的周期与增长(1978—2017年)

期　　间	年均增长(%)	峰谷落差(%)	历时(年)
1978—2017年	9.6	11.4	40
1978—2016年,世界经济	2.9	6.4	40
第一个周期(1978—1985年)	10.1	10.0	8
第二个周期(1986—1993年)	9.6	10.4	8

[①] 1978—2016年世界经济增长率年均2.9%,来自世界银行数据库。

续 表

期　间	年均增长(%)	峰谷落差(%)	历时(年)
第三个周期(1994—2007年)	10.2	6.6	14
第四个周期(2008年至今)	8.2	3.7	>10

数据来源：中国统计数据库、世界银行数据库。

二、外部冲击与转向高质量发展

中国经济高速增长的过程，也是中国融入全球化的过程，这在2001年中国加入世界贸易组织之后更为明显。2010年中国取代日本，成为世界第二大经济体。党的十八大以来的5年，中国经济增长对世界经济增长贡献率超过30%，这使得中国与世界的关系也在发生着深刻的变化，逐渐从规则的"接受者""跟跑者"转变为"参与者""领跑者"。从此，中国难以独善其身，中国经济的新常态，首先是世界经济新常态的反映。2008年之后，在全球金融危机的影响下，外部市场出现了明显的收缩迹象，世界经济增长率从2010年的4.3%下降至2016年的2.5%，下降了1.8%。其中，印度、巴西、俄罗斯、南非等新兴经济体，以及一些高增长地区，如新加坡和韩国等，经济绩效似乎都乏善可陈（见表0-2）。从目前来看，全球经济似乎仍然难以摆脱旷日持久的萧条阴霾，长期陷入低迷也使得民粹主义和反全球化的思潮此起彼伏。

表0-2　中国与世界经济增速比较（2010年与2016年）　　单位：%

年份	中国	世界	印度	巴西	俄罗斯	南非	新加坡	韩国	美国	日本
2010	10.4	4.3	10.3	7.5	4.5	3.0	15.2	6.5	2.5	4.2
2016	6.7	2.5	7.1	−3.6	−0.2	0.3	2.0	2.8	1.5	1.0
降幅	3.7	1.8	3.2	11.1	4.7	2.7	13.2	3.7	1.0	3.2

资料来源：世界银行数据库（WDI）。

外部市场收缩,是导致这一时期中国经济增速放缓的重要原因。[①] 而且也正是这场突如其来的外部冲击,使得长期隐藏在高速增长背后的经济运行的结构性问题暴露出来。2013年年底召开的中央经济工作会议,作出了中国经济正处在"三期叠加"阶段的判断,即增速换挡期、结构阵痛期与政策消化期。其中,增速换挡主要是指从高速、超高速增长转向中高速增长,结构阵痛主要是指加快调整经济结构、转变经济发展方式,政策消化主要是指后金融危机时期出台的一系列政策的边际效应正在递减。由此形成对中国"经济新常态"的论断,是把"三期叠加"推演到更长的历史阶段加以考察的结果。[②]

中国经济近40年来的高速增长,主要得益于要素驱动与投资驱动,包括廉价的劳动力成本优势和基础设施投资等,2001年之后,出口成为支撑经济高速增长的另一引擎。依靠投资和出口拉动增长的模式,相当程度上掩盖了中国经济结构失衡的事实,"高出口、高投资和低消费"成为全球金融危机爆发之前,中国宏观经济增长的特征写照,其中隐藏着两个"失衡":一是外部经济失衡,即国际贸易不平衡,尤其是中美贸易之间的不平衡或恐怖平衡,[③]意指"中国出口、世界(美国)进口""中国积累、世界(美国)消费";二是内部经济失衡,包括投资—消费结构、分配结构和产业结构等经济结构的失衡,[④][⑤]导致劳动收入占比偏低、居民消费率偏低等。[⑥][⑦] 在全球金融危机的冲击下,外部经济失衡以贸易摩擦等形式表现出来,继而引发实体经济产能过剩、资金配置脱实向虚、经济风险预期陡增等一系列国内经济问题,致使原有的粗放型增长模式难以为继。

[①] 林毅夫.如何理解中国经济增速放缓[N].新华日报,2016-11-04,(015).
[②] 郭克莎.中国经济发展进入新常态的理论根据——中国特色社会主义政治经济学的分析视角[J].经济研究,2016,(9):4-16.
[③] 中国经济增长与宏观稳定课题组.全球失衡、金融危机与中国经济的复苏[J].经济研究,2009,(5):4-20.
[④] 郭树清.中国经济的内部平衡与外部平衡问题[J].经济研究,2007,(12):4-10.
[⑤] 权衡,李凌等.国民收入分配结构:形成机理与调整思路[M].上海:上海社会科学院出版社,2015.
[⑥] 罗长远,张军.经济发展中的劳动收入占比:基于中国产业数据的实证研究[J].中国社会科学,2009,(4):65-79.
[⑦] 陈斌开等.理解中国消费不足:基于文献的评述[J].世界经济,2014,(7):3-22.

表 0-3 世界主要国家内需结构(2015 年)　　　　　单位：%

指　　标	中国	美国	英国	德国	日本	韩国	印度	巴西
最终消费率	53	83	84	73	76	64	68	84
居民消费率	39	68	65	54	57	49	58	64

数据来源：经世界银行数据库(WDI)数据计算，转引自陈斌开.供给侧结构性改革与中国居民消费[J].学术月刊,2017(9)：13-17。

2014 年习近平总书记在多个场合提出了"新常态"的概念，包括四层涵义：一是"增长速度要从高速转向中高速"，二是"发展方式要从规模速度型转向质量效率型"，三是"经济结构调整要从增量扩能为主转向调整存量、做优增量并举"，四是"发展动力要从主要依靠资源和低成本劳动力等要素投入转向创新驱动"。[1] 由此可见，创新驱动高质量发展，是从"新常态"推断而来，是"新常态"论断的具体化。从高速度增长转向高质量发展，不仅是落实党的十八届五中全会提出的"五大发展理念"的具体举措，即"创新成为内生动力、协调成为根本特点、绿色成为基本形态、开放成为必由之路、共享成为根本目的"，由此不断满足人民日益增长的美好生活需要，同时也是经济发展阶段转型使然，适应新一轮科技革命与全球发展的新格局、新趋势，从而倒逼中国经济发展方式变革，以适应环境的改变，谋求更好的发展。

经济增速放缓，使得原本隐藏在高增长背后的更深层的结构性、体制性问题逐步暴露出来，阻碍经济运行质量的提高。与发达国家相比，与人民日益增长的美好生活需要相对照，中国经济的发展质量仍有一定的差距。为此，党的十九大报告指出，"中国经济正处在转变发展方式、优化经济结构、转换增长动力的攻关期，建设现代化经济体系是跨越关口的迫切要求和我国发展的战略目标。必须坚持质量第一、效益优先，以供给侧结构性改革为主线，推动经济发展质量变革、效率变革、动力变革，提高全要素生产率，着

---

[1] 习近平.在省部级主要领导干部学习贯彻党的十八届五中全会精神专题研讨班上的讲话[N].人民日报,2016-5-10,(2);郭克莎.中国经济发展进入新常态的理论根据——中国特色社会主义政治经济学的分析视角[J].经济研究,2016,(9)：4-16.

力加快建设实体经济、科技创新、现代金融、人力资源协同发展的产业体系,着力构建市场机制有效、微观主体有活力、宏观调控有度的经济体制,不断增强我国经济创新力和竞争力"。

三、质量变革方面存在的突出问题

从产品和服务质量来看,但凡有过国外购物体验的消费者都可以感受到,我国产品附加值不高、可靠性不足、适用性不强,服务质量仍有较大提升空间。在一些地区,制造业"假冒伪劣"、服务业"坑蒙拐骗"是不争的事实,甚至与人民生活息息相关的食品药品的质量安全问题也时有发生。① 品牌是产品质量的客观反映,在 2016 年《世界品牌 500 强》排行榜中,共有 28 个国家入选。其中,美国占据 500 强中的 227 席,位列第一;英国、法国均以 41 个品牌并列第二;日本、中国、德国、瑞士和意大利是品牌大国的第二阵营,分别有 37、36、26、19 和 17 个品牌入选。② 尽管中国以 36 个品牌入选,但相对于 13 亿人口大国和世界第二大经济体而言,似乎不太匹配,这也从一个侧面反映出中国产品质量的现状,而那些进入榜单靠前的国家,也正是我国国内消费需求外溢的国家。据商务部统计,国内外旅游消费市场正呈现"冰火两重天",2015 年境外消费高达 1.5 万亿元人民币,同比增长近 60%,而同期国际游客在中国的总花费仅为 3 846 亿元人民币,同比增长仅 3%。商务部的数据还显示,2015 年中国服务贸易逆差为 1 366.2 亿美元,其中旅游逆差估计在 800 亿美元以上。相比于国内购物,消费者更愿意去境外消费。

从生产要素质量来看,要素投入质量也有较大提升空间。一是人力资本质量与发达国家差距较大。例如,2015 年每百万人中研究人员为

---

① 比如近年来频频见诸媒体的"苏丹红"事件、"孔雀石绿"事件、"三聚氰胺奶粉"事件、"地沟油"事件等。
② 2016 年世界品牌 500 强:中国 36 个品牌入榜[EB/OL].[2018-03-28],搜狐网,http://www.sohu.com/a/122633271_119038.

1 177人,远低于日本的5 231人、韩国的7 087人、德国的4 431人、美国的4 232人(2014年)、英国的4 471人和OECD的3 961人(2014年)。① 从美国硅谷和中国上海两地之间的比较来看,同为创新活动最为活跃的区域,根据《硅谷指数》(2016年)显示,2015年72%的硅谷人口具有专科、本科及以上学历(其中21%具有研究生及以上学历),而同一时期上海的这一比例不足22%。② 二是创新投入结构不合理,2013年中国研发经费支出中84.6%用于试验发展,10.7%用于应用研究,只有4.7%用于基础研究。基础研究支出占比只有日本的38.2%、美国和俄罗斯的28.5%,以及法国的19.3%,③ 由此导致实用新型和外观设计专利占比偏高,而具有原创性的、颠覆性的技术创新偏少。三是资本积累水平不高,2014年的劳均资本为8.69万美元(2011年不变价格),仅相当于法国的1/5、美国的1/4、日本的1/3、世界平均水平的1/2。④

四、效率变革方面存在的突出问题

从资本产出率来看,突出表现为投资效率持续下降,尤其是全球金融危机之后,中国的投资效率恶化趋于严重,资金配置出现了脱实向虚的趋势。据测算,用新增单位GDP所需的固定资产投资总额衡量的增量资本产出率(ICOR)指标,从2007年的2.7上升到2015年的12.5左右,之后有所回落,2016年和2017年分别为11.1和7.7,但仍高于世界平均水平3左右。

从劳动生产率来看,尽管增速较快,改革开放以来年均增长达到8.67%(1978—2016年),但目前仍低于世界平均水平。根据世界大型企业联合会

---

① 数据来自世界银行数据库(WDI)。
② 数据来自《上海市2010年第六次全国人口普查主要数据公报》,其中上海市常住人口为2 301.9万人,具有大学(指大专以上)文化程度的人口为505.3万人;具有高中(含中专)文化程度的人口为482.6万人;具有初中文化程度的人口为839.3万人;具有小学文化程度的人口为311.6万人(以上各种受教育程度的人包括各类学校的毕业生、肄业生和在校生)。
③ 数据来自中国科技统计数据(2014)表6-3。
④ 参见郭春丽等.推动高质量发展存在的突出问题及对策建议.经济要参,2018,(10);张长春等.我国生产率研究:现状、问题与对策[J].宏观经济研究,2018,(1):28-41.

图 0-2 中国增量资本产出率(1980—2017年)

数据来源：国家统计数据库，作者编制。

发布的数据计算，2016年包括我国在内的世界主要经济体的平均劳动生产率为51 921美元（各国GDP按购买力平价调整后的2011年不变价美元计，下同），我国仅为23 486美元，相当于世界平均水平的45.2%、G7国家平均水平的25.6%、OECD国家的27.8%、亚太地区的46.9%、拉美国家的65.5%、金砖国家的73%；相当于美国的19.7%、法国的24.3%、加拿大的26.2%、德国的26.4%、意大利的26.6%、英国的27.4%、日本的31.4%，差距甚为明显。①

表 0-4 中国与部分经济体劳动生产率的比较(1990—2016年)

年份	中国 (2011年 美元/人)	中国相当于样本经济体平均水平的百分比(%)				
		世界 平均	OECD 国家	金砖 国家	亚太 经济体	拉美 国家
1990	3 953	10.7	6.9	17.5	17.9	14.5
2001	7 232	17.4	10.2	33.2	23.1	23.6
2005	10 726	23.5	13.8	41.8	28.9	33.7

---

① 张长春等.我国生产率研究：现状、问题与对策[J].宏观经济研究,2018,(1):28-41.

续　表

年份	中国 (2011年 美元/人)	中国相当于样本经济体平均水平的百分比(%)				
		世界 平均	OECD 国家	金砖 国家	亚太 经济体	拉美 国家
2010	17 098	35.1	21.3	55.8	39.5	48.9
2015	22 631	44.1	27.1	70.2	46.5	62.8
2016	23 486	45.2	27.8	73.0	46.9	65.5

资料来源：张长春,等.我国生产率研究：现状、问题与对策[J].宏观经济研究,2018(1)：28-41。

从全要素生产率来看,由于研发效率和科技成果转化方面的原因,我国全要素生产率水平及其增速都落后于发达国家。宾州大学国际比较项目发布的数据表明,2014年中国全要素生产率是美国的43%、德国的46%、英国的60%、G7国家的52%,以及世界平均水平的53.1%,在40个劳动生产率相近的经济体的比较中,位列第31名。

五、动力变革方面存在的突出问题

从需求拉动来看,一方面,受制于消费能力、消费环境与消费供给等因素,中国居民的消费潜力尚未得到有效释放,尤其是在2000年之后,居民消费率持续走低,目前居民消费率和最终消费率分别维持在40%和55%左右,低于发达国家20%—30%,同时还存在着攀比消费、奢侈消费等不合理消费带来的发展质量不高的问题。另一方面,投资需求增长乏力,民间投资失速,基础设施投资在地方政府去杠杆和规范融资平台的双重压力下,筹资能力受限；房地产开发投资在严调控下面临下行压力,增速放缓。国家统计局的数据表明,2017年,全国固定资产投资(不含农户)631 684亿元,比上年增长7.2%,同比下降0.9%。2017年房地产开发投资109 799亿元,同比名义增长7.0%,2016年为6.9%,远低于21世纪第一个10年20%以上的增长率。此外,对外贸易大而不强的问题依然存在,主要表现为外贸创新能力弱、出口产品附加值不高、质量有待提升等。

从供给推动来看,科技创新链还比较零碎,尚未形成规模化、系统化的创新体系,主要表现在三个方面:一是制造业提质增效的要求比较迫切,运用互联网、大数据、人工智能等先进生产方式的手段与效果还有待增强,以缩小与国际制造业的技术前沿的较大差距;二是服务业公共医疗、社会保障、基础教育和保障性住房等基本公共服务供给不足,这也是导致居民储蓄动机长期处于较高水平,消费力难以有效释放的主要原因之一;三是产业转化成本过高,产业升级路径不畅,制造业和服务业的产业能级提升受阻,传统的劳动力知识结构和低人力资本等因素,使得生产资源难以从生产率低的产业向生产率高的产业跃迁。

第二节　创新驱动高质量发展的若干共识

党的十九大关于中国经济发展质量的一系列重要论述和判断指出:"我国经济已由高速增长阶段转向高质量发展阶段,正处在转变发展方式、优化经济结构、转换增长动力的攻关期。"这一科学论断为进一步明确我国发展阶段和发展目标、凝聚"以人民为中心"的发展共识,指明了有利于解放和发展社会生产力的前进方向。当前,应着力于构建现代化经济体系,"以供给侧结构性改革为主线,坚持社会主义市场经济改革方向,加快推动经济发展质量变革、效率变革和动力变革"。

一、发展阶段的共识:转入"新常态"

党的十八大以来,中国经济发展取得历史性成就、发生历史性变革,为其他领域改革发展提供了重要物质条件。经济实力再上新台阶,经济年均增长7.1%，成为世界经济增长的主要动力源和稳定器；经济结构出现重大变革，推进供给侧结构性改革，经济体制改革持续推进，经济更具活力和韧性；对外开放深入发展，倡导和推动共建"一带一路"；人民获得感、幸福感明显增强，脱贫攻坚战取得决定性进展，基本公共服务均等化程度不断提高，形成了世界上人口最多的中等收入群体；生态环境状况明显好转，推进生态文明建设决心之大、力度之大、成效之大前所未有。

2014年年底的中央经济工作会议，指出了中国经济发展由旧常态向新常态转变的大趋势，大致包括了九个方面。[①]

从消费需求看，过去我国消费具有明显的模仿型排浪式特征，现在模仿型排浪式消费阶段基本结束，个性化、多样化消费渐成主流，保证产品质量安全、通过创新供给激活需求的重要性显著上升，必须采取正确的消费政策，释放消费潜力，使消费继续在推动经济发展中发挥基础作用。

从投资需求看，经历了30多年高强度大规模开发建设后，传统产业相对饱和，但基础设施互联互通和一些新技术、新产品、新业态、新商业模式的投资机会大量涌现，对创新投融资方式提出了新要求，必须善于把握投资方向，消除投资障碍，使投资继续对经济发展发挥关键作用。

从出口和国际收支看，国际金融危机发生前国际市场空间扩张很快，出口成为拉动我国经济快速发展的重要动能，现在全球总需求不振，我国低成本比较优势也发生了转化，同时我国出口竞争优势依然存在，高水平引进来、大规模走出去正在同步发生，必须加紧培育新的比较优势，使出口继续对经济发展发挥支撑作用。

---

① 中央经济工作会议从九个方面全面阐释"新常态"[EB/OL].[2014-12-11],中国新闻网，http://www.chinanews.com/gn/2014/12-11/6869341.shtml.

从生产能力和产业组织方式看,过去供给不足是长期困扰我们的一个主要矛盾,现在传统产业供给能力大幅超出需求,产业结构必须优化升级,企业兼并重组、生产相对集中不可避免,新兴产业、服务业、小微企业作用更加凸显,生产小型化、智能化、专业化将成为产业组织新特征。

从生产要素相对优势看,过去劳动力成本低是最大优势,引进技术和管理就能迅速变成生产力,现在人口老龄化日趋发展,农业富余劳动力减少,要素的规模驱动力减弱,经济增长将更多依靠人力资本质量和技术进步,必须让创新成为驱动发展新引擎。

从市场竞争特点看,过去主要是数量扩张和价格竞争,现在正逐步转向质量型、差异化为主的竞争,统一全国市场、提高资源配置效率是经济发展的内生性要求,必须深化改革开放,加快形成统一透明、有序规范的市场环境。

从资源环境约束看,过去能源资源和生态环境空间相对较大,现在环境承载能力已经达到或接近上限,必须顺应人民群众对良好生态环境的期待,推动形成绿色低碳循环发展新方式。

从经济风险积累和化解看,伴随着经济增速下调,各类隐性风险逐步显性化,风险总体可控,但化解以高杠杆和泡沫化为主要特征的各类风险将持续一段时间,必须标本兼治、对症下药,建立健全化解各类风险的体制机制。

从资源配置模式和宏观调控方式看,全面刺激政策的边际效果明显递减,既要全面化解产能过剩,也要通过发挥市场机制作用探索未来产业发展方向,必须全面把握总供求关系新变化,科学进行宏观调控。

以上九大趋势性变化表明,我国经济正在向形态更高级、分工更复杂、结构更合理的阶段演化。2017年的中央经济工作会议再次强调,"要坚持适应把握引领经济发展新常态,立足大局,把握规律"。新时代的基本特征就是由高速增长阶段转向高质量发展阶段。推动高质量发展,是保持经济社会持续健康发展的必然要求,是适应我国社会主要矛盾变化和全面建成小康社会、全面建设社会主义现代化国家的必然要求,是遵循经济规律发展的必然要求。①

二、增长动力的共识:转向创新驱动

哈佛大学商学院的迈克·波特(Michael E. Porter,1947—)教授在1990年出版的《国家竞争优势》一书中,提出了国家竞争优势的四个阶段,成为国家竞争优势集聚与发展的理论依据,即要素驱动阶段、投资驱动阶段、创新驱动阶段和财富驱动阶段。波特教授认为,在前三个发展阶段中,国家竞争优势所依赖的驱动力量各有侧重,依次为国内资源禀赋与劳动力资源、资金的使用与配置效率,以及企业家的创新意愿与能力,分别形成具有竞争优势的资源密集型产业、资本密集型产业以及技术密集型产业。在最后一个财富驱动阶段,产业竞争建立在已获得的巨大财富的基础上,产业的创新意愿、竞争意识与竞争能力都会出现明显下降,经济增长缺乏强有力的推动,处于一种高存量低增量的守势状态。

波特的理论为明确一国经济所处发展阶段,尤其是在不同发展阶段通过产业竞争优势建构国家竞争优势,提供了独特而富有启示的观点。传统理论认为,一个国家或地区的要素禀赋往往与自然资源有关,但波特教授却坚信,"那些最重要的要素是创造得来的,而不是自然天成的"。于是,增加国家竞争优势的最重要因素就不应仅局限于国家拥有的自然资源,而是要凭借对初级生产要素的升级、改良与优化。而且在创造性资源中,最为关键的是知识和人力资本,它们是推动经济持续健康发展最根本的力量。

---

① 中央经济工作会议:推动高质量发展是当前和今后一个时期发展的根本要求[EB/OL].[2017 - 12 - 20].新华网,http://www.xinhuanet.com/politics/2017-12/20/c_1122143107.htm.

2008年世界银行的一项研究表明,"二战"之后能以7%的增长率持续增长25年以上的13个经济体,如中国内地、中国香港、中国台湾、印度尼西亚、泰国和巴西等,在增长格局与动力构成方面,有着五个方面的相似之处:一是对世界经济的理解和充分利用,比如国家开放和参与全球化;二是维持了稳定的宏观经济环境;三是高投资和高储蓄;四是坚持以市场体制来配置资源;五是具有一个守信可靠有能力的政府。除此之外,先发国家的经济实践与经济学理论研究还表明,内生经济体系的技术进步、知识资本积累,以及企业家精神都是现代经济增长根本的、持续的动力。

中国社会科学院拉美所所长、世界社保研究中心主任郑秉文教授从国际比较和"跨越中等收入陷阱"的视角,论述了中国经济成长的三次跨越与四个阶段。他指出,中国经济发展自改革开放至今,已经实现了两次历史性的跨越:第一次跨越是1978年在人均GDP仅为155美元的起点上,用了23年的时间,于2001年突破了1 000美元大关,正式进入世界下中等收入组;紧接着又用了9年时间突破了4 000美元大关,从下中等收入组一跃跻身上中等收入行列,完成了第二次历史性跨越。相对于大部分亚洲和拉美国家而言,中国在跨越中等收入的过程中,向世人再现了"东亚速度"。[①] 在进入上中等收入阶段之后,中国面临的是如何实现第三次历史性跨越,即从上中等收入组进入高收入行列,实现"跨越中等收入陷阱"。在其他条件不变的情况下,根据现有增长速度预测,中国实现第三次跨越、顺利进入高收入组的时间大约在"十四五规划"期间,即考虑到人口等其他因素在内,从2011年算起,可能还需要11—15年左右的时间。有鉴于此,可将三次历史性跨越所对应的低收入、下中等收入、上中等收入,以及未来将要跨入的高收入组别,按照成长的不同驱动力,依次划分为"市场驱动""要素驱动""效率驱动"和"创新驱动"四个发展阶段。中国经济的"三次历史性跨越"依次

---

① 被誉为成功走出"中等收入陷阱"典范的"东亚四小龙",日本和中国香港都只用了7年、新加坡用了8年、韩国用了11年实现了从下中等收入组向上中等收入组转型。

对应"四个发展阶段"转型中的3个节点,当前中国经济正处于从"要素驱动"向"效率驱动"转型的关键时期。①

当前的一些研究则主要聚焦以智能制造、绿色能源与数字服务为主要特征的新产业革命。杰里米·里夫金(Jeremy Rifkin)在《第三次产业革命》一书中揭示了从科学创新、技术创新出发,到产业组织创新、社会组织创新,进而波及管理模式创新、生活理念创新传导的可能性。② De Gregorio and Lee 和 Bosworth and Collins 的一些研究则聚焦对生产率的测度,并提出创新驱动同资本驱动的差别在于,后者承认全要素生产率增长和资本增加对促进经济长期增长而言同等重要,而前者则会淡化资本深化的作用,认为只有生产率的增加才是经济增长的推动力。③ 就中国经济增强创新驱动新动力而言,刺激政策和增长空间本身都不是增长的新动力:刺激政策的目的无非是使经济波动变小,它本身并不能推动经济增长;而增长空间只是使增长的形态发生改变,比如产业结构升级,它是在一定的增长动力及其框架条件下展开的,如同刺激政策一样,都属于短期范畴。而经济增长则属于长期范畴,未来中国经济增长的新动力主要是依靠劳动、资本和土地要素的效率驱动或者创新驱动,而非要素驱动或者投资驱动。

三、深化改革的共识:改善资源错配

经济新常态的到来,也伴随着经济结构禀赋的深刻变化。从人口结构的动态比较优势看,近年来中国的劳动人口在总人口中的比重持续下降,老龄化趋势正在加剧,人口红利已经出现下降拐点。这势必导致要素相对价格的变化,廉价劳动力要素消失殆尽,劳动力成本上升;而资本愈发充裕,资

---

① 郑秉文.面临"中等收入陷阱",中国经济需向效率驱动转型[N].中国证券报,2011-3-9.
② [美]杰里米·里夫金.第三次产业革命[M].中信出版社,2012;更多论述参见权衡.未来30年上海城市发展动力:创新驱动与财富驱动的比较和选择[J].科学发展,2015,(5):17-23.
③ De Gregorio and Lee. Growth and Adjustment in East Asia and Latin America [J]. Economia Journal, 2004, 0: 69 - 134. Bosworth and Collins. Accounting for Grwoth: Comparing China and India [J]. Jounal of Economic Perspectives, 2008, 22(1): 45 - 66.

金的使用成本愈发低廉。经济长期增长的内在逻辑表明,当要素相对价格发生变化时,技术进步势必沿着用价格相对下降的要素去替代价格相对抬升的要素的方向演进。比如,当劳动力价格相对上升、资本的价格相对下降时,为了追逐利润最大化,企业就会加大对研发的投入,发明新的机器、工艺和流水线,来替代人力生产,由此减少劳动力投入量,提高资本投入量,劳动生产率和工资也将随之上升,新的竞争优势就蕴含在技术进步之中,创新推动社会经济向前发展。[①] 因此,要素相对价格变化是新旧动能转变的微观基础,创新驱动是要素相对价格变化的自发产物,培育新动力、新优势必须符合要素相对价格变动的客观规律。如果市场运行不能反映要素相对价格的真实变动,也就是说,一旦要素相对价格变化出现刚性或黏性,那么在新凯恩斯经济学的视角下,就难以实现资源的有效配置,进而造成资源错配。

研究表明,体制性障碍造成的要素价格扭曲和资源错配,是阻碍企业在面对要素相对价格变化时,作出相应调整和推动技术进步的重要原因。第一类是劳动力资源错配。比如,劳动力市场碎片化,不同户籍身份的劳动者不仅同工不同酬不同福利,而且在行业准入方面也存在着显著的差异。第二类是资金错配。体制内和体制外企业的资金使用成本截然不同,体制外企业的资金可得性也不及体制内企业,由此影响到不同类型企业的边际产出价值。此外,体制性保护还造就了大量的僵尸企业,在经济下行期,这些企业本应被淘汰,却没被淘汰。简而言之,劳动力资源错配和资金错配,阻碍了要素相对价格的调整,共同拉低了企业层面的全要素生产率。如果没有资源错配,我们认为,体制内和体制外的劳动力成本和资金成本应该保持一致,而且劳动力的价格应该更高,而资金的价格应该更低。[②]

当前,关于通过体制改革,改善资源错配程度已形成共识,尤其是要加

[①] 李凌.两会关键词读懂2016中国宏观经济[J].检查风云,2016,(7):32-34.
[②] 李凌.增速回落不是新常态的典型特征[N].解放日报(上观APP),2016-8-8;后以"不存在所谓底线增长率的问题"为题,发表在解放日报·思想版,2016-8-9(9).

快推进要素市场改革。这是因为,劳动、资本和土地等生产要素的配置失灵,表现出中国的市场化改革还不充分、不到位,公权力和行政体制对市场的过度干预造成要素价格扭曲,降低了资源的配置效率,而各地区片面地追求 GDP 和发展水平的平衡又是诱发行政过度干预的原因。在增强创新驱动新动力方面,改革的出路在于,正确处理好政府与市场之间的关系,核心是要理顺经济活动中的各类扭曲现象,包括要素价格的扭曲、经营体制的扭曲、行政垄断、所有制歧视及双轨制等,进一步激发商业模式创新,通过深化要素市场改革,培育和释放改革的制度红利等。

2016 年两会上,习近平总书记在参加上海代表团讨论时指出,"深化经济体制改革,核心是处理好政府和市场的关系。这就要讲辩证法、两点论,'看不见的手'和'看得见的手'都要用好。关键是加快转变政府职能,该放给市场和社会的权一定要放足、放到位,该政府管的事一定要管好、管到位。要推进简政放权,强化事中事后监管,探索新的政府管理体制"。由此可见,改革的核心议题在供给侧要通过"去产能、去库存、去杠杆、降成本、补短板"等一系列改革措施,积极发挥经济转型的价格信号,合理配置资源,缓解资源错配现象,促进技术进步,提高全要素生产率。在进一步理顺政府和市场的关系方面,需要以"钉钉子精神"抓好改革落实,不能让改革空转。①

四、全面开放的共识:对接国际标准

随着经济实力和国际地位的持续上升,中国之于世界的作用和影响也愈发重要。据世界银行估测,2017 年世界经济增速为 3% 左右,按此增速计算,2017 年中国经济占世界经济的比重提高到了 15.3% 左右,对世界经济增长的贡献率为 34% 左右。中国正在以前所未有的状态融入全球化,中国与世界的关系也由此发生着深刻变化,即从世界舞台的边缘走向

---

① 李凌.两会关键词读懂 2016 中国宏观经济[J].检查风云,2016,(7):32-34.

中央,从国际规则的"接受者""旁观者"向"参与者""推动者",甚至是"制定者"转变。

党的十九大提出了"推进贸易强国建设""大幅度放宽市场准入,扩大服务业对外开放,保护外商投资合法权益""探索建设自由贸易港""创新对外投资方式"等一系列具体要求,为形成全面开放新格局奠定共识,旨在从供给侧发力,加快转变外贸发展方式,从质量、服务、技术、品牌等重要环节入手,以国际贸易新优势替代以价格竞争为代表的传统竞争优势,把"引进来"与"走出去"结合起来,统筹国内国际两个大局,为低迷的全球经济提供中国方案与中国智慧。

2018年年初的《政府工作报告》从高水平开放推动高质量发展的视角,阐述了进一步拓展开放范围和层次、完善开放结构布局和体制机制的四个维度。

一是推进"一带一路"国际合作。坚持共商共建共享,落实"一带一路"国际合作高峰论坛成果。推动国际大通道建设,深化沿线大通关合作。扩大国际产能合作,带动中国制造和中国服务走出去。优化对外投资结构。加大西部、内陆和沿边开放力度,拓展经济合作新空间。

二是促进外商投资稳定增长。加强与国际通行经贸规则对接,建设国际一流营商环境。全面放开一般制造业,扩大电信、医疗、教育、养老、新能源汽车等领域开放。有序开放银行卡清算等市场,放开外资保险经纪公司经营范围限制,放宽或取消银行、证券、基金管理、期货、金融资产管理公司等外资股比限制,统一中外资银行市场准入标准。实施境外投资者境内利润再投资递延纳税。简化外资企业设立程序,商务备案与工商登记"一口办理"。全面复制推广自贸区经验,探索建设自由贸易港,打造改革开放新高地。

三是巩固外贸稳中向好势头。扩大出口信用保险覆盖面,整体通关时间再压缩1/3。改革服务贸易发展机制,培育贸易新业态新模式。推动加工贸易向中西部梯度转移。积极扩大进口,办好首届中国国际进口博览会,下调汽车、部分日用消费品等进口关税。以更大力度的市场开放,促进产业升级和贸易平衡发展,为消费者提供更多选择。

四是促进贸易和投资自由化便利化。坚定不移推进经济全球化,维护自由贸易,同有关方推动多边贸易谈判进程,早日结束区域全面经济伙伴关系协定谈判,加快亚太自贸区和东亚经济共同体建设。主张通过平等协商解决贸易争端,反对贸易保护主义,坚决捍卫自身合法权益。

第三节　本书的基本观点与主要内容

本书立足于中国从高速度增长向高质量发展的特定阶段,聚焦创新驱动的内涵与机理,构建创新驱动高质量发展的理论框架,分别从知识创新体系、技术创新体系、模式创新体系和空间创新体系四个维度对创新驱动高质量发展展开历史分析与理论分析。在此基础上,构建创新驱动高质量发展的评价指标体系,以上海为例,开展实证研究;并通过对发达国家创新驱动发展与城市转型一般规律的总结,拓宽创新驱动的国际视野。同时,本书还将创新驱动高质量发展的理论框架,与当前上海社会经济发展实践结合起来,围绕"四个中心"建设、全球科技创新中心建设、知识产权交易中心建设、科技创新团队激励、"互联网＋"与大众创业万众创新,以及文化创意产业发展等,探讨创新驱动高质量发展的内在逻辑及其实现路径。这些研究不仅从实践与理论的双重层面,丰富了创新经济学与发展经济学,同时也构成中国特色社会主义政治经济学的重要内容。

一、基本观点

我国经济已由高速度增长阶段转向高质量发展阶段,正处在转变发展方式、优化经济结构、转换增长动力的攻关期,需要牢牢把握"创新驱动",亟须在发展阶段、增长动力、深化改革与全面开放等方面达成共识,推动经济发展质量变革、效率变革、动力变革。

本书认为,就创新驱动高质量发展而言,传统经济学将创新等同于全要素生产率或者科技进步的做法,由于忽视了创新的链式反应而可能过于简单,以往关于创新与增长的关系也因为没有引入创新链的视角而显得不够全面。从创新的内在属性与发展规律看,创新是一则连锁反应。它从知识创新开始,只要转化路径选择正确,就能推动产业领域的技术创新和产业结构升级,实现商业模式创新,社会管理方式变革或组织创新,进而波及生活方式与文化理念的创新,甚至是空间资源配置方式的改变。这种传导机制意味着创新不仅聚焦科技领域,而且还涉及技术应用的前端与后端,反映了市场与政府力量共同作用的结果。因此从这个意义上讲,创新是一场革命,从硬件到软件、从技术到制度,越是在信息开放和法制健全的社会体制中,其引领社会进步的作用与效果也就越显著。因此,可以按照创新的波及次序把创新活动产生的领域或创新驱动的动力来源划分为知识创新体系、技术创新体系、模式创新体系、空间创新体系四大部分。这样的划分并不意味着这些领域内的创新彼此之间是互相割裂的,恰好相反,创新的外部性和溢出效应使得各种创新体系之间总是存在着千丝万缕的联系,区分的目的是为了更加突出和强调从不同创新主体的角度,展现创新的面貌及其不同影响。高质量发展需要在创新链的视域下,检审与重构创新驱动的理论框架,为创新实践提供行动指南。

二、主要内容

本书除导论外,共分三篇:理论框架篇、实证研究篇与上海实践篇,分别对应全书的第一至第五章、第六至第七章,以及第八至第十三章。

第一章,创新驱动高质量发展的理论框架。从三次工业革命的时代背景与演化脉络中寻找创新驱动新动力的来源,从斯密式创新、熊彼特式创新、波兰尼对当代政治与经济大转型的论述中提炼对创新驱动内涵的理解,廓清从要素驱动到效率驱动再到创新驱动的内在逻辑,梳理贯穿知识创新体系、技术创新体系、模式创新体系和空间创新体系的动态演进过程,从纵向与横向两个维度,构建创新驱动高质量发展的理论框架,为全书的展开奠定理论基础。

第二章,知识创新体系与创新驱动高质量发展。知识创新位于创新驱动的源头,人力资本是知识创新的载体,要实现创新驱动高质量发展必须提高全社会的知识储备。本章首先分析知识创新的内涵,指出知识创新的三种推进模式,而作为创新驱动策源地的知识创新体系,就是网络化的知识创新。知识创新体系的形成与高质量发展密切相关,其中,教育投入、科学研究与职业培训,是知识创新体系的基础、核心与补充。从这三个方面入手,运用定量方法考察我国人力资本的演变,分析知识创新体系的发展现状,并在此基础上,进行东部沿海地区知识存量的横向比较。

第三章,技术创新体系与创新驱动高质量发展。技术创新源自部分知识创新,同时又为(市场)模式创新奠定基础开辟道路。它不仅包括技术创新成果本身,而且还包括成果的推广、扩散和应用过程,涉及创新构思产生、研究开发、技术管理与组织、工程设计与制造、用户参与及市场营销等一系列活动。本章首先对技术创新的内涵及其构成进行分析,指出技术创新的四个实践环节。技术创新体系是集成化的技术创新,内在地要求创新体系内外能量与信息的交流,这是技术创新体系由封闭走向开放的必然逻辑。然后讨论支撑技术创新体系变革、实现高质量发展的五大问题,这些问题的核心,是能否以企业为核心,能否以市场为导向,从而能否正确处理政府与市场的关系,构建具有国际竞争力的现代化技术创新体系。

第四章,模式创新体系与创新驱动高质量发展。商业模式创新是对技术创新成果的进一步商业化、市场化。本章首先阐述模式创新的内涵,指出模式创新体系的基本形式是商业模式创新,在信息技术的催化下,模式创新表现为市场微观主体对自身内部组织结构及其与外界互动界面内的创新活动提供新价值,因此受到市场和政府因素的共同影响。模式创新体系是系统化的模式创新,企业战略视角下的模式创新体系是"蓝海"战略的执行结果,而产业发展视角下的模式创新体系则是由价值链分裂或产业融合产生的新兴业态。互联网时代,模式创新体系生长决定了发展质量,其中,物联网的壮大有助于促进业态创新与资源整合,平台经济的发展有助于加速商业模式创新,而移动智能技术的演化将带来一系列深刻的模式变革,开启全球互联互通新模式。

第五章,空间(区域)创新体系与创新驱动高质量发展。知识创新、技术创新与模式创新在创新空间扩散与延展的结果就是空间创新,空间创新以特定场域内的创新空间表现出来,创新空间在环境、禀赋与政策的影响下,加速新知识、新技术和新模式的产生、复制、流动、更新与转化过程。本章首先对空间创新、创新空间与空间创新能力作出界定,指出空间创新体系是高能化的空间创新,是知识创新体系、技术创新体系与模式创新体系的空间表达,其动力机制来自空间创新体系的内部与外部,保障体系来自相关联的公共服务与文化氛围。然后指出互动性是培育良性空间创新体系的保证,高质量的空间创新体系具有纵向、横向的互动机制与空间溢出效应。作为一类重要的空间创新形式,创新城市的演化路径与空间结构备受研究者关注。

第六章,创新驱动高质量发展的指标体系构建。比较与借鉴当前国际上颇具代表性的反映国家创新能力的指标体系,如波特和斯特恩的国家创新能力指数、欧盟创新记分牌等,以及国内相继涌现的用以评估创新驱动转型发展的各类评价指标体系,为制定创新驱动高质量发展的评价指标体系提供参照。基于导向性、综合性、规范性、可操作性4个设计原则,提出了创新驱动高质量发展评价指标体系,并针对上海开展实证分析。研究结果表明,从2000年到2016年,上海创新领域的变化主要集中在空间创新体系和技术创新体系,知识创新体系和模式创新体系的变化相对少一些,创新的基础则经历了"倒 U 型"的变化。

第七章,创新驱动高质量发展的国际视野。德国鲁尔区、美国匹兹堡、日本川崎、印度班加罗尔,这些来自工业城市的华丽转身,表明无论是城市功能的提升、主导产业的更迭,还是创新氛围的打造、发展方式的转变,在向更高阶段发展的过程中,创新驱动都是世界主要城市发展转型的目标和手段。创新驱动高质量发展的国际经验表明,培育创新型人才、提高劳动生产率、鼓励新业态的发展,以及形成多中心的创新布局,有助于推动知识创新与技术创新引领下的模式创新和城市转型。后全球金融危机时期,创新要素流动频繁、重组加快。以欧美发达国家发起的"再工业化"和"工业 4.0"为代表,世界范围内出现了新一波以政府主导为主要特征的智能制造业升级过程。总结归纳这些业已实现向更高发展阶段转型国家的创新理念,能为中国创新转型发展提供富有借鉴意义的国际经验,有助于中国在创新驱动战略框架下,更早、更快地进入高质量发展阶段。

第八章,创新驱动与上海"四个中心"建设。本章对上海"四个中心"建设发展历程进行回溯与梳理,对标纽约、伦敦和东京,就"四个中心"的发展现状给予总体评价,指出"四个中心"建设取得的新突破、产生的新问题,面对的新变量。上海"四个中心"城市建设目标能否实现,关键取决于创新驱动发展,两者统一于上海城市功能再定位和创新转型动力再塑造的过程之中。在创新驱动发展视野下,国际经济中心被赋予新内涵,"四个中心"的内在联系更紧密,联动发展的需求根植于上海城市基因,体现出"开放—改革—创新—转型"的城市文化与传承。展望未来,在信息化浪潮的推动下,上海"四个中心"将朝着移动化和扁平化方向发展与演变:新信息和通信技术的发展,促使城市功能褪去物理集聚的色彩,航运和贸易功能集中体现为流量经济归并为信息功能,而金融、科技创新功能或将得到进一步强化。

第九章,创新驱动与上海全球科技创新中心建设。本章聚焦上海的全球科技创新中心建设,这是继"四个中心"之后,上海提升城市功能、落实国家创新驱动战略的新举措。上海综合实力强、科技创新水平领先、国际化程度高、金融体系完善,具有建设全球科技创新中心的渊源与优势。但与此同时,上海也面临着三大严峻挑战和发展瓶颈,尤其是创新链的碎片化,导致创新资源丰富但创新动力不足,创新人才聚集但创新活力匮乏等问题,究其原因是促进科技创新的体制机制没有理顺。需要进一步健全与完善科技人才、科技创新资金、成果转化、利益分配、创新政策与创新生态环境建设等。为此,上海推进全球科技创新中心建设,核心是要正确处理好市场与政府的关系,突出市场在科技资源配置中的决定性作用,更好地发挥政府在优化创新环境方面的作用;关键是要营造具有创新激励功能的体制环境,让一切创新主体和创新要素充分活跃起来,充分体现科学家、工程师和企业家的贡献与价值,形成推进科技创新的强大合力;重点是要全面深化改革与坚持对外开放,促进不同区域的协同推进和错位发展。

第十章,创新驱动与上海知识产权交易中心建设。本章聚焦上海全球科技创新中心建设的核心环节——知识产权交易中心建设,这也是黏合知识创新体系与技术创新体系,进而辐射到模式创新体系与空间创新体系的重要抓手。研究梳理和比较了国际知识产权交易中心运作的四种模式,认为上海目前已具备发展知识产权交易中心的条件与资源,但管理体制相对分散,交易规模与能级尚处于起步阶段,知识产权保护力度有待进一步增强。为此,亟须整合现有资源,引入企业化运作模式,持续提升上海知识产权交易中心的规模与能级。研究从高质量发展的视角,重构了上海知识产权交易中心的功能定位与机制设计。

第十一章,创新驱动与上海科技创新团队激励。本章关注技术创新的一类主体——创新团队。他们是在高新技术产业化领域内,依托一定的平台和项目,进行持续创新活动的人才群体,同时也是创新驱动尤其是推动科技进步和构建技术创新体系的主力军。通过对代表性高新技术企业面对面的调研访谈,指出上海科技创新团队在内部激励、市场激励和政策激励方面存在的不足。研究认为,进一步完善科技企业创新团队的激励政策,既符合上海城市发展主线的内在要求,有助于激发企业的创新活力;又是一项复杂的系统工程,需要根据实际情况作出灵活调整。加快上海科技创新团队激励政策的相关举措,应从企业内部激励、市场激励和政策激励三个方面加以突破和创新;对国有科技企业而言,特别要与企业治理结构改革结合起来,聚焦资金、人才、管理、薪酬激励及配套环境建设等方面,进一步完善科技创新体系,重塑科技创新团队的激励机制,形成一批创新人才集聚、创新机制灵活、创新绩效明显的创新团队。

第十二章,创新驱动与上海经济的"互联网+"。本章聚焦"互联网+"行动计划下的模式创新体系及上海实践。基于"互联网+"的"大众创业、万众创新"和分享经济模式的兴起,为处于经济下行压力中的中国产业转型升级和创新驱动转向提供了丰富载体和有力支撑。研究认为,"互联网+"行动计划旨在利用信息通信技术以及互联网平台,推动传统产业深度变革,创造一批新兴产业和新兴业态。推广"互联网+"行动计划,有助于降低大众创新的准入门槛,加快创新的速度和频率,使众多创客脱颖而出。同时,一系列由"互联网+"催生出来的新业态也带来了新的管制难题,比如管制与激励内在矛盾的调和、新的劳动关系,以及多方共建共治的新模式等,研究为建立跨部门的协调监管机制,在鼓励创新的原则下逐步完善和规范新的生产服务方式提出相应的解决方案。

第十三章,创新驱动与上海文化创意产业发展。本章关注一类重要的创新空间——文化创意产业园区,它将科技与文化糅合在一起,成为观察和研究创新驱动高质量发展的显著性地标。上海是国内较早推进文化创意产业发展的城市之一,于2010年荣获联合国教科文组织颁布的"设计之都"称号,在文化创意产业产值增长、行业分类、企业集聚、园区分布、资源条件和政策规划等方面,都取得了先行先试的经验与成效。然而与美国硅谷、英国伦敦文化创意工作室和中国台湾文化创意产业及其园区发展相比较,科技全面介入文化创意的体制机制尚未理顺,文化创意产业园区发展过度依赖土地租金的问题有待转型。研究同时还在精准规划细化产业分类、开放式创新、中小创意企业集群、全产业链盈利模式、科技文化跨界人才培育,以及公共服务体系构建等方面,提出了关于上海文化创意产业高质量发展的理论思考与政策建议。

理论框架篇

第一章
创新驱动高质量发展的理论框架

自党的十八大以来,尤其是进入党的十九大提出的新时代之后,围绕中国经济发展命题,提出了一系列新思想、新观点、新论述。重点之一是明确提出以"加快转变经济发展方式"为主线,围绕"把推动发展的立足点转到提高质量和效益上来"的总体要求,聚焦发展经济发展和改革开放的"四个着力",即"着力激发各类市场主体发展新活力,着力增强创新驱动发展新动力,着力构建现代产业发展新体系,着力培育开放型经济发展新优势";以及经济发展的"五个依靠",即"使经济发展更多依靠内需特别是消费需求拉动,更多依靠现代服务业和战略性新兴产业带动,更多依靠科技进步、劳动者素质提高、管理创新驱动,更多依靠节约资源和循环经济推动,更多依靠城乡区域发展协调互动,不断增强长期发展后劲"。作为"四个着力"之一的增强创新驱动新动力,旨在把推动发展的立足点置于提高质量与改善效益,助推经济发展方式转变,因而是促成中国经济"升级版"的动因与基础。

第一节 从三次工业革命看创新驱动的历史演进

历史上,每一次工业革命的产生和发展,都是以一定的创新模式作为其动力的。基于三次工业革命的时代背景和发展脉络，考察创新驱动的历史特点。

一、第一次工业革命与创新驱动

18世纪中叶，随着英国资产阶级统治的确立，圈地运动使大批农民成为雇佣劳动力，奴隶贸易和殖民掠夺带来大量资本，同时工场手工业时期积累了生产技术和科学知识。由此，英国成为世界最大的殖民国家，国外市场持续扩大；第一次工业革命从英国开始，之后延续到法、美、德、意、俄、奥、日等国。它不仅是一场生产技术上的革命，也是一次深刻的社会革命，引起了生产力、生产关系和社会方式等多方面的重大变革。

在生产力上，工业革命不仅改变了生产技术和劳动工具，而且也改变了产业结构。从发明使用蒸汽机开始，由实践经验丰富的工人、技师进行技术创新，工厂沿河布局，人类社会由此进入"蒸汽时代"。手工工场被工厂这种新兴的生产组织形式所取代，带来了手工操作向大机器生产过渡的一个飞跃。纺织、冶金、采煤、机器制造和交通运输成为资本主义工业的五大支柱。紧接着，工业革命还引起了社会变革，如人口的增加和社会经济结构的巨变。丰富的物质产品、良好的社会条件以及长足发展的社会生产力，导致英国人口爆炸式增长。英国社会的流动性也随着工业化，特别是交通运输业的发达而大大加速，引发了英国工业经济中心的扩散和城市化的浪潮。由是观之，第一次工业革命的产生与发展，蕴育着从科学（知识）创新、技术创新到产品创新、城市（区域）创新的动力演进。

二、第二次工业革命与创新驱动

1870年前后产生的各种新技术、新发明层出不穷，被迅速应用于工业生产，促进经济的发展。到了19世纪，随着资本主义经济的大规模发展，自然科学研究工作在各个领域都取得了重大进展，为第二次工业革命提供了科技支撑。与此同时,十九世纪六七十年代,资本主义制度在世界范围内确立,资本主义世界体系初步形成,并通过殖民地掠夺积累大量资本,全球财富向最发达的几个资本主义国家集中,为第二次工业革命的爆发提供了制度保障。

科学技术再一次在工业革命的爆发中起到了关键性作用,在三个工业化领域崭露头角,即新能源发展利用、新机器新产品创制、远距离通信等。同时,工业革命对经济发展的推动,也形成许多新产业部门,如电子工业和电器制造业、石油开采业和石油化工业,以及新兴的通信产业等。[①] 资本的高度集中产生垄断,资本主义进入帝国主义阶段。由此看来,第二次工业革命的主要动力是科技(知识)创新、技术创新、产品创新、业态创新、组织创新、模式创新等创新模式,人们从"蒸汽时代"进入"电气时代",交通运输的新纪元到来。

三、第三次工业革命与创新驱动

以互联网技术和生物医药技术创新为核心的第三次工业革命在"二战"后逐步拉开帷幕。现今,推动全球第三次工业革命的创新已从宝塔式向扁平化发展,在社会的各个阶层、任何环节、任何方面都有创新的源泉和巨大需求产生。从信息、知识、技术、产业、市场到消费都出现了各种各样的创新,形成协同效应。创新已不是所谓学院式的任务,而是需要全社会共同参与。在整个创新过程中,通信技术是神经中枢,绿色能源是血液系统,分布式创新结构是骨骼支架。

对第三次工业革命有着长期研究的未来学家杰里米·里夫金认为,所谓第三次工业革命,就是能源互联网与再生性能源结合导致人类生产生活、社会经济的重大变革。第三次工业革命已经开始,并且迫在眉睫,它有五大

---

① 潘理权,杨善林.科技实力在货币国际化中的作用分析[J].中国软科学,2011,(8):65-71.

支柱:一是向不可再生能源转型;二是将每一大洲的建筑转化为微型发电厂,以便就地收集可再生能源;三是在每一栋建筑物以及基础设施中使用氢和其他存储技术,以存储间歇式能源;四是利用互联网技术将每大洲的电力网转化为能源共享网络,调剂余缺,合理配置使用;五是运输工具转向插电式以及燃料电池动力车,所需电源来自上述电网。①

《经济学人》杂志的编辑保罗·麦基里(Paul Markillie)长期关注制造业技术和数字制造的发展,认为第三次工业革命这一数字化革命,将带来制造模式的重大变革,大规模流水线制造从此终结,人们可以完全按照自己的意愿来设计。制造业数字化将引领第三次工业革命,智能软件、新材料、灵敏机器人、新的制造方法及一系列基于网络的商业服务将形成合力,产生足以改变经济社会进程的巨大力量。第三次工业革命甚至还可能带来反城市化浪潮,取代城市化生活的将是一种分散、自给自足的(农村)生活方式。②

复旦大学教授芮明杰将第三次工业革命的实质总结为,在科学技术创新的推动下,以数字制造技术、互联网技术和再生性能源技术的重大创新与融合为代表,从而导致工业、产业乃至社会发生重大变革;这一过程不仅将推动一批新兴产业诞生与发展以替代已有产业,还将导致制造模式、生产组织方式,甚至社会生产方式、社会结构、文化等方面的重要变革,最终使人类进入生态和谐、绿色低碳、可持续发展的社会。③

因此,第三次工业革命将极有可能突破前两次工业革命将科技(知识)创新、技术创新、组织创新、城市(区域)创新等模式作为主要动力的局限,将创新的领域扩展到业态创新、管理创新、商业模式创新、生活模式创新等领域。各类创新模式之间形成协同效应,共同推动第三次工业革命的进程。

---

① [美]杰里米·里夫金.第三次产业革命[M].北京:中信出版社,2012:32.
②③ 芮明杰.第三次工业革命的起源、实质与启示[N].文汇报,2012-09-17,(00D).

第二节 "创新驱动"的理论内涵与解读

对创新概念的理解最早始于技术与经济相结合的角度。亚当·斯密早在《国富论》中就曾提出了分工可以提高劳动生产率的思想,分工的结果是带来生产的专业化,从而为创新打造基础。创新理论之父约瑟夫·熊彼特曾探讨了技术创新在经济发展过程中的作用,其独具特色、博大精深的理论内涵,影响和引导理论思辨展开,奠定了熊彼特在创新思想史研究领域不可撼动的学术地位。然而,创新理论演进到今天,已然幻化出形形色色的关于创新理论的思辨与解读,从总体上看,大致可梳理成三种:第一种是狭义的技术创新;第二种是基于创意的体制机制创新;第三种是更加广义的经济发展阶段的创新与更迭。党的十八大报告提出实施创新驱动发展战略,覆盖微观、中观与宏观创新涵义的理论创新,不仅关乎国家发展全局的方向,更是切中加快转变经济发展方式的动力之源。

一、斯密式创新

对于"经济学之父"亚当·斯密而言,发明和技术变革都是创造"国民财富"的重要因素。但斯密认为,是劳动分工,而不是发明本身,才是创造国民财富的主要驱动力量。[①] 这一点与斯密之后经济学家的观点有所不同,比如,约翰·雷(John Rae)等。

斯密认为,劳动分工的重要结果之一就是导致了发明和创新,其中,劳动分工是原因,发明和创新是结果。正如斯密在《国富论》中所指出的:

---

① [英]彼得·斯旺.创新经济学[M].上海:格致出版社/上海人民出版社,2013:7.

人们之所以会发明那些大规模简化与节省劳力的机器,追根溯源似乎也是由于分工的缘故。如果人们的心思全部集中在某个目标,而不是分散到许多五花八门的事情上时,人们比较可能发现更简便的方法去达成目标。分工之后,人的注意力自然而然会倾注于某个简单工序。所以工序只要有改良的余地,在执行该工序的工人中,迟早会有人发现一些比较简便的方法来完成自己的工作。目前那些分工最细密的制造业所使用的机器,大部分原本是某些普通工人的发明;扰民每个人都只操作某种简单的工序,自然而然会把心思花在设法找出较简单的操作方式。①

马克思也看到了从劳动分工到技术进步之间的内在联系,他在《资本论》第一卷"资本的生产过程"第四篇"相对剩余价值的生产"中指出,劳动的专业化分工是机器产生的前提。

一旦劳动过程的不同操作彼此分离,并且每一种局部操作在局部工人手中获得最合适的因而是专门的形式,过去用于不同目的的工具就必然要发生变化。工具形式变化的方向,是根据从工具原来形式带来的特殊困难中得出的经验决定的。劳动工具的分化和劳动工具的专门化,是工场手工业的特征,前者使同类的工具获得了适合于每种特殊用途的特殊的固定形式,后者使每种这样的特殊的工具只有在专门的局部工人的手中才能充分发挥作用。工场手工业时期通过劳动工具适合于局部工人的专门的特殊职能,使劳动工具简化、改进和多样化。这样,工场手工业时期也就同时创造了机器的物质条件之一,因为机器就是由许多简单工具结合而成的。②

---

① [英]亚当·斯密.国富论[M].谢宗林等,译.上海:中央编译出版社,2010.转引自[英]彼得·斯旺.创新经济学[M].上海:格致出版社/上海人民出版社,2013:140.
② [德]卡尔·马克思.资本论(第一卷)[M].北京:人民出版社,2004.转引自 http://xy.eywedu.com/zibenlun/zw/mydoc012.htm.

二、熊彼特式创新

创新理论之父约瑟夫·熊彼特认为,创新是一种"创造性破坏"(creative destruction)或"毁灭性创造",表现为一种新的"生产函数",把一种未曾有过的关于生产要素和生产条件的"新组合"引进生产体系中去,以实现对生产要素或生产条件的"新组合"。[①] 最大限度地获取超额利润是创新不竭的动力,而经济发展是持续创新的结果。

在熊彼特看来,主要有五种不同的创新形式:一是采用一种新的产品,即消费者还不熟悉的产品或某种产品某一方面的新品质;二是采用一种新的生产方法与工艺流程,这种新方法和新工艺,可以建立在科学新发现的基础上,也可以是一种新的商业模式但不为现有生产流程所知悉;三是开辟一个新的销售市场,这是国家的相关制造部门以前不曾进入的市场,可能存在也可能不存在;四是获取原材料或半制成品的一种新的供应来源,不论这种供应来源是业已存在只是过去未被人注意或者认为无法进入,还是需要创造出来;五是构建一种新的组织,比如通过"托拉斯化"创造一种垄断组织,或是打破某一组织的垄断地位。概况地看,这五种创新形式,依次对应于产品创新、工艺创新、市场创新、资源配置创新和组织创新,而这里的"组织创新",也可以看作是部分的制度创新,但仅仅是初期的狭义的制度创新。

在五种创新形式下,熊彼特的创新理论进一步提出了六个基本观点。第一,创新内生于生产过程。尽管投入的资本品和劳动力数量的变化,能够导致经济增长方面的变化,但这并不是唯一的变化,那些不能用从外部加于数据的影响来说明的,而从经济系统内部生发的创新要素,比如投入要素质量的提升,可能更为重要。第二,创新是一种"革命性"的变化。这意味着创新的过程充满着突发性和间断性特点,需要对经济发展过程进行阶段性、动

[①] [美]约瑟夫·熊彼特.经济发展理论[M].北京:商务印书馆,1990.

态性与全局性地捕捉触发创新的动力源。第三，创新同时意味着毁灭，意味着新事物对旧事物的替代与否定。在竞争性环境下，新旧更替、此消彼长，创新更多地表现为经济实体内部的自我更新与自我演进。第四，创新必须以创造新价值为衡量标准。发现新知识、新方法和发明新工具是创新的前提条件，创造新价值则是新知识、新方法和新工具加以应用的结果。第五，创新是经济发展的本质规定。这无疑解释了发展与创新之间的等价联系，同时，也将增长与发展区分开来，前者是由要素增长导致的，不在质的方面产生新的变化。第六，创新的主体是"企业家"。企业家的核心职能不是经营管理，而是实现生产要素的"新组合"，这个核心职能把真正的企业家活动同其他活动区别开来，使得勇于创新的"企业家精神"成为推动经济发展的核心力量。所以在这个意义上，尽管市场竞争会培育出大部分"企业家精神"，但并不是所有的企业家都具备企业家精神，同时，也不是只有企业家才可能拥有"企业家精神"，那些致力于"新组合"的非市场行为，也应当视作"企业家精神"的来源。

熊彼特还强调了一个非常重要的且与新古典经济学不同的观点，即在推动竞争和促进发展方面，这种"创造性破坏"比传统价格竞争更为有效。

> 与教科书中所描绘的不同的资本主义现实中，不是那种竞争起作用，而是新商品、新技术、新供应渠道、新型组织所带来的竞争起作用……这种竞争具有成本或质量上的决定性优势，打击的不是现有企业的利润边际和产出水平，而是企业的基础和生命，这种竞争比其他竞争更为有效，就像用炮轰和徒手去开门的差异一样，这种竞争如此重要，以至于其作用发挥在通常意义上是快还是慢都变得无关紧要了。①

---

① ［美］约瑟夫·熊彼特.资本主义、社会主义与民主[M].北京：商务印书馆，1999.转引自［英］彼得·斯旺.创新经济学[M].上海：格致出版社/上海人民出版社，2013：10.

三、波兰尼的大转型

在经济史学家卡尔·波兰尼(Karl Polanyi)看来,人类社会大致分为三个阶段。第一阶段是前资本主义时期,也就是19世纪以前,在这个时期,经济还不能跟社会、政治、伦理截然分离,而是嵌入在各种社会、政治和伦理的关系之中,形成一种基于互惠互利原则的"伦理经济"。之所以如此,是因为当时的生产力极度匮乏,人类只有以部落、宗族、村庄的形式才能共同抵御外界的威胁,依靠伦理规范形成集体内部的再分配机制,让每个人都尽可能地存活下来。因此,经济关系固然重要,但并不能脱离伦理关系和社会关系。

第二阶段大约从19世纪上半叶开始,这是古典资本主义时期或者原始资本主义时期。工业革命激活了科技元素和社会生产力,在这个时期,大批知识精英,特别是古典经济学家开始鼓吹经济与社会的脱钩,宣扬经济人的本质就是追逐自身利益的最大化,不必顾及社会关系和伦理规范,由此产生了马克思看到的"血汗工厂""劳资冲突"以及凯恩斯所谓的"动物精神",人们在经济利益的驱使下,把人抽象为可交易的商品,把人的行为描述成"唯利是图",从而忽视了人的社会和文化属性。

到了19世纪60—80年代,资本主义社会开始系统反思经济和社会脱钩引发的种种弊端,开始进入重新挂钩的转型阶段。这标志着现代资本主义时期的到来,同时也表明资本主义社会并没有像卡尔·马克思在《资本论》中所言及的那样,出现劳资冲突并最终走向社会主义社会,而是形成了一种资本主义自我修复和自我完善的机制,马克思·韦伯在《新教伦理与资本主义精神》中把这种自我修复机制的产生归因于新教伦理对资本主义社会价值观念的改造,对后世产生了巨大影响。①

---

① [美]卡尔·波兰尼.巨变:当代政治与经济的起源[M].北京:社会科学文献出版社,2013.

卡尔·波兰尼的关于人类社会发展与转型阶段的论述，对于正处于创新转型过程的中国以及上海而言，同样具有深刻的启示意义。首先，经济与社会之间的挂钩、脱钩和重新挂钩的关系演变实际上取决于生产力的发展水平，因此，同样适用于分析社会主义社会中的经济与社会的关系变化。其次，转型不只是经济转型，还包括社会转型、文化传承、教育公平、生态保护、司法改革、治理体制等，本质是经济与社会的重新挂钩。

四、创新驱动的内涵辨析

将"创新"定义为经济发展的驱动力量，是中国特色社会主义理论的创新，既是对斯密式创新与熊彼特式创新的综合，也是对波兰尼大转型理论的发展。目前，学术界对"创新驱动"内在发展规律的发现，主要基于以下三种不同的学理性思辨。

第一种思辨立足技术层面，将创新驱动解释为科技创新驱动。这是一种狭义的创新理念，强调创新的硬件支持，认为只有高等院校、科研机构和企业研发技术部门从事科技前沿研究的工作者，才可能带来新知识导引下的科技创新。以施穆克勒、罗森伯格以及弗里曼为代表的科技创新经济学家，提出了科技创新的五种模式：技术推动模式（Walsh；Friedman）、需求拉动模式（Schmukler）、"推—拉"综合作用模式（MoeKeale and Rosenberg）、技术规范—技术轨道范式模式（Dorsey）以及"社会需求—资源"关系模式（斋藤优）。杰里米·里夫金在《第三次产业革命》一书中描述了以智能制造、绿色能源与数字服务为主要特征的新产业革命引发的科技创新远景。在这一视角下，创新活动以科技投入与科技产出的方式，反映知识创造和技术应用领域内，受教育者、研发资金、发明专利与新产品销售数量等指标的变动情况，如研发与创新、知识的创造和扩散、科技人力资源、知识与技能、专利、知识的保护和商业化等。

第二种思辨立足创意层面，将创新驱动解释为文化创意驱动。这是发达国家和成熟市场经济国家与城市对创新内涵的解读,强调创新的软件支持与营造。发达国家的城市发展正处于生产效率高度发达的科技前沿面,也都处于服务经济主导的业态结构,在长期的发展过程中,已经形成了一整套用以激发创新的社会机制与体制,所面临的问题是如何进一步完善对创新的激励,挖掘对创新主体潜能的开发,以创意维持全球引领地位。比如,泰勒(Talor)认为科技创新主体必须拥有明晰的产权制度、良好的市场机制、社会化服务体系的支持。兰德利(Landry)提出企业科技创新包含七大要素,即富有创意的人、意志与领导力、人的多样性与智慧获取、开放的组织文化、对本地身份强烈的正面认同感、城市空间与设施和网络机会等。达尔曼和奥贝尔(Dahlman and Aubert)指出,科技创新体系的构建、科技创新主体作用的发挥、生产价值的实现都需要巨额的资本投入,稳定而重组的资金支持是实现科技创新体系正常运转的基本条件。霍尔(Hall)揭示了欧美发达国家之所以在科技创新方面获取领先地位与其激励科技创新的财税体制密切相关联。在这一视角下,创新被诠释为包含科技(Technology)、人才(Talent)与包容(Tolerance)三方面内容,突显活力、个性与平等的价值观。

第三种思辨立足发展模式层面,将创新驱动解释为一种相对高级形态的发展阶段。这是一种广义的创新理念,符合发展经济学对创新本质属性的界定。继熊彼特揭示了技术创新和经济发展的内在关系之后,罗斯托(Rostor)提出经济成长阶段论,主张根据主导产业部门相更迭的特征,划分从传统社会向现代社会演进的六个阶段,即"传统社会阶段""预备起飞阶段""起飞阶段""成熟阶段""高额群众消费阶段"以及"追求生活质量阶段",其中,创新驱动对应于主导产业趋向于服务业的发展阶段,金融业成为经济发展的动力来源。迈克·波特(Porter)的国家竞争理论从要素层面区分了一国经济处于不同发展阶段所倚重的基本动力,即从资源驱动、要素驱动,过渡到创新驱动和财富驱动,在创新驱动时期,经济增长倚重的是创新和知识要素的积累,经济中存在强有力的支持创新的制度与激励。经济增长理论的嬗变同样受到"创新"思想的影响：从以研发（Romer）和人力资本积累（Lucas）为主要形式的创新，逐渐演化成为研发和知识积累（Ahgion and Howitt）内生的增长模型，从以研发、知识为基础的增长理论（R&D-based and Knowledge-based Growth Theory）发展为以创新、思想为基础的增长理论（Innovation-based and Idea-based Growth Theory）。在对发展中国家发展模式的总结方面，世界经济论坛（WEF）提出全球竞争力指数，定量刻画了经济发展依次递进的三个阶段：要素驱动、效率驱动和创新驱动，分别对应三种微观基础，即价格竞争、高效的生产方式、支持创新的制度和激励机制。最新的一些研究聚焦对全要素生产率的测度，提出创新驱动同资本驱动的差别在于，资本驱动承认全要素生产率增长和资本增加对促进经济长期增长而言同等重要，但创新驱动则弱化资本深化的作用，强调只有生产率的增加才具有根本性的增长效应（Kehoe and Meza）。

五、简要评述

以上三种理论思辨从不同层面指出创新与发展的关系，共同构成了对"创新驱动"概念微观、中观与宏观的全景式解析。其中，创新驱动的微观基础是技术创新，包括科学发现、理念创新、生产工艺创新和方法创新等；创新驱动的中观环境是营造有利于科技创新的体制机制，特别是对各类创新要素的激励；而创新驱动的宏观视野则是对经济发展方式转变的理论回应。只有将三者有机地结合起来，才能真正理解创新驱动的科学内涵。

党的十八大、十九大提出实施创新驱动发展战略，是站在国家发展全局以全球视野谋划和推动创新，这是一条中国特色的自主创新道路，是提高社会生产力和综合国力的战略支撑，贯穿技术与创新结合的微观、中观与宏观三个层面。

首先，从技术创新层面来看，实施创新驱动发展战略，需要提高原始创新、集成创新和引进消化吸收再创新能力，更加注重协同创新；需要完善知识创新体系,强化基础研究、前沿技术研究、社会公益技术研究,提高科学研究水平和成果转化能力,抢占科技发展战略制高点;需要实施国家科技重大专项,突破重大技术瓶颈。

其次,从体制机制创新层面来看,实施创新驱动发展战略,应当深化科技体制改革,推动科技和经济紧密结合,加快建设国家创新体系,着力构建以企业为主体、市场为导向、产学研相结合的技术创新体系;应当加快新技术、新产品、新工艺研发应用,加强技术集成和商业模式创新;应当完善科技创新评价标准、激励机制、转化机制;实施知识产权战略,加强知识产权保护。

再次,从发展阶段更替层面来看,实施创新驱动发展战略,旨在促进创新资源高效配置和综合集成,把全社会的智慧和力量都凝聚到创新发展,由此提高经济发展的质量与效益,加快转变经济发展方式。

因此,实施创新驱动发展战略,增强创新驱动新动力,既是在技术层面对自主创新能力的呼唤,也是在体制层面对破除阻碍创新藩篱的宣言,更是在发展模式层面谋求经济转型的长期战略,需要新的理论框架与实施路径加以支撑、整合与推进。

第三节　创新驱动高质量发展的理论框架

在理论层面构建一个覆盖微观、中观和宏观层面对创新内涵诠释的理论框架,反映全要素生产率持续提升的变化状态,以及从要素驱动到创新驱动的循序渐进过程。这一理论框架由纵向与横向两个维度组成,纵向维度采用三组阶段即"要素驱动—效率驱动—创新驱动"的形式,反映增长动力的类型由数量型向质量型转化而引发的发展模式的更迭;横向维度分为"知识—技术—模式—空间"四大体系,将创新驱动由点及面地表现出来。

一、纵向维度:"要素驱动—效率驱动—创新驱动"的内在逻辑①

从要素驱动到创新驱动并不能一蹴而就,而是要经历一个从粗放到集约、循序渐进的过渡阶段,经历一个在生产函数基本不产生变动的情况下,要素投入产出比例的大幅度提升的阶段,而这个阶段的显著特点就是效率驱动。效率驱动与要素驱动或投资驱动有着本质的区别,它为创新驱动提供了坚实的结构基础与物质准备,是创新驱动不可逾越的前导阶段。

首先,效率驱动是创新驱动的前导阶段,意味着效率驱动具有"承前"的作用,是对要素驱动特别是投资驱动的"破中有立"。在要素驱动和投资驱动阶段,经济增长主要是建立在要素数量投入增加的基础上,保持高速的增长速度需要大量自然要素的投入,尤其是对石油、天然气、矿产、农产品等自然资源产生依赖,以及对廉价劳动力、对廉价资金的依赖和对廉价土地产生依赖。然而,当要素禀赋殆尽、"资源诅咒"凸显、人口红利消失、投资效益递减、土地低密度开发,传统的增长模式便难以为继。这些曾经促使经济腾飞因素的作用或将走向各自的反面,成为阻碍经济增长的制约因素。"穷则思、思则变、变则通",建立在要素质量增进基础之上的效率驱动便应运而生。在效率驱动阶段,由于受到要素投入数量的限制,经济发展更侧重于对提升要素质量的关注,要素质量成为与效率转型有关的经济增长的新动力。比如,建设"资源节约型与环境友好型"的两型社会,通过教育、干中学机制以及更加优质和均等化的社会保障等措施提升人力资本,营造公平竞争的市场环境和通过促进资本流动以提升资金的配置效率,用信息化带动工业化走"两化融合"的道路等,这些都是效率驱动的具体表现。与前一个发展阶段相比,各类要素的物质形态在效率驱动阶段可能并未发生实质性的改变,但它们自身所蕴含的能量与能力、同其他生产要素之间的结合方式、所

---

① 李凌."效率驱动"是"创新驱动"的前奏[N].社会科学报,2013-10-24,(2).

处的地位以及能够发挥的作用、影响与控制范围等,由于受到更深层次的制度设计与政策选择的支配,都发生了相应的变化。

其次,效率驱动是创新驱动的前导阶段,也意味着效率驱动具有"启后"的作用,各类推动经济发展的创意与创新元素不断涌现。应当看到,效率驱动的动力来源,比如对劳动能力、资本与土地能级的提升,已部分基于技术前沿层面产生的科学与技术创新活动,包括原始创新、集成创新、引进消化吸收创新,以及协同创新等,体现出创新驱动的科技特征;同时,效率驱动也使得大部分尚处于技术可行区域内部的生产组合向技术前沿逼近,通过投入要素质量的提升或数量的节省,使经济运行从非效率状态转换到效率状态,从而为降低创新过程中的不确定性,并以更高的概率获取科技创新与研发的成功提供现实条件,在这个意义上,效率提升是创新驱动的前提与保障。同时,效率驱动之于经济发展的核心意义还体现在对科技人才的激励,尤其是对具有特殊贡献的企业人才的激励,因为自主创新能力的培育,归根结底还是要通过具有创新意愿与智能智慧的科技人才来完成。由是观之,效率驱动不仅关注作为劳动力普遍意义层面的人力资本积累,还特别注重作为创新主体的科技人才的人力资本积累,通过体制机制变革、改变薪酬模式、户籍制度改革,以及推进公共服务均等化等多位一体的政策举措,实现对创新创意人才与团队的激励,为经济效率进一步向创新驱动转型积攒智力资源优势。

由此可见,效率转型在要素驱动向创新驱动转型过程中起着"承前启后"的连结与转化作用,其实质是转变经济发展方式。效率驱动不仅有助于在要素驱动的后期阻止要素边际报酬递减的趋势,而且还能为创新驱动集聚效能较高的投入要素;在生产函数不变的条件下,有效促进偏生产率与全要素生产率。所以,从这个意义上说,以促进生产力为导向的经济转型,势必是一个在时间上继起、空间上连续的,即"要素(投资)驱动—效率驱动—创新驱动"的完整的动态递进发展过程。

二、横向维度：四大创新体系为高质量发展提供创新动力

从转型的横向维度看，创新是一则连锁反应。它从知识创新开始，在正确的路径选择下，推动产业领域的技术创新和产业组织创新，实现商业模式创新，社会管理方式创新或组织创新，进而波及生活方式与文化理念的创新，这种传导机制意味着创新不仅局限于科技领域，而更是一场革命，从硬件环境到软件环境，越是在信息开放和法制健全的社会体制中，其引领社会进步的作用与效果也就越显著。因此，可以根据创新波及的先后次序把创新活动的领域分成知识创新体系、技术创新体系、模式创新体系和空间创新体系四个部分。

其一，知识创新体系是其余各类创新的源泉与基础。这里强调两类知识创新，一类是来自教学与科学研究的知识创新，包括基础性研究与应用性研究过程中发现的新规律、新学说和新方法。另一类是来自人力资本对知识存量与流量的控制能力，"干中学"在提升人力资本积累方面，起着关键性作用。

其二，技术创新体系是知识创新体系在生产与服务领域的应用与延续，同时也是知识转化为生产力的主要来源。新技术的实施主体是企业，当前，以智能制造、绿色能源、数字服务与生物医药为代表的技术创新，依托大数据、云计算、平台经济与移动互联网等虚拟载体，广泛而深刻地改变着经济运行环境，特别是经济发展的产业结构与需求结构，从而驱动创新、助推转型。

其三，模式创新体系关注新技术、新产品能否更好地与市场结合的问题。在当今中国，模式创新应当包含两方面的内涵：一是商业模式创新，即关注企业在其所处的价值网络中，通过组织变革、业态创新或价值链整合，实现商业价值增值与资源的优化配置。二是行政体制创新，减少政府对市场的干预，从过度审批的体制消耗中解脱出来，简政放权；同时在市场准入、

税收、人才等政策扶持方面，为新业态、新组织、新市场的成长提供更多的公平发展空间。

其四，空间创新体系将创新的主体或载体延展到街区、城市甚至是城市群，考察知识、信息、技术和组织在区域间产生、集聚、扩散、更新与转化的一般规律，从而形成区域内特色明显、分工明确、资源关联、功能多样的城市（群）创新体系，加速城镇化进程，这是在不久的将来，中国经济腾飞的又一重要的创新引擎。

由此得出创新驱动高质量发展的理论框架（见图1-1），在要素驱动阶段，个体拥有劳动的基本知识与技能，企业实现基础产量以维持盈亏平衡，市场交易处于传统形态，城市由资源集聚自发形成；到了效率驱动阶段，个体在"干中学"中不断积累人力资本，企业通过减员增效和优化配置提高收益，信息化介入改造传统业态，城市功能从集聚走向集聚与扩散并存；在创新驱动阶段，个体善于运用和发现新知识，企业不断开发出市场所需要的新产品，新业态的出现使得交易效率大幅提升，城市在城市群中的定位与分工决定空间创新的方向。

创新主体	个体	企业	市场/业态	街区/城市
	知识创新体系	技术创新体系	模式创新体系	空间创新体系
要素驱动	知识存量	实现产量	传统市场	资源集聚
效率驱动	干中学	减员增效	信息化介入	集聚与扩散
创新驱动	知识增量	新产品	新业态	新功能

图1-1 创新驱动高质量发展的理论框架

在具体应用这一理论框架时，需要指出两点：第一，知识创新体系、技术创新体系到模式创新体系、空间创新体系的变化，在理论上可以是线性的、单向的，但在实际经济运行中，也可以是非线性的、多向的，而且创新的分叉、跳跃、不规则变化往往是常态。技术创新、模式创新和空间创新都可能激发新的知识发现和新一轮创新要素的扩散,把创新体系划分为由创新要素流动形成的四个部分,是理论研究抽象的需要。第二,制度创新与四大创新体系的关系是,制度创新贯穿于四大创新体系内部以及体系的转换过程之中,制度创新有助于提升四大创新体系的运行效率。

第二章
知识创新体系与创新驱动高质量发展

党的十九大报告指出,要"建设知识型、技能型、创新型劳动者大军,弘扬劳模精神和工匠精神","倡导创新文化,强化知识产权创造、保护、运用。培养造就一大批具有国际水平的战略科技人才、科技领军人才、青年科技人才和高水平创新团队"。知识创新位于创新驱动的源头,人力资本是知识创新的载体,从这个意义上讲,创新驱动高质量发展的本质是提高全社会的知识储备。本章首先分析知识创新的内涵,指出知识创新的三种推进模式,而作为创新驱动策源地的知识创新体系,就是网络化的知识创新。知识创新体系的形成与高质量发展密切相关,其中,教育投入、科学研究与职业培训,是知识创新体系的基础、核心与补充。

第一节 知识创新与人力资本

人力资本是知识创新的载体,也是知识创新体系的主体。知识创新是一个"从无到有"的过程,任何技术创新、模式创新和空间创新,在创新的伊始,都表现为知识创新。在知识经济日益发展的今天,社会活动的基本方式已拓展到基于知识扩容的各类信息活动,其内容不仅是从事物质活动,而且更多地包含从事以发现、发明、创新一体化为基本特征的知识创新活动。

一、何谓知识创新

约瑟夫·熊彼特认为,知识创新不能简单等同于"创造新知识",而应包括三种形式,即科学研究获得的新思想、新思想的传播和应用,以及新思想的商业化等。随着知识经济的兴起,学者们越发强调新发现知识的商业化应用前景。比如1993年美国麻省理工学院的学者艾米顿(Debra M. Amidon)将"知识创新"定义为"通过创造、演进、交流和应用,将新的思想转化为可销售的产品和服务,以取得企业经营成功、国家经济振兴和社会全面繁荣的过程"。但是在这里,我们更加强调新思想的起源及其生发机制。

张凤、何传启指出知识创新作为新思想诞生的意义,具有两层内涵。其一,是指在世界上首次发现、发明、创造或应用某种新知识。其中"新"的涵义是知识产权意义上的新,即在原理、结构、功能、性质、方法、过程等方面有显著性变化,而不是时间意义或地理意义上的新。知识创新主要包括科学发现、技术发明、知识创造和新知识首次应用四种表现形态。其中,科学发现指在世界上首次发现新现象、新规律或新原理。技术发明指在世界上首次制造出某种东西,如新材料、新方法、新工艺、新设备、新系统或新服务等。知识创造指在世界上首次创造出某种知识,如首次产生新概念、新发明(含有新知识)、新作品等。新知识的首次应用,可以看成是对新知识的检验,它包括理论应用、生产应用和商业应用等。新知识首次应用可以是独立进行的,也可以包含在科学发现、技术发明和知识创造过程中。其二,是指在世界上首次引入知识要素和知识载体的一种新组合和新组合的首次应用。知识创新的新组合有六种:新事实、新概念、新规则、概念和规则的新组合、概念、规则和载体的新组合、新组合首次应用等。[①]

---

① 张凤,何传启.知识创新的原理和路径[J].中国科学院院刊,2005,(5):389-394.

二、人力资本是知识创新的载体

人力资本是知识承载的重要活体,简言之,就是通过教育和培训投资形成的无形的知识技能。20世纪50年代末60年代初,美国著名经济学家西奥多·舒尔茨(Theodore Schultz)和加里·贝克尔(Gary Becker)认为,美国社会经济发展的巨大变化及其内在动力是人力资本,它是推动美国社会经济变迁与革新的主导力量。这一理论把人力资本视作推动经济发展的源泉,把知识创造引入传统的增长理论,突破了传统经济学中物质资本积累边际生产力递减无法支撑经济长期增长的局限性。而且在企业资本构成方面,物质资本与人力资本一起构成企业的生产力系统,其中居主导地位的是以知识、技术、信息和能力等为主要内容的人力资本,而不是土地、厂房、物质资料及资金等有形的物质资本。市场经济环境下,在企业的成长、竞争与发展过程中,人力资本的影响力已经逐渐超过了物质资本的影响力,成为企业发展的首要资本,是现代经济发展极其重要的内生变量和决定性要素之一。

人力资本在高技术产业的发展中主要通过内部效应和外部效应促进经济增长,而高技术产业本身就有着高智力、知识密集等特点,所以高技术产业中的人力资本也有着自身的特殊性。

一是创造性。高技术产业中的人力资本是创造性的人力资本,他们可以不断地改变研发方式、管理方式等来不断改变生产效率,从而促进产业的持续发展。

二是异质性。高技术产业中的人力资本在拥有知识、技术、能力获得基本报酬的同时,更多的是通过技术创新、经营创新及决策管理创新来实现人力资本的边际报酬递增。这种异质性的人力资本在不断提高自身创新能力的同时,能够更好地促进技术进一步转化为现实的生产力。

三是高流动性。高技术产业中的人力资本素质相对较高,而高素质的人才资源就意味着人才流动的高可能性。

四是低替代性。高技术产业中的人力资本在大部分情况下都是不可替代的,因为在高技术产业中的许多人才都有着特殊的才华和特殊创意,从而造就一个新的产业出现,所以说在高技术产业中的人力资本是难以替代的并且有着较高替代成本。

五是难以监督性。高技术产业发展中,企业家、研发人员等都面临着巨大的研发风险和经营风险,一旦失败,较难判断是外部环境因素的影响还是内部人员主观失误造成的。此外,高技术产业中大部分是复杂的非程序性脑力劳动,所以对人力资本的效率难以准确计量,从而形成监督困难。

随着人力资本概念得以确立,经济发展中人的重要性日渐突出,人力资本积累愈发受到人们的关注和重视。在这种背景之下,大多数国家着手采取相关政策措施,通过教育、研发和培训等多种渠道,提升本国的人力资本存量,这也为知识创新活动的高涨以及知识经济的兴起奠定了良好的基础。

三、知识创新的三种推进模式

同任何事物的演变一样,知识创新也有不同的发展模式,龚玉玲、杨晔讨论了知识创新的三种推进模式,分别是外力推动式、契约平台模式和生态演替模式。[①]

其一,外力推动模式。知识创新最基本的模式是外力推动,这里所说的外力包括市场需求和条件支持。社会生产和生活对知识的广泛需要是知识创新的直接动力。这种需要是由于知识创新提高了生产力水平、提升了劳动效率、降低了劳动成本、减小了劳动强度等社会生产和生活需求决定的。供给和需求都是创新成功的重要决定因素,而市场需求和条件支持是创新成功的基本因素。

---

① 龚玉玲,杨晔.基于知识创新模式的知识体系演进特质[J].情报科学,2010,(9):1367-1369.

其二，契约平台模式。知识创新比较多见且规范、稳定的操作模式是契约平台模式。契约平台知识创新或是科研计划管理机构在相关条件支持的前提下，以国家、区域、系统、单位等课题或项目的形式予以约定，作出一种硬性创新规定；或是机构、企业、单位、个人等根据自身或约定用户发展的需要部署创新计划，这类科研计划都是以契约平台为架构，必须按照契约的内容进行知识创新，且创新内容、创新标准、创新效果、完成时间、消耗资金等在契约中都有约定，是一种强制性知识创新。

其三，生态演替模式。知识创新过程的长期性和不确定性，决定了知识创新不是一种由发明到扩散的简单线性模式，而是一种交互的学习过程，是不同主体和组织相互作用的产物。知识创新主体是一个由企业、科研机构、教育部门、中介服务机构、供应商和客户等所组成的复合体，知识创新离不开其他知识主体的协作。知识创新活动是一种动态的、相互反馈的非线性过程，也是一种连续性的过程。硅谷作为知识创新的栖息地，是由多种要素共同构成，如大学、研究机构与产业界的互动、不断促进知识创新的风险投资机构、鼓励产学研转化的创业氛围、丰富的高质量劳动力等。这些要素之间构成了某种复杂的、动态的、相互依存的演进关系，各构成体系又彼此联系。在一个相对封闭的知识创新集群中，遵循生态学的进化原则，适者生存、优胜劣汰。这是社会竞争的必然，也是生态演替的要求。

以上三种知识创新模式既是相对独立的，也是相互联系的。外力推动型知识创新模式是一切知识创新的前提和基础，没有市场需要和条件支持，一切知识创新就失去了存在价值。但该模式结构松散，效率低下，缺乏制度保障和竞争环境。契约平台型知识创新模式具有目标明确、规律规范、拥有一定的强制性等优势，但该模式在指令性计划和职业创新的主导下，有过度实行知识产权保护的嫌疑，缺乏更深入的竞争和活力，往往容易导致知识保护主义。生态演替型知识创新模式是以外力推动型和契约平台型知识创新为基础,按照生态系统的竞争法则运行,能者上庸者下,既尊重社会知识需求需要,又具有一定的契约规范,还能够引入市场化机制,激发创新活力。在克服了前两种创新模式不足的同时,生态演替型知识创新模式使知识创新更优质高效,更具有生命力与可持续性。

第二节 作为创新驱动策源地的知识创新体系

知识创新来自个体对知识学习、加工和创造的求知欲望。从本质上讲,知识创新依靠社会个体的创新能力,是社会发展环境下社会个体进行创新活动的体现,离不开个体对于知识学习、吸收和创造的活动,也是社会个体进行自我努力和自我创新的结果。因此,强调社会个体知识创新的能动性,对于知识创新体系的构建具有重要意义。个体知识创新能力的培养与形成是一个复杂过程,取决于一定社会条件下的知识创新环境与机制。

一、知识创新体系是网络化的知识创新

知识创新的推进需要一整套体系来实现,系统观察知识创新的过程及其影响因素,大学、科研院所、智库、企业和政府构成知识创新体系。因此,知识创新体系是国家创新体系的组成部分,它是由与知识生产、扩散和转移相关的机构和组织组成的网络,[1]是知识生产、扩散和应用的耦合系统。它是由政府、企业、高校、科研机构,智库、教育培训和中介机构之间相互作用而形成的推动知识创新的网络系统,主体是高校和科研院所,

---

[1] 吴江.知识创新运行论[M].北京:新华出版社,2000:270-276.

核心是国立科研机构和教学科研型大学。① 此外,随着公共政策专业化程度的不断提升,智库正在不同知识创造主体之间,扮演着桥梁与纽带的作用。

当把知识创新体系看作一个系统分析时,就能突显系统科学的方法被应用于知识创新过程的重要性。知识创新体系强调知识创新的系统概念,不仅涉及科研机构与高校,也涉及企业与政府,旨在从更广泛的视角去思考国家、地区知识经济的发展问题。这是一个集科研机构、高等学校、企业等相关要素于一体的复杂适应性系统,具有动态的自组织特性。

二、知识创新体系的运行机制

教育科研机构是知识创新的主体,大学是城市创新的源泉,已经或正在成为所在城市空间创新和创业活动的主力,创新型城市的建设和发展、城市竞争力的提升,都需要大学切实组织科技人才等各种资源,创建一系列生产或研究组织机构,在城市区域的创新系统中发挥龙头作用。科研机构是大学机构的有益补充,是知识创新的另一重要主体,科研机构不仅继续发挥知识创新的作用,更重要的是利用知识创造的能力,将知识和实践紧密结合起来,使得从知识到应用的效率得到提高。

首先,从知识创新主体的影响因素来看,一是知识创新主体的功能性配置。知识创新主体的建立需要与经济社会发展的阶段相一致,不同的经济发展水平和社会发展阶段,也需要不同功能的知识创新主体。就知识创新过程而言,既是一个持续的过程,也是一个不断上升的过程。如果知识创新主体的功能与社会发展阶段不相一致,那么知识创新体系就不能发挥很好的作用。就我国的知识创新体系而言,知识创新主体在完成了义务教育普

---

① 肖洪武.加快建设科研与教育有机结合的知识创新体系研究[J].科技和产业,2008,(5):90-93.

及之后，更应该向研究型和创新型的阶段迈进。二是知识创新主体的结构和层次。社会的差异化和发展的不均衡特征，决定了知识创新主体具有一定的结构和层次特征，比如像教育机构和社会科研机构的结构，政府投入和社会投入的知识创新主体的结构等，都需要相互协调和相互支持。

其次，从知识创新环境影响因素来看，主要有学习环境、创新环境和创造环境。学习环境是知识创新的基本环境，更多的是体现在知识积累过程的影响和作用，一个好的社会学习环境有助于知识快速的积累，填补知识空白，提高社会的知识存量。知识创新的创新环境是在知识积累基础之上提升所需要的环境，从知识积累到知识创新是一个艰巨的过程，创新与积累不同，不只是知识在量上的提升，而是知识相互融合后在质上的飞跃。影响创新环境的因素较多，其中重要一点是如何刺激知识个体进行创新的变量，这是使个体自我创新的重要因素。与前面两方面不同，创造环境重要的作用是建立知识从积累、创新到应用的适合环境。在不利知识创造的环境下，知识创新并不能产生社会价值，仅仅只是停留在知识的层次，即不能和实践相结合，促进生产率的提升。

再次，从知识创新机制影响因素来看，主要有激励机制和保障机制。应该讲，创新的过程是一个价值产生的过程，这个过程应该和所有的生产一样，由市场、价格和竞争来决定其实现过程。但是，知识创新过程并不等于简单的生产，因为知识本身具有较大的外部性，这需要政府来纠正市场的无效性。知识的激励机制是对市场机制的提升和弥补，重在形成知识个性进行知识创新的动力。此外，还应该建立知识创新的保障机制。

三、知识创新体系的智库介入：以美国为例

美国的国家创新体系是以知识创新体系为基础，知识创新成为技术创新和商业模式创新的源泉和动力，并在世界多个关键技术领域中取得了领先地位，为国家和地区的高质量发展不断注入新的活力。

早在20世纪80年代末,美国政府就将美国在80年代工业和技术竞争力下降的主要原因归结为由于本国教育系统缺陷而导致的人力资本不足问题,因此,在布什执政时期,就开始大力推动教育改革,并制定了"2000年教育计划"。克林顿总统上台以后,则强调不仅要继续依靠提高全民的受教育水平和增加职工受培训的机会,重视对科学家和工程师的培养,来保证和促进美国经济的持续增长,而且还必须加强对创新能力和创新精神的人才的培养,"以保持美国教育在未来的竞争的世界中继续拥有相对优势"。①

在美国,专门或主要从事防务与安全问题研究的智库鳞次栉比、成果卓著,而且涵盖了政府内部、大学和民间等多个层面,对美国的全球防务战略产生着重大影响。② 仅有60万人口的华盛顿特区,员工超过500人的智库就有8家,超过100人的智库有上百家,其他从3—5人到几十人的小型智库估计超过2 000家。③ 其中,比较著名的智库就有布鲁金斯学会、卡内基国际和平基金会、兰德公司、彼得森国际经济研究所等。④ 当然,由于华盛顿特区地理位置的特殊性,这个地区的智库数量远远高于其他州市,但其他地区的智库数量也相当多,且分布广泛。在美国,一般大学都有不同种类的智库,美国有智库的大学就有上千家。许多媒体都有自己的智库作支撑,同时智库也把媒体作为自己的主要阵地之一。许多社区都分布着智库,有的4—5人,有的10—20人,有专职的,也有部分是志愿服务的或者兼职的。⑤

兰德公司是当今美国乃至世界颇负盛名的决策咨询机构之一,于1948年11月成立,总部设在美国加利福尼亚州的圣莫尼卡,在华盛顿设有办事处,负责与政府联系。现有1 600多名员工,其中有800名左右的专业研究

---

① 冯鹏志.知识创新的基石:人力资本的形成及其应用[J].新视野,2002,(1):27-29.
② 金彩红,黄河.西方发达国家智库的外部影响力管理及启示[J].中国党政干部论坛,2015,(1):29-32.
③ 王琳.美国智库的发展状况[J].求知,2012,(10):43.
④ 根据2013年1月宾夕法尼亚大学智库项目发布的《2012年全球智库年度报告》显示,目前全球大约有6 603家智库,其中美国就有1 823个,约1/4设立在华盛顿特区。美国智库以其独立性和独特的"旋转门"机制,享誉学界与政界,成为美国知识创造的重要载体。
⑤ 王琳.美国智库的发展状况[J].求知,2012,(10):43.

人员。其中,博士占53%、硕士占30%、本科占10%。在另外的800名员工中,除了必要的后勤保障人事管理人员外,相当一批人负责在全球找资金、找课题、兜售课题。课题找来后,通过内部机制分派给相关研究人员,并让他们获取相应的课题经费使用份额。兰德集团除自身的高素质结构之外,还向社会上聘用了约600名全国有名望的知名教授和各类高级专家,作为自己的特约顾问和研究员,他们的主要任务是参加兰德的高层管理和对重大课题进行研究分析和成果论证,以确保研究质量及研究成果的权威性。①

传统基金会发迹于罗纳德·里根时期,由于直接参与了里根的总统竞选,因而比其他智库更深入地了解美国总统的权力交接过程。里根当选总统后,传统基金会撰写了著名的研究报告《领导者的使命:打造保守型政府之蓝图》,不仅得到了里根总统的高度赞许,而且使传统基金会一跃成为全国瞩目的焦点。该报告在发表后的3个星期内,稳居《华盛顿邮报》畅销书排行榜首位,并被华盛顿业内观察人士形象地称为里根政府的"圣经"。1989年乔治·布什政府上台,整个智库行业被政府首脑冷落,进入"冰冻期",传统基金会也未能幸免。到了2000年小布什政府时期,传统基金会的影响力再次爆发,不但协助新政府的筹建和运作,还为政府的内政外交提供思想支撑、咨政建言,并为政府培养人才。随后,传统基金会的影响力节节攀升,在克林顿政府时期达到顶峰。根据博雅公关以及安德鲁·里奇的调查报告,1993年美国最有影响力的智库排名中,传统基金会位列第二,仅次于布鲁金斯学会;1997年超过布鲁金斯学会,在美国最有影响力智库排名中一举夺魁。在民主党奥巴马政府时期,作为保守派智库的传统基金会地位有所下滑,但依然跻身美国顶级智库行列,其影响力较大的代表性产品为"世界各国的经济自由度排名"等。传统基金会近半个世纪的沉浮,透射出

---

① 王琳.美国智库的发展状况[J].求知,2012,(10):43.

美国社会特有的政治生态、智库与政府之间的微妙关系,也凸显了基金会自身卓越的智库管理经验与人才储备的重要性。传统基金会之所以能成为美国政府思想供给的"永动机",主要原因之一是得益于巧妙的团队组合与开放的聘用制度。传统基金会目前有工作人员 300 多位,大约 1/3 为研究人员,每年都会有近百名志愿者加盟为其工作。通过这种方式,为基金会的影响力扩散开辟了一条廉价而有效的途径。另外,传统基金会采用开放式的人员招聘制度,会根据研究的需要,临时聘请各领域的专家和权威参与专题研究,也会从美国或其他国家的 150 所高校中,每年挑选一部分学生充实到自己的研究或工作队伍中,基金会实施的"华盛顿半学年训练计划"项目已经成为为社会培养后备人才的摇篮。①

第三节　知识创新体系形成与高质量发展：以我国东部沿海地区为例

从知识创新体系的基础、核心与补充,即教育投入、科学研究与职业培训三个方面,运用定量方法考察我国人力资本的演变,分析知识创新体系的发展现状,并在此基础上,进行东部沿海地区知识存量的横向比较。

一、教育投入的视角

人力资本的创造性、异质性、高流动性、低替代性、难以监督性等特点,给人力资本的测算带来了困难。在已有的关于人力资本与经济增长关系的研究文献中,大多采用教育年限法来测算人力资本存量,这一方法应用的前提是认为,教育投入是人力资本积累的基础,一个国家和地区人力资本的多

---

① 李凌.传统基金会:保守主义阵营的思想库[N].光明日报,2017-01-26,(11).

寡主要取决于人均受教育年限。

(一) 教育年限法

教育年限法是目前广泛采用的用来度量不同劳动力之间所含人力资本差异性的方法。基本思想是，不同受教育年限的劳动力具有不同的人力资本，所以可以将劳动力按受教育年限（学历）进行分类，然后按照人力资本特征进行加权求和，由此得到总的人力资本存量，用以反映一个国家或地区的知识存量水平，计算公式为：

$$H_t = \sum_{i=1}^{5} HE_{it} \cdot h_i$$

其中，H_t 为第 t 年人力资本存量；HE_{it} 为第 t 年第 i 学历水平的劳动力数量；h_i 为第 i 学历水平的受教育年限。$i=1,2,3,4,5$ 分别表示大学及以上（包括大专、本科和研究生）、高中、初中、小学、文盲半文盲。这一方法具有简明扼要、数据可得等方面的优势。此外，受教育年限与接受教育或培训的劳动力人力资本投资成本具有较强的正相关性，可以排除用货币计算人力资本投资成本的价格因素影响；同时，受教育程度也与劳动力在"干中学"的人力资本积累成正相关，受教育年限越长用于选择合适职业的信息收集和迁移成本越高。[1]

在把各年份平均接受教育年数转换成人力资本存量时，需要知道各个接受教育阶段的回报率，但是由于中国统计制度的不完善和相关统计数据的缺乏，在国内并没有一个得到普遍承认的分教育阶段的教育回报率的数据，我们采用被广泛引用[2]的国外学者 Psaeharopoulos[3] 以及

---

[1] Barro R. and Lee Jong-Wha. International Comparisons of Educational Attainment [J]. Journal of Monetary Economics, 1993, 32(3): 363-394.
[2] 彭国华.中国地区收入差距、全要素生产率及其收敛分析[J].经济研究, 2005, (9): 19-29.
[3] G. Psacharopoulos. Returns to Investment in Education: A Global Update [J]. World Development, 1994, 22(9): 1325-1343.

Psaeharopoulos et al.[①]对中国教育回报率的估计数据。具体方法是,中国教育回报率在小学教育阶段为 0.18,中学教育阶段为 0.134,高等教育阶段为 0.151。设(E)为分段线性函数,则教育年数在 0—6 年之间时的教育回报率为 0.18,6—12 年之间为 0.134,12 年以上为 0.151。

(二) 东部地区的人力资本规模与效率

根据历年《中国统计年鉴》,全国和各省 6 岁及以上人口受教育程度数据,推算 2002—2010 年东部沿海地区人力资本的存量(见图 2-1)。[②][③] 研究发现,人力资本存量的多寡与劳动力规模和劳动力的平均受教育年限有关,从规模上看,在我国沿海地区,广东、山东、江苏的人力资本存量一直保持较高水平。

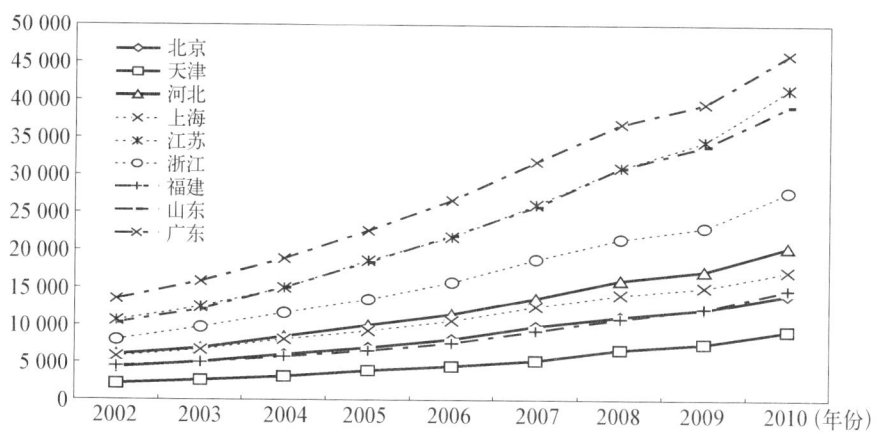

图 2-1 2002—2010 年东部沿海地区人力资本存量估计

为进一步衡量人力资本存量的产出效率,可以选用单位人力资本存量的地区生产总值指标,衡量各地区单位人力资本存量的产出水平(见图

---

① Psacharopoulos and A. Patrinos. Returns to Investment in Education: A Further Update [J]. Education Economics,2004,12(2):111-134.
② 2010 年之后《中国统计年鉴》不再公布各地区就业人数,因 2010 年的受教育年限人口数据来源于普查数据,与其他调查年份数据来源有所不同,导致平均受教育年限出现非连续性变化,所以 2010 年的平均受教育年限为前后两年的均值替代。
③ 小学、初中、高中、大专及以上学历的受教育年限分别对应于 6 年、9 年、12 年和 16 年。

2-2)。结果表明,天津、上海、江苏的单位人力资本产出位居前列,而河北、福建、浙江则居于后席。尽管如此,东部沿海各地的人力资本产出仍普遍高于全国平均水平,这表明知识创新在不同地区和同一地区内部都存在着异质性。

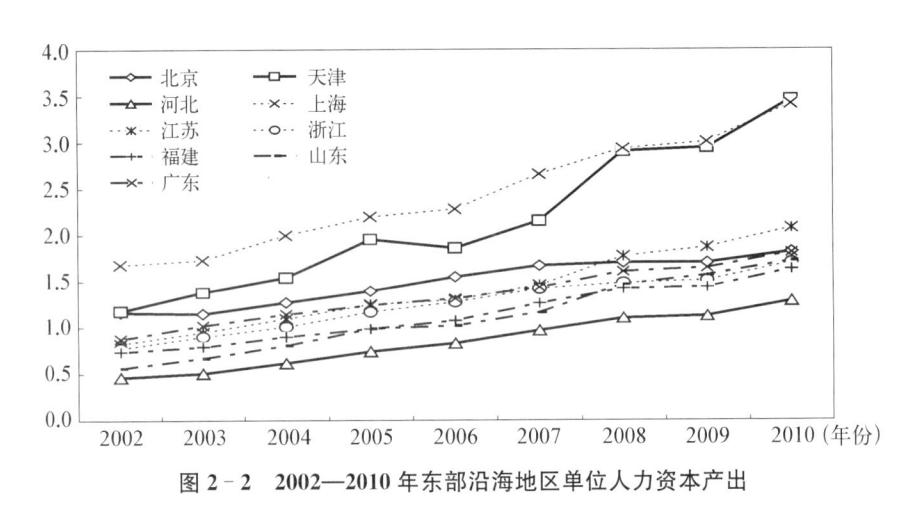

图 2-2 2002—2010 年东部沿海地区单位人力资本产出

二、科学研究的视角

一般认为,高等学校是知识创新的重要主体,高等学校教学与科研的状况,是一个城市或者区域知识创新能力的重要体现。为了对我国主要区域知识创新体系状况有所了解,选择东部沿海地区作为观察对象,一方面这些地区经济较为发达,已经开始进入了知识积累到知识创新的阶段;另一方面,东部沿海地区具有较好的知识创新基础,能够反映我国主要区域的知识创新体系发展水平。

一是从高等学校数量,以及高等学校中研发人员占比及其学历结构特点来看,江苏省和广东省的高等学校数较多,天津和上海市则相对靠后。然而考虑到人口因素和地域面积的影响,单从学校数量显然无法判别知识创新主体的能力,改用高等学校研发人员占从业人员数量的比重可能更为合理,上海、北京和浙江的这一比重较高,均高于 40%,天津为 38%,山东与河北相对更低,只有23%(见表2-1)。从东部沿海区域高等学校研发人员的学历结构来看,江苏的硕士博士占比最高,达到74%,依次是天津和上海,然而从博士占比来看,上海和北京则具有明显优势,博士占研发人员的比例超过40%。相比之下,山东、福建与河北研发人员的学历结构相对偏低(见图2-3)。

表2-1 东部沿海地区高等学校人员情况(2016年)

地 区	高等学校数(个)	从业人员(人)	研发人员(人)	研发人员占比(%)
北 京	91	178 872	77 397	43
天 津	55	61 500	23 397	38
河 北	120	134 040	30 448	23
上 海	64	96 049	43 977	46
江 苏	166	209 501	63 249	30
浙 江	107	126 765	49 421	40
福 建	88	91 244	28 985	32
山 东	144	191 680	43 338	23
广 东	147	199 746	57 048	29

数据来源:《2017年中国科技统计年鉴》。

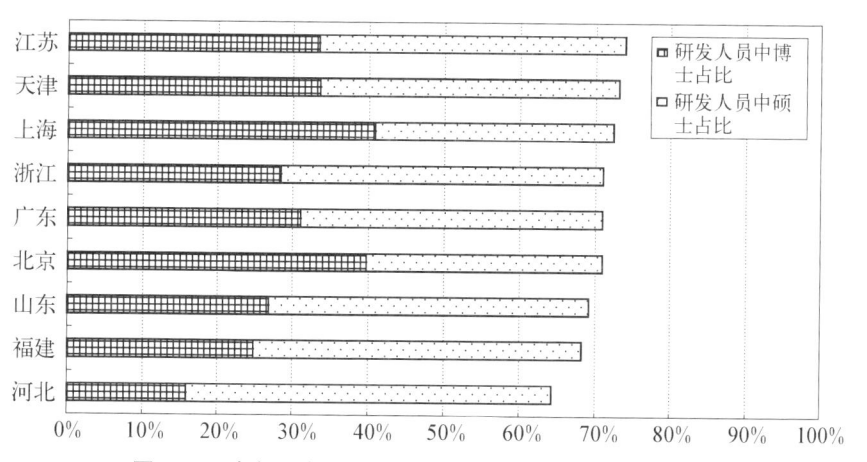

图2-3 东部沿海地区高等学校研发人员及结构(2016年)

数据来源:《2017年中国科技统计年鉴》。

二是从高等学校研发活动的全时当量及其结构来看,目前高等学校的研发活动主要集中在应用研究领域,基础研究次之,实验发展则占了较小比重。① 从知识创新的角度来看,基础研究是为获得关于现象和可观察事实的基本原理的新知识(揭示客观事物的本质、运动规律,获得新发展、新学说)而进行的实验性或理论性研究,它不以任何专门或特定的应用或使用为目的。这代表了某一领域知识的前沿理论,短时间内不能用于生产,但是代表了未来知识的发展方向,对重大技术突破有重要的意义,基础研究研发全时当量不足可能导致新知识的发现缺乏后劲。应用研究是为获得新知识而进行的创造性研究,主要针对某一特定的目的或目标。应用研究是为了确定基础研究成果可能的用途,或是为达到预定的目标探索应采取的新方法(原理性)或新途径,应用研究是和生产活动紧密联系在一起的,具有较强的实践意义。实验发展是指利用从基础研究、应用研究和实际经验所获

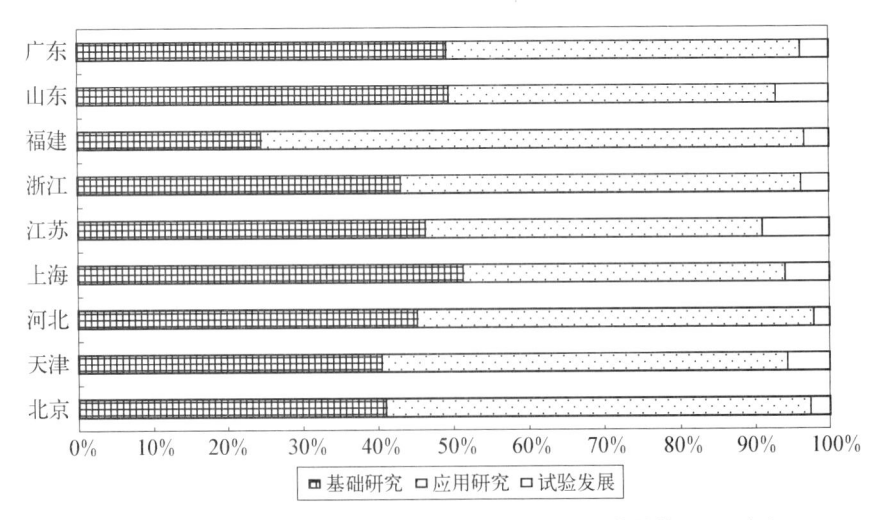

图 2-4　东部沿海地区高等学校研发全时当量及其结构(2016 年)

数据来源:《2017 年中国科技统计年鉴》。

---

① 由参加研发项目人员的全时当量及应分摊在研发项目的管理和直接服务人员的全时当量两部分相加计算。研发项目人员的全时当量由参加基础研究、应用研究、试验发展三类项目人员的全时当量相加计算;应分摊在研发项目上的管理和直接服务人员的全时当量按研发项目人员的全时当量占全部科技项目人员全时当量的比重计算。

得的现有知识,为产生新的产品、材料和装置,建立新的工艺、系统和服务,以及对已产生和建立的上述各项作实质性的改进而进行的系统性工作。而且高等学校研发全时量及其结构与研发经费内部支出结构具有一致性(见图2-5),除福建外,东部各地区基础研究的支出占比约在40%—50%。此外,高等学校研发经费主要来源于两个途径,政府资金和企业资金,其中政府资金占据了较大的比重,约占总资金来源的60%—70%,这表明知识具有公共品属性,政府在培育和锻造知识创新体系中具有重要作用。

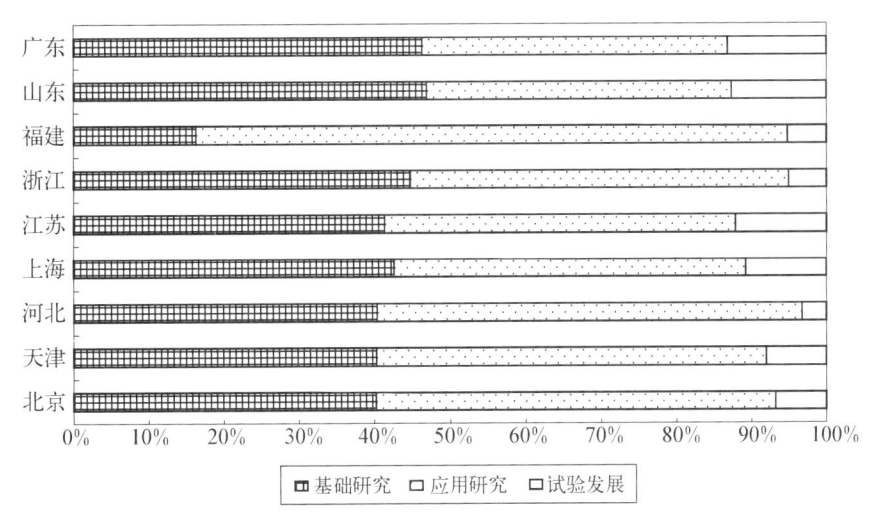

图2-5 东部沿海地区高等学校研发经费内部支出结构(2016年)

数据来源:《2017年中国科技统计年鉴》。

三是从论文、专利等衡量知识创新成果的重要指标来看,在科技论文的数量方面,北京、江苏、广东位居前列;在国外发表论文占比方面,上海、天津和山东排名靠前;在专利申请数方面,江苏遥遥领先;在发明专利占比方面,上海、北京和天津较为突出。此外,在知识创新的成果转化方面,北京的专利所有权转让及许可收入一枝独秀(见表2-2)。

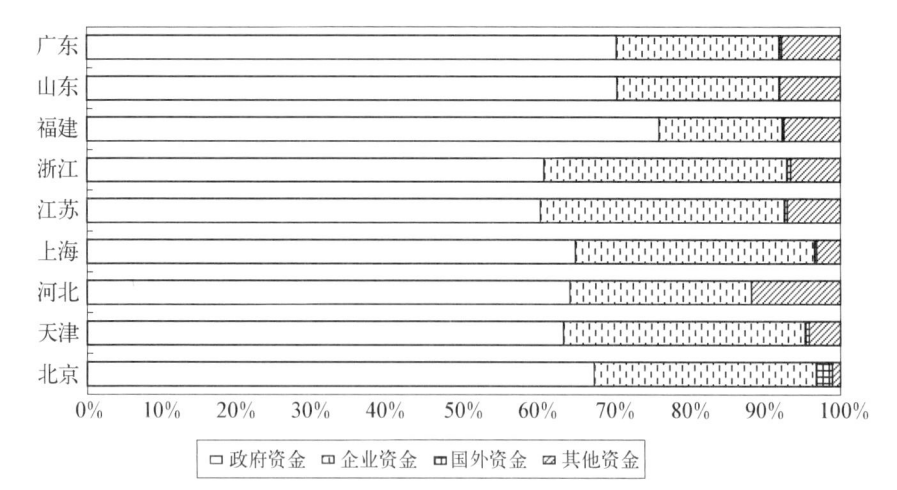

图 2-6　东部沿海地区高等学校研发经费来源结构(2016 年)

数据来源:《2017 年中国科技统计年鉴》。

表 2-2　不同地区高等学校科技产出:论文、专利和专利收入(2016 年)

地区	论文(篇)			专利(项)			专利收入 (万元)
	发表 科技 论文	国外 发表	国外 论文 占比	专利 申请数	发明 专利	发明专利 占申请 数比	专利所有权 转让及 许可收入
北京	118 193	39 384	33%	14 960	12 308	82%	51 870
天津	29 977	11 683	39%	6 044	4 312	71%	347
河北	36 187	6 815	19%	4 834	1 883	38%	575
上海	79 481	34 235	43%	10 848	9 199	85%	9 486
江苏	114 057	38 321	34%	35 507	22 295	63%	13 026
浙江	49 592	15 792	32%	18 063	9 912	55%	8 920
福建	25 600	7 492	29%	5 655	3 264	58%	9 500
山东	53 770	19 158	36%	12 421	7 657	62%	1 568
广东	87 373	25 571	29%	15 680	9 260	59%	2 216

数据来源:《2017 年中国科技统计年鉴》。

三、职业培训的视角

相对于教育投入和科学研究而言,职业培训为知识创新提供了另一条途径,即通过面向职业和技术知识的学习,结合实际的工作而进行的知识创新活动,是知识创造中不可或缺的重要一环。职业培训机构包括技工学校和就业训练中心及其他职业培训机构,其中其他职业培训机构主要有企业职工培训机构和社会力量办职业培训机构等。除上海主要依靠民办职业培训机构进行职业培训外,其他东部沿海各地区均还设有技工学校和就业训练中心,且山东、河北、广东的培训机构较多,这一方面受人口规模因素影响,如山东和江苏省人口较多,行政区划也较为复杂,相应的培训机构结构与分布也就比较杂;另一方面也反映出劳动力市场的就业结构特征。一般而言,职业培训主要是面向低技术水平和低学历的劳动者,北京、天津和上海等特大型城市的户籍政策以及城市偏向的公共服务,可能在一定程度上抑制了职业培训机构的发展以及低端劳动力接受在职培训的潜在需求(见表 2-3)。

表 2-3　各主要省份职业培训机构情况(2015 年)　　单位:个

地　区	技工学校	就业训练中心	民办职业培训机构数	职业培训机构总数
北　京	29	8	372	409
天　津	29	18	404	451
河　北	173	352	901	1 426
上　海	—	—	426	426
江　苏	126	100	1 089	1 315
浙　江	71	60	879	1 010
福　建	62	53	445	560
山　东	194	313	1 503	2 010
广　东	163	124	1 310	1 597

数据来源:《中国劳动统计年鉴 2016》。

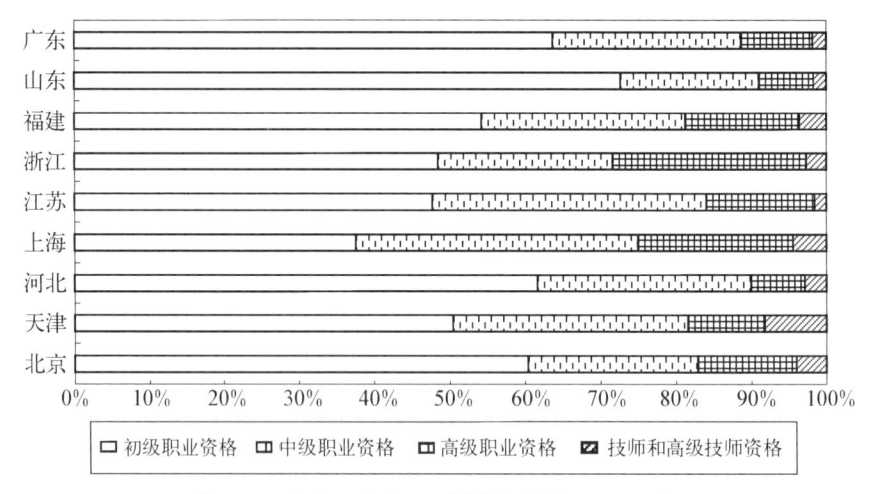

图 2-7　各主要省份职业培训人员情况(2015年)

数据来源:《中国劳动统计年鉴 2016》。

如果按照获取的职业资格进行划分,可以发现,职业培训主要是面向初级和中级职业资格,高级职业资格以及技师和高级技师资格占比不高。在高级职业资格中,浙江、上海、江苏三地比重相对较高,而河北、山东、广东面向高级职业资格比重相对偏小,这一特征与各地经济类型与职业技术人员结构相吻合。

第三章
技术创新体系与创新驱动高质量发展

技术创新源自部分知识创新,同时又为(市场)模式创新奠定基础开辟道路。它不仅包括技术创新成果本身,而且还包括成果的推广、扩散和应用过程,涉及创新构思产生、研究开发、技术管理与组织、工程设计与制造、用户参与及市场营销等一系列活动。2006年全国科技大会颁布《国家中长期科学和技术发展规划纲要(2006—2020年)》(以下简称《规划纲要》)及其配套政策,首次提出加快建设以"企业为主体、市场为导向、产学研相结合"的技术创新体系,这是由创新主体、创新基础设施、创新资源、创新环境、外界互动等要素共同组成的技术创新集聚载体,构成经济社会从要素驱动向效率驱动和创新驱动转型的内生动力。2016年出台的《"十三五"国家科技创新规划》再次强调了"以企业为主体、以市场为导向"的技术创新体系,对于国家创新体系整体效能提升具有显著作用。本章首先对技术创新的内涵及其构成进行分析,指出技术创新的四个实践环节。技术创新体系是集成化的技术创新,内在地要求创新体系内外能量与信息的交流,这是技术创新体系由封闭走向开放的必然逻辑。然后讨论支撑技术创新体系变革、实现高质量发展的五大问题,这些问题的核心,是能否以企业为核心,能否以市场为导向,从而能否正确处理政府与市场的关系,构建具有国际竞争力的现代化技术创新体系。

第一节 技术创新与技术开发创新链

技术创新活动是将竞争能力转化成竞争优势的传导机制与循环运动,技术创新体系则是运动中各类技术创新活动的集合体,包括运动过程中所需要的能量、动力与信息等创新资源需要从体系外界传导并投入,运动过程中所产生的能量、动力与信息,①通过研究开发和应用向体系外扩散,以创新成果应用的方式传导出来。

一、何谓技术创新

毋庸置疑,尽管知识创新为技术创新提供了创新成果基因和智力储备,但那些"从无到有"的知识创新活动并不一定全都能转化为产品。② 技术创新与知识创新有着显著的区别,它更强调以需求和应用为导向;强调以企业为主体,科研机构和政府部门协同创新;强调企业内部通过管理创新、组织创新以及企业外部的环境创新,培育新技术、生产新产品。技术创新的关键在于,技术创新能力的传导不同于一般的辐射与平流,而是需要有介质接触才能进行能量、动力与信息的传导。所以,将技术创新能力转化为竞争优势所需要的传导机制是技术创新活动的投入产出的过程。③ 也正是这一过程的循环运动,驱动经济社会不断向前发展。

技术创新是企业获取有别于竞争者垄断优势的有效途径,从投入产出的视角看,企业内部的制度安排需要致力于激发研发人员的创新活力和能动性,并积极寻求与外部创新资源的对接与联合,围绕企业发展目标和技术

---

① 杨东方.域面——技术创新体系的空间[J].科技管理研究,2012,(2):153-156.
② 周国平,徐诤等.上海加快构建产业技术创新体系研究[J].科学发展,2012,(9):21-33.
③ 杨东方.域面——技术创新体系的空间[J].科技管理研究,2012,(2):153-156.

创新活动的全过程，开展持续稳定的合作。因此，从这个意义上讲，技术创新是企业主动适应环境变化的理性选择，企业是技术创新活动的主要推进者和"灵魂人物"。

技术创新可以根据不同维度加以分类。例如，党的十八大报告中提及的各种技术创新类型，如"自主创新""集成创新""引进吸收再创新"等属于从技术来源进行的分类。党的十九大报告提出的"加强应用基础研究，拓展实施国家重大科技项目"，突出"关键共性技术""前沿引领技术""现代工程技术""颠覆性技术创新"等属于从技术领域进行的分类。又比如，在《"十三五"国家科技创新规划》中，为支撑我国产业向全球价值链中高端迈进，把握与顺应世界科技革命和产业变革新趋势，在提及构建具有国际竞争力的现代产业技术体系时，就包含了高效安全生态的现代农业技术、新一代信息技术、智能绿色服务制造技术、新材料技术、清洁高效能源技术、现代交通技术与装备、先进高效生物技术、现代食品制造技术、支撑商业模式创新的现代服务技术，以及引领产业变革的颠覆性技术等十大领域的技术创新。除此之外，还可以从技术形态把技术创新活动分为产品创新、工艺创新、设备创新、材料创新、服务创新等；也可以从创新对生产要素集约化利用的程度，把技术创新活动分为资本节约型技术创新、劳动节约型技术创新和中性技术创新等；以及从创新路径把技术创新活动分为市场牵引型、研发驱动型、政府主导型和重点扩散型技术创新等。

专栏 3-1　　影响世界的十大颠覆性技术

2017年年底，星河研究院（CB Insights）总结出影响世界的十大颠覆性领域，涵盖神经技术、再生医学、自动化建筑、智能公共安全、合成农业、火箭发射器、AI芯片、大规模仿真、合成动物产品和极端物流，并选出了这10个领域中最有可能改变世界的30家初创企业。

从地域分布上来看，这30家企业主要分布在北美，有22家企业总部设立在美国，2家在加拿大；欧洲的主要集中在英国，有2家企业；俄罗斯、中国、阿联酋和巴西各1家；中国的AI芯片初创企业寒武纪有幸入选。截至2017年11月13日，这30家初创企业在今年已经获得了31次共计13亿美元的融资。已有超过180家投资机构进行注资，投资数量最多的机构是A16Z、Data Collective、IndieBio、NEA、红杉和SOSV。

由是观之，颠覆性技术从实验室走出来，进入企业，又在风投机构的催化下，形成新的商业模式，进而推动一定场域内新一轮的产业革命与创新。

1. 神经技术

思维和大脑的研究是科学的最后一个领域。虽然这一领域在过去的几十年中已经取得了巨大的进步，但对于思维和大脑功能基本原理的理解还几乎处于空白。神经技术的出现和发展可以帮助人类进一步了解大脑，从而达到对一些神经性疾病加以预防和治疗的目的。

典型企业：NeuroPace——预防癫痫疾病。NeuroPace提供一个可植入的设备叫做RNS系统来治疗神经系统疾病，最初的重点是治疗癫痫疾病。这个设备可以学习患者特有的脑电波模式，一旦脑电波活动异常，设备即可识别，并发送短暂的脉冲使脑电波正常化，从而达到治疗癫痫发作的效果。

2. 再生医学

再生医学是指利用生物学及工程学的理论方法重新创造已经失去功能或功能受损的组织和器官，使其具备正常组织和器官的结构和功能。在未来，干细胞和其他类型的细胞可以用来治疗会导致死亡的慢性病和无法治愈的疾病。

典型企业：BlueRock Therapeutics——制造细胞。BlueRock利用诱导多能干细胞(induced pluripotent stemcell, iPSC)疗法使用健康细胞来治愈一系列疾病。这个疗法最早是2006年由日本的两位科学家

Shinya Yamanaka 和 Kazutoshi Takahashi 在世界著名学术杂志《细胞》率先发表,Shinya Yamanaka 还因此获得了 2012 年的诺贝尔奖。BlueRock 利用这个技术,可以制造几乎无限量的纯净健康的细胞。目前主要针对严重的大脑和心脏疾病,例如帕金森氏综合症和充血性心力衰竭。

3. 自动化建筑

根据美国商会的一份调查报告,在 2017 年第二季度,将近 95% 的承包商在寻找技术工人工作时遇到了困难。预计在未来的 6 个月,承包商雇用技能工人的难度将进一步加大,东北部的承包商的困难将比南部、中西部或西部更加严峻。基于这样的情况,越来越多的技术工种将被机器所代替。

典型企业:Built Robotics——自动化移土。Built Robotics 提供机器人技术来进行自动移土和施工作业。公司将无人驾驶汽车的传感器改造成适合现场作业的设备,并开发了专门为建筑的基础作业(例如挖掘和建筑地基分级等)而设计的自动化软件。这个整体解决方案可以解决建筑行业长期劳动力短缺的问题,提高生产力并防止工伤事故。

4. 智能公共安全

2017 年恐怖袭击事件层出不穷,伦敦、曼彻斯特、纽约、拉斯维加斯、埃及……都遭受了恐怖主义的袭击,无辜的民众死伤无数,公共安全受到前所未有的关注。有些恐怖袭击在发生前就已经受到 FBI 等机构的关注,但恐怖袭击到底何时发生、将会以什么方式发生仍然没有办法预知和预防。对于未来的公共安全,利用自动识别技术即时的扫描和识别恐怖分子或武器将会是一种很好的预防方法之一。

典型企业:EvolvTechnology——保卫一定区域内的安全。EvolvTechnology 建造针对物理安全的硬件和软件系统。它提供一个安全门,可以对任何进入这个门的人进行快速扫描,不需要他们停下来或放慢速度,成像传感器即可检测到异常情况,例如是否携带枪支或炸弹,并进行报警。EvolvTechnology 的软件系统还可以与摄像头和人脸识别软件进行集成,通过人脸识别进入场地的人,并与数据库进行比对,实时鉴别可疑人物。

5. 合成农业

到 2050 年,全球的食品需求可能要增长近 98%,而合成农业将有助于满足这些需求。

典型企业:Indigo——"微生物"新农业。Indigo 利用机器学习算法、基因组测序和计算生物信息学方法,创建了一套农业微生物基因组信息数据库。可以分析出对植物健康最有帮助的微生物,抵御农作物病虫害、增加营养摄入量以及水分利用率,以自然的方法促进作物健康,进而培育出耐旱、抗病虫、产量高、单棵质量好,且无基因改造的"超级"农作物。Indigo 已经建立了一个平台,发现并生产出一些"超级"候选作物,包括玉米、大豆、小麦、棉花和蔬菜等。

6. 火箭发射器

根据已经公布的和未来的开发计划,预测到 2022 年,多达 3 000 个纳米卫星(1—50 千克)/微型卫星(50—100 千克)需要发射。估计在 2018 年,将有 300—400 个纳米卫星发射。到 2022 年,将有另外的约 2 500 个纳米/微型卫星要进行发射。

典型企业:RocketLab——发射小型卫星。RocketLab 是一家研发小型运载火箭的初创公司,其建造的全碳复合运载火箭,专门为发射小型卫星而设计,抢占的是 10 U 载荷以下的小型卫星市场,与 SpaceX 形成差异化竞争。其发动机的主要部件均为 3D 打印,采用的技术是电子束熔融,推力高达 5 000 磅,可以将小型卫星迅速的送到商业轨道。

7. AI 芯片

人工智能的应用正在蔓延至各个领域,这意味着 AI 公司还会得到加速发展。AI 芯片作为 AI 场景下底层的计算资源,可以解决 AI 所需要的存储和运算处理问题,并结合各个领域已经存在的海量可标记大数据作为数据集,为 AI 的技术层和应用层提供资源。

典型企业:Graphcore——探索机器智能。Graphcore 是研发专门为 AI 设计的智能处理单元(IPU)的公司。IPU 芯片比同类产品的性能提升了 10—100 倍,可以降低云应用和企业数据中心的 AI 应用成本。这种芯片可以部署于各种机器学习的应用,例如联网设备、自动驾驶、云计算以及机器人等领域,为大型的互联网公司提供具有处理海量数据能力的服务器。

典型企业:寒武纪(Cambricon)——模拟人类神经细胞。寒武纪是一个专门针对人工智能深度学习而设计处理器的初创公司,其发布的 1A 芯片是全球首个商用的神经网络处理器芯片,在运行主流智能算法时性能功耗比全面超越传统处理器。公司现在正在开发一种模拟人类神经细胞和突触进行深度学习的大脑启发处理器芯片。寒武纪的芯片可以使 AI 用于计算机视觉、自动驾驶和飞行、安全监控、语音识别等。

8. 大规模仿真

随着大数据的发展和算力的提高,越来越多的场景可以被虚拟化并进行真实场景的仿真,从而可以缩短验证时间、协助作出更好的决策、检验边缘情况以及降低犯错成本。

典型企业:Improbable——建立模拟世界。Improbable 在开发一个操作环境,允许用户建立可以实时运行的模拟世界,从而模拟数百万个真实世界实体的行为和交互。该公司目前专注于游戏开发,但这项技术对于从商业到安全的各个行业都有影响,使得企业和组织在实际执行之前可以很好地预测并理解他们选择的结果。

9. 合成动物产品

目前的畜牧生产是不可持续的,而到 2050 年,牛肉和羊肉的需求将会增长 95%,这一部分额外的需求可以用实验室合成的动物产品替代和满足。

典型企业：MemphisMeats——替代传统肉类。MemphisMeats研发了一种技术可以在实验室生产肉类，而完全不需要饲料、喂养和最后的屠宰过程，它通过在实验室里养殖动物干细胞来完成。与常规的肉类相比，这项技术所需要的温室气体排放量、土地和水量减少了90%。未来，该公司将会扩大生产，以期可以完全取代传统的肉类。

10. 极端物流

在很多发展中国家或欠发达国家，缺乏基础设施是比贸易关税更严重的贸易壁垒。如何利用科技手段帮助这些国家以弥补基础设施的不足将是改变这些国家命运的重要手段。在物流行业就出现了一些这样的初创企业。

典型企业：Zipline——按需分配血液。Zipline建造固定翼医疗无人机，并进行空运服务，将医疗用品投放到无法通过陆路进入的地区的诊所或医院。远程诊所和医院的医疗工作者通过发送短信向Zipline提出需求，以便他们按需提供血液等医疗用品。Zipline提供最多的服务是向偏远地区的诊所和医院提供分娩手术或复杂分娩期间的输血血液，或提供治疗疟疾的药品。该公司正在与卢旺达和坦桑尼亚政府合作。

引自星河研究院微信公众号：xinghehulian。

二、技术创新的四个实践环节

技术创新一头连接知识创新，另一头连接商业模式创新。就技术创新活动本身而言，企业与研究机构、高校科研力量的相互作用与相互结合，将技术创新成果转化为生产力。参与技术创新活动的各个主体不仅要相互作用、促进、提高，还要协调、有序、均衡地发展，依照技术创新的研究开发链，逐一环节高质量、高效率地运行；推动科学发现、基础研究，向原理样机、应用实验和应用开发研究转化，继而进入中试阶段或转化为生产性技术的应用转化研究,最终实现创新技术或新产品生产技术的产业化和商业化。技术创新过程是一系列创新链的传导与组合(见图 3-1),创新链的任何一个环节都将影响到创新驱动的能力与质量,成功的技术创新活动离不开各个环节之间的有机结合。因此,技术创新必须严格遵循一定的科学规律,从宏观上看,大致可分为四个连续的实践环节。

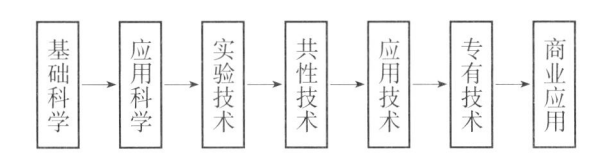

基础科学 → 应用科学 → 实验技术 → 共性技术 → 应用技术 → 专有技术 → 商业应用

图 3-1 技术开发创新链的传导与组合

第一环节:科学发现、基础研究。推进知识高效流动的"知识分配力",是影响创新能力和创新绩效的重要因素,基础研究本质上是知识再生产、知识共生产的过程,知识流动的状况不但影响基础研究的能力和水平,也影响基础研究成果的高效应用。[①] 基础科学研究(基础研究)是指认识自然现象、揭示自然规律,获取新知识、新原理、新方法的研究活动。[②] 加强基础研究是提高我国原始性创新能力、积累智力资本的重要途径,是跻身世界科技强国的必要条件,是建设创新型国家的根本动力和源泉。

第二环节:原理样机或应用实验、应用开发研究。原理样机是还没有应用功能的仅供使用的模型,试验样机虽然是有实际功能的机器,但尚需通过试验进行对应用技术的开发研究。原理样机或应用实验等应用开发研究,是连接基础研究和应用转化研究的中间环节,这一中间环节如果不通,再好的创新知识和高新技术理论,也难以走出"空中楼阁",成为支撑产业升级和经济发展的新动力。

第三环节:中试或转化为生产性技术的应用转化研究。中试是中间性

---

① 李正风,尹雪慧.知识流、知识分配力与基础研究中的科学传播[J].科普研究,2012,(10):31-34.
② 金银哲.国内外基础研究强度的调查研究[J].中国校外教育,2011,(10):14-15.

试验的简称,是科技成果向生产力转化的必要环节之一,中试的成败对于创新成果产业化的成败至关重要。有研究表明,科技成果经过中试的,产业化成功率可达80%以上;而未经过中试的,产业化成果率不足30%。因此,要实现科技成果转化与产业化,需要建立旨在进行中间性试验的专业试验基地,通过必要的资金、装备条件与技术支持,对科技成果进行成熟化处理和工业化考验的应用转化研究。①

第四环节:产业化和商品化。新技术产业化就是高新技术通过研究、开发、应用、扩散而不断形成产业的过程。② 它以高技术研究成果为起点,以市场为终点,经过技术开发、产品开发、生产能力开发和市场开发四个不同特征阶段,使知识形态的科研成果转化为物质财富,其最终目的是高新技术产品打入市场,获得高经济效益。③ 高新技术产业化的各阶段相互联系,相互依存,构成了依次递进的线路,使高技术不断由产业点向产业链进而向产业群延伸和扩展。新技术商业化则是使新技术充分实现其价值的有效手段,一项创新技术只有实现了商业化,才能真正体现出它对企业和社会的价值,最终促进经济社会的快速发展。

第二节 作为创新驱动主战场的技术创新体系

单个企业技术创新的社会化延展,就形成了技术创新体系,不仅涉及企业内部的技术开发创新链,还与企业外部的制度环境密切相关。技术创新体系是创

---

① 曾莉.重庆市高校专利转化率偏低之现状调研及原因分析[J].重庆理工大学学报(社会科学版),2010,(12):22-26.
② 唐长春,孙宁生.产学研结合推进高新技术产业化的问题初探[J].中国集体经济,2012,(2):52-53.
③ 胡晓宇,何平均,杨璐嘉.中国农业高新技术产业风险投资SWOT分析及其对策[J].农村经济与科技,2012,(6):63-65.

新驱动的主战场,也是我国提升自主创新能力的核心领域。技术创新体系是集成化的技术创新,覆盖了从科学发现、基础研究、应用实验开发、中试、应用转化研究到首次商业化的全过程,必须坚持"以企业为主体,以产业技术开发链为基础,以市场为导向",必须坚持从封闭走向开放,由此促进创新要素向企业集聚,推动产业内科技创新成果的产生、流动、更新、开发和转化,促进创新成果的产品化、市场化、规模化、商品化和产业化,增强企业创新能力和提升产业竞争力。[①]

一、技术创新体系是集成化的技术创新

技术创新体系是指以企业为主体,以产业技术开发链为基础,以市场为导向所建立的企业内部、企业间以及企业和政府、社会的创新网络。陈劲、陈钰芬的研究指出,技术创新体系具有以下几个方面的本质内涵:一是技术创新强调技术与市场的整合。技术创新成功的标志是技术发明的首次商业化,技术创新必须使创意获得商业上的成功,满足社会和市场的需求。微软公司希望员工是具有商业头脑的技术天才,就是强调技术与市场整合的具体体现。海尔认为,发明不一定是技术创新,发明者也不一定是创新者,只有能把发明转化为社会的经济活动,而且能发挥显著经济效益的发明才是技术创新。二是技术创新强调研究与发展部门、生产制造部门与营销部门的有效整合。技术创新的不确定性不仅表现在技术的不确定性方面,而且还有市场和战略的不确定性等。技术创新必须把研究与开发、市场和生产三方面很好地协调和组织起来,企业必须加强研究与发展部门、生产制造部门和营销部门这三个关键部门的联结和界面管理。三是技术创新强调企业内部知识与外部知识的有效整合。随着科学技术不断向综合化方向发展,技术创新所需要的知识和技术种类越来越多,创新的综合性和复杂性日益提高。拥有有限资源的企业要提高技术创新的能力,仅仅依赖于自身的

---

① 周国平等.上海加快构建产业技术创新体系研究[J].科学发展,2012,(9):21-33.

力量,已无法满足技术创新的要求。任何技术力量雄厚的企业无法从其内部创造出技术创新需要的所有知识,不可能拥有创新所需的全部资源和技术。因此,企业间建立的以知识为基础的联系网络成为知识经济的一个显著特征,企业实行技术创新必须有效利用外部资源和技术的能力成为企业创造价值的重要来源。①

二、从封闭走向开放的技术创新体系

陈劲、陈钰芬进一步指出了技术创新只能由企业自己单独进行这一传统创新观念的局限性。随着经济全球化的不断深入,企业已不再是一个孤立的系统,企业之间的界限正逐渐变得模糊。企业利用和整合外部资源的能力成了企业创造价值的重要来源。开放式创新范式认为企业要提高技术能力,必须同时利用企业内外知识,有效地加以整合,产生的新思想和开发的新产品或新服务可以通过企业内部或外部的渠道进入市场,使之商业化。在开放式创新范式下,企业边界是模糊的。创新思想主要来源于企业内部的研发部门或其他部门,但也可能来源于企业外部。企业内部的创新思想可能在研究或发展的任何阶段通过知识的流动、人员的流动扩散到企业外部。有些不适合于企业当前经营业务的研究项目可能会在新的市场发现其巨大的价值,也可能通过外部途径使之商业化。由于存在着大量丰富的知识以及知识的快速流动,企业内富有创新思想的科技人员在不同企业间的广泛流动,风险投资的存在给科技人员创业提供了资金的保障,种种因素促使企业必须加快新产品开发的速度,并快速使之商业化。企业在加强内部研发的基础上,对外部知识进行密切的监视和跟踪,充分吸收和利用外部知识,以弥补某些知识的空缺,通过对内外知识的有机整合,减小技术创新在技术上的不确定性,从而加快创新的速度。②

---

① 陈劲,陈钰芬.开放创新体系与企业技术创新资源配置[J].科研管理,2006,(5):1-8.
② 陈劲,陈钰芬.开放创新体系与企业技术创新资源配置[J].科研管理,2006,(5):1-8.

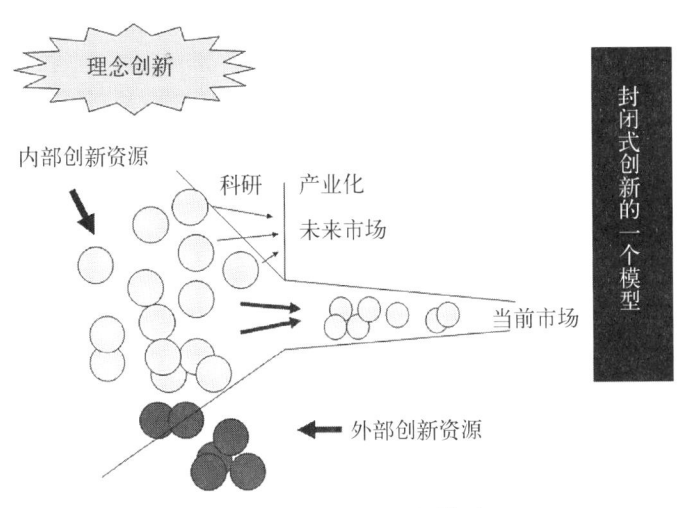

图 3‑2a　封闭式创新模型

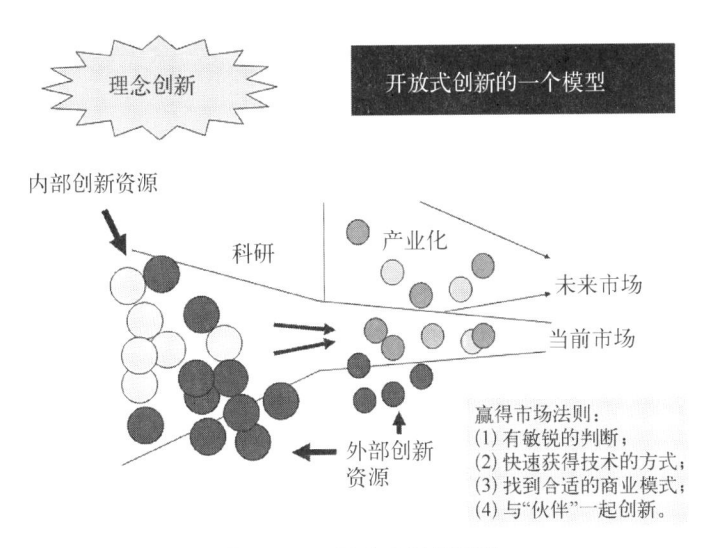

图 3‑2b　开放式创新模型

在开放式创新范式下,企业可以通过企业外部途径使研究项目得以继续进行,或把不适合于本企业当前经营业务的创新产品通过外部渠道进入新的市场,使之商业化,从而减小技术创新市场上的不确定性。在开放式创新体系下,技术创新将不再是一个简单的、线形的过程,而是一个具有复杂的反馈机制,并且是在科学、技术、学习、生产、政策、需求等诸要素之间形成复杂的相互作用的过程。企业独立地进行创新将更为困难,它必须在与其他组织(供应商、用户、竞争者及大学、研究机构、投资机构、政府机构等)的相互作用和相互影响中进行创新。公司使用外部和内部的想法,以及市场利用外部和内部的渠道开拓市场。内部的想法可以通过外部渠道进入市场而产生附加的价值。有效利用和整合外部知识的能力已经成为企业获得竞争优势的强劲发展动力。企业可以通过合作研发、购买外部技术许可、技术并购等方式经济有效地获得适合本企业经营业务的技术,降低技术创新的成本和风险。[①] 为此,对于企业的技术创新而言,赢得市场的四大法则是:有敏锐的判断、快速获得技术的方式、找到合适的商业模式,以及与"伙伴"一起创新。

第三节 技术创新体系变革与高质量发展

在持续跟踪前沿技术、颠覆性技术发展的同时,如何通过技术创新体系变革实现高质量发展,是各国普遍关注的问题。从提升发展质量的角度看,有五个因素需要予以考虑:市场环境与氛围决定企业是否具备创新活力;薪酬激励的制度设计决定技术人员是否具备创新动力;部门之间的

---

① 陈劲,陈钰芬.开放创新体系与企业技术创新资源配置[J].科研管理,2006,(5):1-8.

利益隔阂决定了技术创新开发链是否通畅;产权保护的规则制定决定了创新成果能否有效转化;产学研结合决定了技术创新体系能否发挥协同力。这些问题的核心,是能否以企业为核心,能否以市场为导向,从而能否正确处理政府与市场的关系,构建具有国际竞争力的现代化技术创新体系。

一、市场环境与企业创新活力

市场环境不佳大致有三种表现:一是市场价格体系扭曲,不能充分反映资源约束和消费者偏好,包括创新在内的所有投资决策都应以市场的投入和产出价格为基础。扭曲的市场价格不利于企业正确地作出关于创新的决策。生产要素投入品的价格低估很可能抑制企业在技术进步方面的投资积极性,使得企业没有积极性通过创新和技术进步来降低成本,提高竞争力。二是市场竞争机制不充分,垄断特权在一些行业和领域依然存在,而垄断则使得企业没有动力对创新进行投资。三是各级政府对技术创新的资金投入,往往以各种补贴方式直接予以鼓励,补贴的对象往往是大型国有企业。现实经济中企业存在着大量的短期行为,大多数企业在形式上都把创新放在首要位置并制订了各类技术创新计划,响应政府号召,或和政府部门拉拢关系,以此获得政府资金的资助。由此导致企业创新主体出现两种极端状况:一方面,少数大型国有企业享受政府赋予的垄断优势和技术开发补贴,产生对政府资金投入的过度依赖心理,缺乏自主创新动力;另一方面,众多的小企业分布零散,装备技术简单低效,产业集中度不够,缺少创新能力。

有鉴于此,首先,要明确政府与市场的分工与边界,政府要从技术创新的第四个环节,即商业化应用领域撤出,而在基础研究、共性技术,特别是中试环节加大用以科技研发的财政资金投入。应当看到,科学研究和技术开发具有较强的外部性,需要政府对市场失灵的领域加以干预和调节,政府是国家创新体系的重要组成部分,主要是在市场难以调解、企业无力或不愿投入的领域,起到引导和补充的作用。① 为此,政府首先应重点加大对基础研究、共性技术研究和战略领域的发展,而在一般性产业中发挥智囊作用;在新兴技术产业领域,要公平地对待各种技术限制,以环境、能效、安全等原则作为市场准入门槛。其次,要营造有利于企业创新的市场环境,增强企业创新动力。由于市场需求推动和对未来盈利的预期是企业创新的动力所在,建立以企业为主体的科技创新体系,关键在于发挥市场机制和激励创新的基础配置作用。要建立公平竞争的创新环境,各类所有制企业平等地获得创新要素资源,消除或弱化行政性垄断对创新资源分布不均引发的资源浪费和配置效率低下。创新政策制定的重点应置于培育科技创新型企业的核心竞争力上,置于降低企业的创新成本和风险上,而不仅仅是追求技术水平的先进性,也不应通过设定一些指标来使企业获得政府创新项目的资助,从而异化企业的创新目标。再次,政府还应在科技人才与科技创新团队的社会保障方面做出努力,特别是要进一步拓宽基本公共服务的覆盖面,消除带有歧视性的劳动力市场待遇,促进社会制度融合,将民营企业技术骨干和科研核心人员的养老、医保、子女教育等社会保障事务一并纳入公共服务体系,给予市民化待遇。

二、薪酬激励与人员创新动力

技术创新驱动科技进步与生产力提升,而薪酬分配则对技术创新产生驱动和激励作用。在员工薪酬激励方面,需要体现技术人员的智力回报,明确企业薪酬分配体系向技术人员倾斜,激发技术人员的创新动力。探索以薪酬激励为重点的分配政策,就是要从科技创新型企业自身特点出发,构建以高基薪激励、长期激励、提成制激励和专项奖励为重点的差异化、综合性

---

① 吕薇.技术创新驱动中国经济[J].新经济导刊,2012,(10):83-87.

的薪酬激励模式,将创新的成果与创新人员的智力回报紧密地联系起来,以改善薪酬激励为抓手,激发科技人员的创新潜能。为此,结合技术创新活动投入较大、周期较长、风险较大的特点,从构建有助于推动技术创新体系变革的薪酬激励看,大致应遵循以下两条原则:一是要按照"工资＋奖金＋长期激励"的薪酬结构设计薪酬体系,做到以长期激励(如股权激励等)为主,短期激励(奖金)与长期激励相结合;二是要对基础性、前瞻性和共性研发项目加大工资在薪酬结构中的比重,提高基础薪酬份额,因为这些项目的投资回报期可能较长。与此同时,企业内部也要建立起与薪酬激励相匹配的人员考核评估体系,由此准确反映科技活动与研发创新的人力资本贡献。尤其要避免在人员考核评估体系中,片面地强调企业或项目的短期盈利能力,这会挫伤技术人员创新的积极性,而是要包容创新失败,充分发挥技术人员在创新活动的能动性。

三、部门利益与技术开发衔接

技术创新是通过高投入引进新技术和新产品得到滞后且高风险、高收益的创新型活动,技术创新体系建设则需要技术创新各主体之间的相互协调,不断优化和整合技术创新资源、聚合技术创新要素,共享技术创新成果。由于参与技术创新活动的各方主体之间的部门利益不同,容易产生技术创新活动中的"信息孤岛"和短视行为,企业在技术创新体系中的核心主体地位难以真正确立,企业的技术创新活动也往往受制于传统封闭模式而难以有效运用统筹资源。

另外,从科学发明到技术创新,需要通过知识积累、理论创新、试验探索等基础性研究,基础性研究的成果并不一定都可以转化为技术创新成果,但可以为技术创新提供"从无到有"的成果基因和人才、知识的储备;而技术创新则有赖于企业为主体,与应用技术、共性技术等研发机构的合作,进行"从有到用"的创新活动,是将基础性研究成果转化为新产品、新服务,并通过产业化和商业化转化为经济效益的重要过程。① 由于全过程中部门利益和短视行为的存在,导致技术创新资源的整合力度不足,从而阻断"从无到有"和"从有到用"的技术创新开发链。

四、产权保护与创新成果转化

产权明确是技术创新成果转化、产业化和商品化的前提条件,也是激发技术创新积极性的"保护神",包括对科技创新的知识产权保护和专利转化的普及性与宣传力度,知识产权和专利转化的公共服务和市场中介服务,产学研合作中不同技术创新主体对创新成果归属的谈判权力,以及技术创新成果产业化和商品化的动力机制等。

缺乏产权保护的结果是催生企业的短视行为,而企业的短视行为也将弱化企业依托市场开展创新活动。技术创新与企业生存和发展之间存在长期因果联系,而在短期内科技投入的效果可能并不明显。企业选择哪些技术创新活动作为自主创新能力培育的载体,归根结底取决于企业的市场定位、创新意愿及长期发展目标。一旦缺乏产权保护,就会产生"劣币驱逐良币",引发企业短期行为。

五、产学研与技术创新协同力

建立以企业为主体的技术创新体系的核心是以企业为节点,集成产业化和商业化的运作平台。以企业为创新主体并不意味着在创新开发链条上的各个环节都要在企业内部完成,在各类研究包括基础研究、应用研究与共性技术等方面,应有效地发挥大学与研究院所的作用与优势。企业主要是主导科技创新过程,在科技创新决策、研发投入和成果产业化方面发挥主体作用。首先要改进政府科技资源的配置机制,增加企业在应用型科技计划

---

① 周国平等.上海加快构建产业技术创新体系研究[J].科学发展,2012,(9): 21-33.

项目中的决策参与程度,从源头上解决科技与经济结合的问题;其次要建立行之有效的成果转移责任机制,以合理的知识产权和利益机制引导产学研合作,形成长期的合作研究机制;再次要促进大学和科研院所的技术转移以及研究机构与企业的人员流动。① 北京中关村的兴起就是建立在科技人员可以相对自由地在大学与企业之间进行流动的基础上的,有效发挥了各类研究机构的创新协同力。

关注中小民营企业的技术创新力,持续推动非国有部门的发展。民营企业一般发展规模普遍不大,对创新的技术风险和市场风险的抵御能力较弱。为此,对民营企业科技创新的激励设计,应致力于从增强其化解风险能力和转化风险能力的角度,拓宽中小民营企业的融资渠道,引导风险投资机构介入民营企业的研发成果转化过程,丰富创新导向的金融生态环境尤其是风险投资环境,持续推动非国有部门的创新与发展。对于民营企业的人才激励问题,在人才的来源方面,民营企业可以借助同高等院校和科研院所的产学研机制,吸纳和培育企业所需要的创新型人才队伍,这不仅是国家创新体系有效运作的重要环节,同时也是世界各国产业发展的普遍规律。

---

① 吕薇,马志刚.以全球视野谋划推动创新[N].经济日报,2012-12-14,(13).

第四章
模式创新体系与创新驱动高质量发展

技术集成创新是技术、产品、工艺等创新的具象化和物化，而商业模式创新则是其进一步商业化、市场化并占领市场竞争高地的战略举措，因此商业模式创新也是构建与完善现代化经济体系的重要途径。前者为后者奠定实践基础，后者为前者提供制度保障，两者相辅相成。党的十八大明确要求"加快新技术新产品新工艺研发应用，加强技术集成和商业模式创新"，以此促进国家"创新驱动"的发展战略转变。党的十九大把培育贸易新业态新模式作为推进贸易强国建设的重要举措之一。本章首先阐述模式创新的内涵，指出模式创新体系的基本形式是商业模式创新，在信息技术的催化下，模式创新表现为市场微观主体对自身内部组织结构及其与外界互动界面内的创新活动提供新价值，因此受到市场和政府因素的共同影响。模式创新体系是系统化的模式创新，企业战略视角下的模式创新体系是"蓝海"战略的执行结果，而产业发展视角下的模式创新体系则是由价值链分裂或产业融合产生的新兴业态。互联网时代，模式创新体系生长决定了发展质量，其中，物联网的壮大有助于促进业态创新与资源整合，平台经济的发展有助于加速商业模式创新，而移动智能技术的演化将带来一系列深刻的模式变革，开启全球互联互通新模式。

第一节　模式创新及其影响因素

模式创新体系的基本形式是商业模式创新,主要是借助于信息技术,通过市场微观主体对自身内部组织结构及其与外界互动界面内的创新活动提供新价值,并通过前瞻性的战略引导,推动产业结构升级与内容变化,打破原有产业内的资源分布格局,以新的资源配置方式,促进社会经济转型发展。

一、何谓模式创新

传统工业经济环境下,生产力以制造业形态表现,由于技术创新缓慢,新的价值形态,无论是产品还是服务,都需要比较长的创新时耗周期。因此,缓慢的技术进展以及或然的沉没成本,决定了企业追求利润的方式,主要是依赖规模经济,追求利润的最大化,并辅之以制造成本节约和广告促销等手段。

随着服务经济和数字技术的迅猛发展,特别是互联网的普及与应用,产业链在空间和时间维度上压缩,国际贸易和跨国投资借助互联网的力量消除了时空差异,从而拉近了消费者与生产者之间的距离,这意味着市场趋向于扁平化,[1]制造业生产力逐步向信息化生产力转移。一个典型的事实是,互联网技术在商业化领域大行其道,改变了传统的基本的商业竞争环境和

---

[1] 托马斯·弗里德曼(Thomas L. Friedman)认为科技和通信领域的迅速发展使得全世界的人们可以空前地彼此接近,从而世界将从政治、经济等各个领域变得"平坦"。并且,弗里德曼还详细论证了碾平世界的十大动力,包括政治领域意识形态的和解、个人电脑操作系统的出现以及互联网时代的到来、让应用软件相互对话的工作流软件、开放源代码、外包经营、离岸经营、供应链变革、内包服务、获取信息以及数字的、移动的、个人的和虚拟的类固醇。我们认为,前两种动力是世界扁平化的前提条件,随后的七种动力则是来源于经济活动中的技术集成与商业模式变迁的。但是在信息技术革命进入云计算以及移动计算技术背景下,这七种商业模式变迁方式已经时过境迁了,而基于第十种"类固醇"的商业模式变迁将成为最前沿的主导商业模式变迁方式。

规则,进一步推动创新成果对基本经济规则和日常生活方式的改变。从经济理论上看,技术进步引发的商业环境的变化,商业模式变迁进入企业创新与环境突变的视野。

齐严的博士论文对商业模式创新开展了研究。他指出,商业模式是对企业商业活动的本质特征与外在形式的概略描述,是企业商业活动整体性和一致性的综合反映,由企业的价值形成模式和界面模式两部分构成。

首先,价值形成模式由价值主张与价值形成逻辑、资源组合、运作流程构成,它概述了企业内部价值形成过程的本质特征及其外在形式。价值主张界定企业的目标客户群组及为其所提供价值的产品或服务形式,例如快递公司通过物品空间转移为客户创造时间价值与空间价值。价值创造逻辑则是指企业价值创造过程中体现在生产技术与管理方法上的内在规律和本质特征,例如汽车生产企业采用流水线作业方式以降低成本提高生产效率来创造更多价值。资源组合是指企业为实现价值主张而投入的人力资源、固定资产、无形资产、原材料等全部资源,它构成了企业商业模式的物质基础。运作流程是指支撑起整个企业的商业运作架构的一系列相互关联的活动,包括战略计划流程、产品开发流程、订单完成流程、销售流程等。

其次,界面模式则是指企业为实现既定价值主张而制定的企业内外部组织或个人之间、企业内部门与部门之间的各种互动活动时所应遵循的标准或法则。它受到企业内部与外部环境的双重影响与约束。一般可以将之分为企业的营销模式、采购模式、竞争模式、环境模式和公众模式,它们阐述了企业与现有竞争者、供应商、顾客和潜在进入者等之间的关系。[①]

二、信息技术催生模式创新

模式创新具有一般性,难以脱离企业创新的范畴,遵循企业创新的一般

---

① 齐严.商业模式创新研究[D].北京邮电大学博士论文,2010.

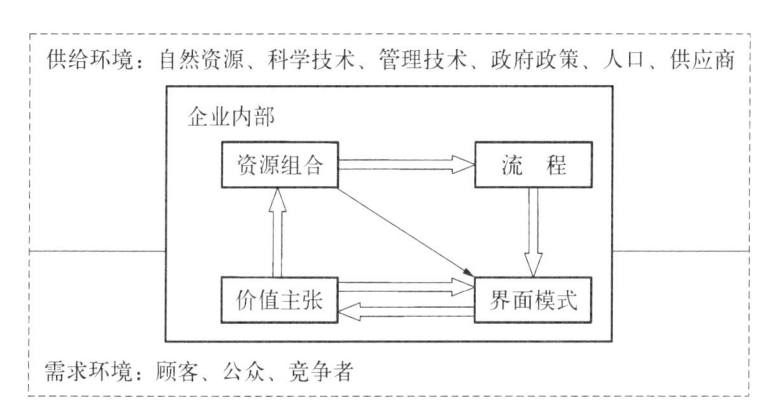

图 4-1　由价值形成模式和界面模式两部分构成的商业模式
资料来源：齐严.商业模式创新研究[D].北京邮电大学博士论文,2010:52.

规律与基本特征。然而,作为特定形式的企业创新活动,模式创新又具有特殊性,是互联网条件下的特定产物。

互联网和信息技术的发展为商业模式创新带来了契机。Afuah等人归纳了互联网普及应用下的商业环境的10种特性:互联网(1)作为一种技术媒介将相互依存或者有此希望的个体联系起来;(2)无处不在,并且具有压缩或扩大世界的能力;(3)消除时间的局限,能够压缩或延展时间;(4)可以作为渠道进行信息产品的销售和传播;(5)具备无限的虚拟容量;(6)降低了信息不对称;(7)降低了社会经济生活中的交易成本;(8)以其标准化而具备低成本特征及开放性;(9)具备网络外部性,从而具有收益递增特性;(10)通过一种创造性的破坏深刻影响企业的协调、商务、社团、内容和沟通等各种商业活动,使大量新的商业实践成为可能。[①]

进入21世纪后,信息技术革命取得了更为突破性的进展,信息技术的发展推动了社会经济生活的网络化和扁平化,进一步为模式创新提供了技术平台以及新的增长点和创新视角。电子商务、电子政务和电子家务等基于数据处理和移动通信的信息技术发展而得以运用,改变了企业与企业、企

---
① 转引自乔为国.商业模式创新[M].上海:上海远东出版社,2009:32-33.

业与政府、政府和企业与消费者之间的互动模式。基于云计算的物联网对互联网进行了神经末梢的深入拓展,将所有安装了传感设备或者感知设备的"物"或"事"均纳入泛在网络,极大地拓展了互联网的概念,也进而在智能化、信息化和自动控制技术深入发展的环境下,改变了企业的商业行为和人们的生活模式。基于物联网产业的四大产业群,包括射频识别(RFID)、传感网、M2M(Machine to Machine)以及工业化与信息化的融合等,加快了新经济增长极和战略性新兴产业的出现与模式的更迭。

首先,信息技术的发展促进了价值形态的升级,传统的标准化、规模化产品形态逐渐让位于个性化的、多样化的产品,产品内含的价值增值比重提高;知识和信息服务在价值形态中的比重也被提高到了极致,从而带动文化产业的蓬勃发展。[①]

其次,物联网和云计算是加快培育和发展战略性新兴产业的技术工具。物联网因云计算而获得有力的运算能力,云计算因物联网而获得最佳实践途径。[②] 信息技术在这些方面的发展本身就催生出新的产业和企业,开拓、应用与延展基于云计算与物联网的产业链。

再次,信息技术在服务经济中的深入应用,潜移默化地改变着人们的生活方式,而新的生活理念、需求与习惯又激发商业模式创新、技术创新与知识创新。例如,电商企业的发展以摧枯拉朽之势改变着传统的商业形态,同时也改变着人们的消费习惯与购物模式,网购已成为互联网环境下各种年龄层次的消费者都愿意体验的购物模式,它有着传统商业形态无法企及的优势,如多样性、参与性和低成本等,随之而至的互联网金融、物流等新业态与成长中的电商企业相得益彰。另一方面,传统商业业态也因网购的出现而呈现凋敝,这时,企业的营销行为甚至任何一个价值增值环境基本上都已

---

① 1998年以英国为代表的欧洲国家纷纷上演文化产业(或称创意产业,Creative Industry)振兴大戏,可以视作信息化生产力与个性化时代到来的标志。
② 李虹.物联网与云计算:助力战略性新兴产业的推进[M].北京:人民邮电出版社,2011:4.

无法离开互联网。

信息技术发展为商业模式创新在价值主张、流程、资源组合以及界面模式等结构层次提供了无限的可能，由此导致新产品、新服务、新技术、新领域的涌现和企业经营绩效的显著提升。具体到实践层面，从行业角度来看，商业模式创新既可以新企业形式的出现为途径，也可在原有企业的基础上发展演变而实现。前者的突出例子有比尔·盖茨（Bill Gates）创建微软（Microsoft）、弗雷德·史密斯（Fred Smith）创建联邦快递（Fedex）；而后者的突出例子有诺基亚（Nokia）从伐木工厂起家到移动通信设备制造商再到服务商的华丽转身过程。

三、影响模式创新的市场与政府因素

首先，无论技术如何变迁、模式如何创新，最终的落脚点还是为消费者提供价值，因此，市场需求是模式创新最根本的创新驱动力。顾客在客户主导创新过程中具有能动作用，通过客户需求的感知与理解形成解决方案，推动模式创新。与此同时，企业在追逐利润最大化的过程中，以高效率低成本的方式为客户提供产品或服务。为此，需要克服行业结构刚性、生产能力过剩等障碍，市场竞争构成模式创新的另一个驱动力。但复杂的科层组织也可能成为模式创新的阻力。现代企业理论早已论述了控制权和所有权相分离情况下，委托代理关系会导致交易成本滋生，实际上，交易成本上升无形中也会抑制企业的创新行为。由于管理者和所有者的目标不一致，职能也不竟相同，管理者更倾向于完成特定目标约束下较为微观层面的业务与任务，尤其是在大型科层组织企业构架中，繁琐的管理任务常常锁定管理者的思维定势，从而阻碍创新的发生。另外，缺乏创新导向的企业文化与宽松的协作氛围也是阻碍创新的主要因素，因为难以想象模式创新会发生在如同富士康那般将员工视作机器的代工企业之中。

其次，政府在社会商业活动中被赋予了新的要求和角色功能，既要维护

市场,保持市场的创新激励机制不被侵害,同时又要在标准制定以及平台搭建等方面解决信息和成本分配的问题。在实际部门,政府的管制政策被认为是模式创新的触发器的观点正在普遍被接受,管制可能直接导致某种模式创新和新规则的建立。例如,严格的环境控制带来了对测试、诊断和控制服务的需求,同时也刺激了开发合乎环境要求的服务产品和新的工艺标准要求。政府的管制政策有时是把"双刃剑",它可能直接触发新模式的创立,但更多的时候,是导致刚刚建立起来新规则与传统管制模式的不匹配,过度摩擦势必阻碍新商业模式的确立及扩散。以 3D 打印技术的出现为例,从技术上导致生产模式的变迁,改变着当前技术状况下的产业结构和产业价值链,导致就业结果和生活方式等各个方面的重新适应,以及人们思维转换和适应的成本问题。如今这一模式变化也受到相关方面的批判与制约,一个典型的例子是,美国禁止网络上发布 3D 枪支设计图纸,以防止利用这一技术自行打印枪支为社会安全带来更多的不稳定因素。

第二节 作为创新驱动应用端的模式创新体系

从产业角度出发,模式创新具有帮助新技术产业化,把握新机遇,增强企业竞争力,以及应对产业环境变化的挑战等方面的功能。[①] 这些功能的实现,有赖于模式创新的系统性集成,需要在企业、产业、政府、社会等不同域面展开模式创新。与此同时,模式创新活动也改变了不同域面之间的边界,产生价值链分裂以及产业融合等创新机制。此外,新兴业态的是模式创新的落脚点和着力点,综合体现了模式创新与高质量发展的效果。

---

① 乔为国.商业模式创新[M].上海:上海远东出版社,2009:4.

一、模式创新体系是系统化的模式创新

现代社会经济中的企业、社会与政府之间存在着一种逻辑紧密的联系，即企业作为消费者的生产代理人，其经济行为围绕消费者需求为中心，并且企业与消费者之间的互动是促进社会经济发展的动力机制所在；而政府则作为消费者的监管代理人，对企业行为进行监管，对市场行为进行调控，确保市场稳定有序健康发展。当商业模式创新在经济活动中的地位日益突出，三者之间的关系则会聚焦新兴业态，它挖掘、满足并诱导消费者的潜在需求，同时又是企业创新动力与利润源泉所在，更是市场管理者需要根据实际情况对所提供的服务与监管作出调整的现实依据。

企业、政府、社会勾连出一幅以"新兴业态"为中心的模式创新体系图景（见图 4-2）。同时，模式创新体系在一定的产业演化环境中发生、发展并服务于产业竞争，是改变产业竞争格局的重要力量。因此，进行产业分析，理解并有效进行模式创新，还需要放在特定的产业背景和社会环境下，针对模式创新体系与产业的共同演化关系加以考察。

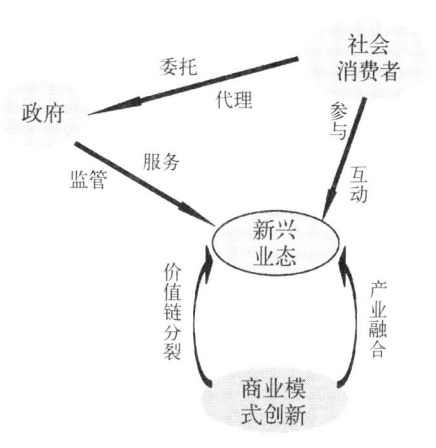

图 4-2 模式创新体系中政府、市场与消费者的内在联系

模式创新体系与受社会大环境影响的产业演化间的关系可以分为 4 个层次。一是同业内的竞争，这是最直接的影响。二是与需求条件、生产要素以及相关产业间的直接作用，这种影响也较为密切。三是与政府政策的互动，政府政策影响企业以及产业、需求、要素和相关产业，也反过来受其影响（见图 4-3）。相对来说，政府政策一般是外生给定的，新业态往往受到来自

传统管制部门的政策冲击,所以从这个意义上讲,加快推进行政体制改革有助于优化新兴业态的成长环境。四是与社会文化的相互作用关系,社会文化环境通常是稳定和渐变的,虽然它对于模式创新的促进作用在短期内不明显,但由于社会运行往往建立在一些非正式制度的约束下,它却能对模式创新产生较为深远的长期制约力量。

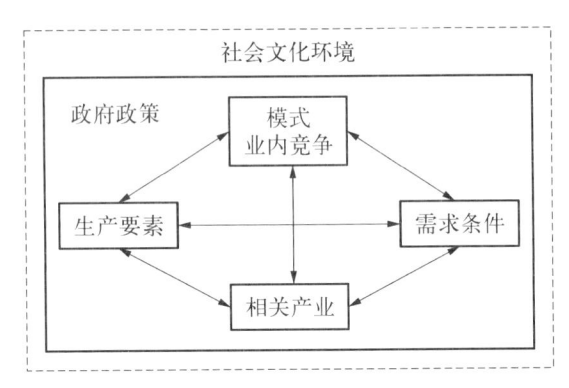

图 4-3 模式创新与产业演化的关系

资料来源:乔为国.商业模式创新[M].上海:上海远东出版社,2009:169.

二、企业战略视角下的模式创新体系

从企业战略角度出发的模式创新机理,主要是指企业的竞争战略选择所导致的新的商业模式的出现。在强大的信息技术的普及应用环境中,企业可以借助新的技术手段对市场进行更细致更科学地分析、定位、制定并实施竞争战略,充分挖掘传统技术下不可能或者不值得挖掘的市场,创造新的价值。

一是从"红海"战略与"蓝海"战略来看,模式创新是"蓝海"战略的执行结果。"蓝海"战略是指在一个未被挖掘的市场空间里(俗称"蓝海")创造新的用户需求,造就一个高增长和高利润的企业,而不是让企业在一个客户需求早已明确的已存在的产业领域(俗称"红海")和竞争对手进行激烈"血腥"的面对面竞争。"蓝海"战略是风险资本家、创业者、企业发展战略制定者追逐的永恒目标,但是对于国家层面来讲,"红海"才是提升综合实力的根本。"红海"是基础,"蓝海"是机会。信息技术的发展与普及应用已经使得"蓝海"战略并不具有长久性,"红海"才是常态。在这一背景下,基于信息技术的新兴产业的发展才是企业商业模式创新的着眼点和终极目标。

表 4-1 "红海"战略与"蓝海"战略比较

"红海"战略	"蓝海"战略
直接参与产业竞争	创造新需求新市场
在现有市场竞争,界限确定,规则明确	创造新市场,界限不确定,规则不明确
打败竞争者	没有竞争对手
挖掘现有需求	创造并抓住新需求
提高产品质量和降低成本难以同时做到	提高产品质量和降低成本可能同时做到
选择作差异化或降低成本	差异化和低成本可能同时进行

资料来源:周洪波.物联网:技术、应用、标准和商业模式[M].北京:电子工业出版社,2010:170.

二是基于"长尾理论",模式创新更加关注中小消费者(长尾)给企业带来的利润。"长尾"是统计学中的齐夫(Zipf)定律和帕累托(Pareto)定律的口语化表达。齐夫定律阐述了文字使用率的高低,在日常表达中,部分文字出现频率高,绝大部分文字则难得一用,表现在统计图表中就体现为长长的尾巴。另外,1897年意大利经济学家帕累托归纳出20%的人口享有80%的财富的统计规律,而且适用于很多领域,被称为"二八定律"。在过去技术手段不发达的情况下,人们只能关注重要的人或重要的事(头部),由于高成本或者技术不可行而忽略了大多数人或事(长尾)。而在信息技术迅猛发展的今天,人们可以以较低廉的成本关注"长尾"部分,由此扩大市场并创造更多的价值和利润。技术正在将无数小市场转化成大规模市场,网络时代是关注并发挥"长尾效应"的时代。[①]

---

① 周洪波.物联网:技术、应用、标准和商业模式[M].北京:电子工业出版社,2010:169-175.

三、产业发展视角下的模式创新体系

从理论上来看,新兴业态主要有两种生成方式。一是基于价值链分裂所产生的新兴业态。传统经济条件下,企业的经营涵盖完整的价值链,比如,直线系统的价值链包括研发设计、采购、生产制造、销售、售后服务等环节;支持系统的价值链包括人力资源管理、财务管理、法律事务等环节。随着新经济条件的发展,专业化与分工越来越细致,最终导致企业内部的价值链环节的分离与析出,逐渐发展成为新兴业态。例如,在直线系统的价值链里,从研发设计环节分离出独立的研发设计企业,从采购和销售环节分离出第三方物流企业,从生产制造环节分离出 OEM 生产企业(Original Equipment Manufacture,"原始设备制造商"的缩写),从售后服务环节分离出专业的售后代理公司,从完备的医疗服务体系中分离出专业的医药外包公司等。又如,在支持系统的价值链里,从人力资源管理环节分离出猎头公司、专业咨询公司,从财务管理环节分离出会计师事务所,从法律事务环节分离出律师事务所等。①

二是在产业交叉与融合领域萌发的新兴业态,产业融合凭借数字技术等信息化手段率先在产业边界处发生,是对传统产业边界固定化及其相互间产业分立的根本否定,②并形成如米尔顿·穆勒(Milton Mueller)所说的纵向一体化的市场结构。③ 新兴业态通常兼具跨产业属性,尤其是数字信息技术对传统产业能级的推动与提升。产业融合突破了产业分立的限制,使不同产业部门得以寻求交叉产品、交叉平台以及收益共享的交叉部门,导致资源能够在更大范围内得以合理配置,④从而催生出新的产品与服务、开辟

---

① 李凌.平台经济模式:互联网时代的政府与市场[Z].载石良平等.社会主义初级阶段市场模式研究——中国国家发展导向型市场经济理论与实践探索[M].上海:上海社会科学院出版社,2016:129-152.
②④ 周振华.产业融合:产业发展及经济增长的新动力[J].中国工业经济,2003,(4):46-52.
③ M. Mueller, Telecom Policy and Digital Convergence. Hong Kong: City University of Hong Kong Press. 1997.

出更多的新市场、塑造出竞争更为激烈的新的市场结构,派生出信息产业波及下新兴业态发展的巨大利润空间。比如,知识经济时代,传统服务业的升级需求导致了高新技术产业与传统服务业的融合,使传统服务业走向现代服务业;传统零售和贸易企业通过引进互联网等信息技术发展出 B2B、B2C 和 C2C 等不同交易模式的电子商务业态;传统银行柜台也在同信息技术的融合中发展出手机银行和网上银行等电子银行业态;传统纸质书籍逐渐通过电子书籍形式改变着人们的阅读习惯与生活方式;以面对面授课为主传统教育服务也受到来自远程教育和电子化学习(e-Learning)的挑战(见图 4-4)。信息革命使得传统工业化时代下的业态模式更趋扁平化,商业交易由此不再受时间与空间的约束。

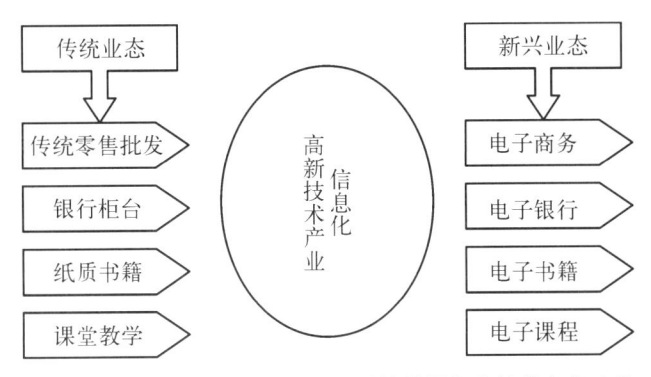

图 4-4 产业融合视角下互联网对传统服务业的信息化改造

第三节 模式创新体系生长与高质量发展

模式创新作为企业行为和市场活动的一项基本创新活动,自企业从事商业运作伊始就已经存在,因为从某种程度上讲,企业和市场存在的意义,就是为了商业创新。然而,随着数字经济时代的到来,当下必须聚焦于信息技术革命以及物联网、平台经济和移动智能终端基础上的模式创新活动,这与最初出现企业和市场时,商业模式所承担的任务与使命已经发生了根本性的变化。

一、物联网促进业态创新与资源整合

2009年,IBM在美国总统奥巴马"要让我们的地球变得更智慧"的演讲基础上,提出了"智慧地球"的概念,同年温家宝总理在无锡视察时提出了"感知中国"的概念;年底,时任工业和信息化部长李毅中在中央电视台全面阐述了"智慧地球""物联网""两化融合"等理念,表明云计算、智慧城市和物联网在新一轮产业或工业革命中可能引发模式创新的重要信号。如今,世界各主要国家纷纷将云计算、智慧城市和物联网建设,作为前瞻性主导产业引入大量资源,以克服经济危机导致的增长动力匮乏之难题,同时也作为支撑未来产业竞争高低的支柱。

云计算(Cloud Computing)是网络计算、分布式计算、并行计算、效用计算、网络存储、虚拟化、负载均衡等信息技术和通信技术发展融合的产物。而物联网则是基于云计算的一个最为重要的应用,如果说云计算是互联网神经系统的雏形,那么物联网就是正在出现的互联网末梢神经系统的萌芽。物联网主要由DCM(Devices Connect Manage),即感知层、传输层和应用层三层架构构成,并衍生出射频识别(RFID)、传感网、M2M(Machine to Machine)和两化(工业化和信息化)融合四大支柱产业,旨在实现对"万物"的"高效、节能、安全、环保"的"管、控、营"一体化。据美国权威咨询机构Forrester预测,到2020年,世界上"物与物互联"的物的数量跟"人与人通信"的人的数量相比将达到30∶1的比例,将来可达到100∶1甚至1 000∶1,总数达到万亿级,被称为下一个"万亿蛋糕"。[①]

---

① 周洪波.物联网:技术、应用、标准和商业模式[M].北京:电子工业出版社,2010:16.

物联网的商业模式可以分为10种类型（见表4-2），分别有系统集成商核心型、运营商运营型、运营商合作推广型、移动金融型、用户自建体系型、公共事业应用型、广告平台型、软硬件集成商主导型、软件集成商主导型和"云聚合"型。①

表4-2 物联网商业模式特征比较

模式类型	核心个体	价值产生模式	应用类型	应用行业
系统集成商核心型	系统集成商	资源互补与合作性价值活动	采集类	环保监控、自动水电表抄送 智能停车场、电梯监控 自动售货机
运营商运营型	运营商	资源互补与竞争性价值活动	采集类 定位类	环保监控、自动水电表抄送、智能停车场、电梯监控、物流监控、智能交通
运营商合作推广型	运营商 系统集成商	资源互补和互换竞争性价值活动	所有类型	所有行业
移动金融型	客户自建支付平台运营商	资源互补 外部资源扩大	便利类	移动支付
用户自建体系型	客户	资源互补	采集类	电力或者矿产行业
公共事业应用型	公共运营平台	资源互补，价值累积 寄生性资源交换	所有类型	公共事业缴费、移动支付、交通一卡通、智能家居、智能售货
广告平台型	网络平台运营商	资源互补累积 市场价值活动	便利类 定位类	智能家居 车载GPS
软硬件集成商主导型	软硬件集成商运营商	资源互补 外部资源扩大	所有类型	位置服务、智能物流、智能家居、数字城市、智能校园

① 郑欣.物联网未来十类商业模式探析[J].移动通信,2011,(7):64-68.

续　表

模式类型	核心个体	价值产生模式	应用类型	应用行业
软件内容集成商主导型	软件内容集成商运营商	资源互补 外部资源扩大	所有类型	位置服务、智能物流、智能家居、数字城市、智能校园
"云聚合"型	所有类型个体组成的"云聚合体"	价值交换 资源交换和互补	所有类型	所有行业

资料来源：郑欣.物联网未来十类商业模式探析[J].移动通信,2011(7)：64-68.

二、平台经济发展加速商业模式创新

新经济时代,以平台经济为代表的发展与竞争模式,是企业战略转型与业态创新的新方向,代表着一种适应新经济时代的产业组织,平台的集聚效应与交叉网络外部性为参与企业的发展提供了新的机遇和持续变革与发展的动力。平台是一种现实或虚拟空间,该空间可以导致或促成双方或多方客户之间的交易。[①] 因此,可以将平台经济(Platform Economics)定义为一种基于平台发展模式(策略)与竞争机制的经济形态。在这一模式下,交易双方不再以原子方式随机碰撞,而是在平台提供者或平台企业的组织下,通过信息纽带缔结在一起,平台企业为供求双方提供信息空间、撮合市场交易、降低交易成本、提升交易效率。从平台经济的基本组成来看,一般涉及四方,即需求方用户、供给方用户、平台企业(或平台提供者)和平台支撑者(见图4-5)。其中,平台企业是这个虚拟的四方组织结构的灵魂与中心,大量相异但又相容、处于市场不同位置的客户群体,形成平台的网络规模,成为反映平台质量的重要参数。[②] 平台经济的出现,使得企业与企业之间的竞争逐步演化为平台与平台之间的竞争,平台提供者以一种半市场化(例如会

---

① 徐晋,张祥建.平台经济学初探[J].中国工业经济,2006,(5)：40-47.
② 李凌."平台经济"视野下的业态创新与企业发展[J].国际市场,2013,(8)：11-15.

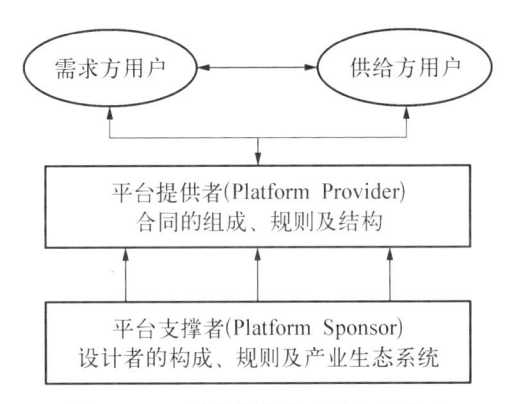

```
┌─────────────┐      ┌─────────────┐
│  需求方用户  │ ←──→ │  供给方用户  │
└─────────────┘      └─────────────┘
       ↑↓                  ↑↓
   ┌──────────────────────────────┐
   │  平台提供者(Platform Provider) │
   │    合同的组成、规则及结构      │
   └──────────────────────────────┘
                ↑
   ┌──────────────────────────────┐
   │ 平台支撑者(Platform Sponsor)  │
   │ 设计者的构成、规则及产业生态系统│
   └──────────────────────────────┘
```

图 4-5 平台经济的构成及运作模式

员制)的方式将平台经济的各类组成要素缔结在一起。

平台经济具有网络经济的正外部性、助推产业结构升级与融合、加速市场形态转型以及催生新的消费方式等主要特征,贯穿于整个"生产—交换—分配—流通"主线,并促使资本、劳动力和土地等要素资源围绕平台建设,进行结构重组与效率配置,体现了高质量发展的本质要求。首先,平台经济是网络经济、信息经济和知识经济发展到一定阶段的产物,平台的创建与演变反映出信息化和知识经济背景下,产业结构的组团化趋势。其次,平台经济是产业融合与业态创新的结果,特别是基于数字技术和互联网平台的大规模集成交易,这将导致要素资源在更大范围内围绕平台企业进行需求导向的有效配置,进而催生出许多新产品和新服务、开辟出更多的新市场、塑造出竞争更为激烈的新的市场结构与业态模式。再次,平台经济是市场形态高端化与完备性的结合,平台经济的双边市场效应为创立消费者网络与生产者网络的匹配提供了条件,平台提供者还需要来自金融、财务、法律、战略、物流、技术、人力资源等多方面的智力支持,或者同具有其他功能的平台进行相互对接。此外,平台经济又体现出现代流通体系的新模式,充当生产与消费的媒介,一方面通过价格撮合与信息传递引导生产;另一方面,把产品安全快捷地传递给消费者。①

---

① 李凌,李南山.平台经济助推企业转型发展[J].上海国资,2013,(6):73-74.

那么,平台经济又是如何改变商业形态并创造新的商业规则的呢?首先,平台企业的产业链不断延伸,不仅包括信息服务业与信息制造业,而且还涌现出大量水平交叉领域内的新兴业态,有效突破了传统业态创新大多局限于"从食杂店到百货店再到购物中心"的垂直演化规则。其次,从企业内部的视角看,平台化精简了企业层级,使得企业管理趋于扁平化和需求导向,具有更为迅速的市场响应能力;同时,从企业外部的视角看,一些企业在组织、营销与沟通等方面还出现了网络化趋势,平台企业的正外部性通过网络溢出与扩散。

2003年之后,中国的平台经济与平台企业发展进入了一个井喷时代,平台经济正在成为新兴业态的主流模式。从门户网站、网络游戏、各种电子商务到网上社区、第三方支付、网络电视等不断创新,平台企业编织与演化出平台经济乃大势所趋,阿里巴巴、腾讯、百度的出现,宣告了大规模定制时代的落幕和基于平台经济的新生商业力量的崛起。以信息平台和第三方支付为技术手段,平台企业通过发现与创造商机,形成撮合交易平台,模糊制造业与服务业的产业边界,重塑现代市场体系的微观基础。其中,平台经济的主要表现形式之一,同时也是现阶段中国平台企业发展的一类主流方向,是创建电子交易市场,也称电子交易中心或在线交易所、电子交易市场等,它把众多的买家和卖家集中到一个"中心市场",使得买家和卖家之间以动态的价格进行交易,而价格的变化是由这个交易市场的规则及供需情况决定的。①

专栏 4-1　　平台经济背景下的支付方式

平台经济背景下的支付方式丰富多样,主要有第三方支付、网上银行、银行汇款、手机支付、货到付款等。其中,前两种属于网上支付,其

---

① 石晓梅等.中国大宗商品电子交易市场经济特征与风险分析[J].情报杂志,2010,(3):191-195.

余几种均为网下支付。随着电子商务和金融信息服务业的发展,网上支付因具有安全、快速、便捷等优势而深受平台参与者的青睐。在第三方互联网支付服务的细分市场中,新型的快捷支付平台(主要是指支付宝、财付通和银联网上支付等)与传统的网银在线网关支付相比,具有更高的操作便捷性和成功率而深受用户认可,支付宝、财付通和银联等企业的业务规模由此大幅提升。2017年,支付宝以27.8%的市场份额位居第一,银联商务和腾讯金融分别以23.9%和11.7%的市场份额占据第二和第三,市场占比前三家的支付企业在整个互联网支付市场中的份额约为63.4%。与此同时,第三方支付的金融服务功能也愈加全面,附带跨境支付、保险和基金功能的快捷支付方式正在成为新的增长点和市场关注的焦点。

表4-3 2008—2017年中国第三方互联网支付市场交易规模

年　份	交易规模(亿元)	增长率(%)
2008	2 356.0	225.0
2009	5 550.0	135.6
2010	10 858.0	95.6
2011	21 610.0	99.0
2012	38 039.0	76.0
2013	59 666.0	56.9
2014	90 118.0	51.0
2015	140 065.3	55.4
2016	191 395.8	36.6
2017	245 426.57	28.2

数据来源:易观国际·易观智库。

三、移动智能技术开启全球化新模式

随着 5G 网络[①]时代的到来,移动计算技术通过用"气态"化的、可即时、轻便、廉价获取的可植入客户的软件替代了实物产品,将颠覆人们习以为常的日常生活和工作模式,从而激励企业、政府以及其他各类组织的模式创新。

一是纸张的消失。软件通过将传统的文学作品、新闻报道、家庭作业及其他各种商业报告转换成可以在手机屏幕上阅读的数字化产品,节约了大量的纸张资源,也将带来现代出版业深刻的商业模式变迁。作者可以任意组织内容,即时查阅生词或深挖信息;出版行业可以节省诸如印刷、纸张、油墨、电力、润滑剂、清洁工以及书籍运输、仓储、销售等其他大量成本。即便是目前比较先进的电子书店商业模式也将受到挑战,内容聚合器将汇集书评,将网络访问流量直接转到作者或者出版商。提供编辑或市场指导的中介还将继续存在,但是提供制作、发行或零售服务的中介将被淘汰,剩下的只有写作和编辑,可能还会有一些纯粹与信息相关的设计及市场推广。

二是即时娱乐。相机将会消失而成为移动设备的一部分,数码化和云计算技术的应用从根本上改变了照片的存储和传播,摄影业余爱好者可以和专业人士同台竞技。移动设备从游戏本身、游戏玩家的构成、游戏的场地等方面将传统上依赖具体机器实物的游戏变成了一个开放的游乐场,而这种游戏模式的变化也将导致游戏产业的盈利点从游戏开发者和玩家发生买卖关系的关口转移到整个应用过程,应用内购买——社交游戏公司通过销售虚拟商品在玩家身上获取收入的商业模式成为所有游戏主要的营业收入来源,移动设备、云计算和社交网络将大大降低游戏行业的进入门槛。

---

① 5G 网络是以用户为中心、功能模块化、网络可编排为核心理念,重构网络控制和转发机制,改变单一管道和固化的服务模式,基于通用共享的基础设施为不同用户和行业提供按需定制的网络架构;5G 网络将构建资源全共享、功能易编排、业务紧耦合的社会化信息服务使能平台,从而满足极致体验、效率和性能要求,以及"万物互联"的愿景。

电影业走向流畅的内容传播模式，DVD正随着报纸的脚步走向灭亡，电影被转换成网上视频资源供客户按需播放视频服务，用户可以选择手机中的移动应用软件而不是普通的浏览器，流畅的内容传播将导致更简化、更合理的商业模式。电视模式中定期的节目播放将会成为过去时，客户可以借助数码录像机按照他们自己的时间安排观看，也可以借助新的移动计算技术选择喜欢的节目观看，不带广告，更加高效而低价，在任何时候任何地点。

　　三是智能货币。无线射频识别技术已经被谷歌、微软、维萨和美国运通等大公司联合领先的移动设备制造商和无线运营商推向市场，这一技术将深刻改变零售行业的结账模式；而内置于手机内的近距离无线通信技术和生物识别匹配技术使得新一代身份证件可以同时成为各道门禁的钥匙、信用卡、银行卡等。像亚马逊、苹果、腾讯、淘宝等高科技公司将移动计算技术带入金融服务业，使得传统银行的自动柜员机网络、实体的银行网点、贷款办公室、信用卡及数据处理技术成为历史，它们将在全球范围内直接从客户的信用卡账户划款并通过信用卡账户为客户提供贷款。

　　四是移动的社交世界。移动技术使得社交网络演变成一种全球有机体，随着每个新成员的加入而不断拓宽范围、充实知识库。社交网络最初只是个人近况和想法的广播系统，并且很快发展出协调社会活动的社会协调系统，移动技术使得我们更能轻易地了解朋友的信息并管理即时活动，帮助组建长期团队。社交移动应用软件使得商户可以即时直接联系消费者，它为每家公司制作高度个性化的应用空间，为每个消费者提供最适合的回报，公司最终将实现广受欢迎的"一对一"营销关系，有助于公司实现更快地库存出清，为消费者提供即时有效廉价的个性化信息服务。移动的社交网络还将全世界发展成为一个发散的感觉系统，每个人作为一个神经末梢感知到一个事件，短时间内身体的大部分（也就是社会）就可以开始评估该事件并决定是否采取行动，当然这一互动过程也有助于利用群众智慧。新浪微博、腾讯微信、今日头条的抖音等都是国内走在前沿的商业模式。

五是全球医疗。移动技术将医疗病历转化成多媒体形式，从而彻底告别浩如烟海的纸质病历档案，病人可以保留自己的病历，医院可以将原来用来存储纸质病历档案的大量房间用来为更多的病人提供病房服务。移动设备使得远程医疗更为便捷，它具备在医生远程监控和评估情况下的服药提醒功能，这将大幅削减年度药品费用。医生可以借助移动设备远程监测我们的健康状况，紧急情况下更快地将专业医护送达，缩短病人的住院时间。移动计算技术还可能使得医学标志（听诊器）消失，手机大小的便携超声波设备可以让医生和病人看到心肌、瓣膜、心律和血流，并将信息发送到移动设备上。移动计算技术的进步使得医疗系统成本大大降低，其便捷性将会使得遥远的贫困地区的人们有机会就地接受先进的专业治疗，全球医疗系统将会借助新技术带来的商业模式成为现实。

六是教育资源和机会变得更为平等。人类生产的大部分信息属于公共资源，已经有不少美国公司提供免费的网上教材，最终所有的教材都可能会免费。移动计算技术下的新型教材更能体现个性化和全面化，通过对教材内容的自组织可以激发学习者的学习兴趣，他们可以将学习内容融入游戏中，从而培养一种主动学习的方式。在虚拟社交世界和学习空间，借助于虚拟现实技术（VR）、增强现实技术（AR）以及混合现实技术（MR），动态多维度地开展教学与研究工作。在移动计算技术的协助下，教育资源的可得性与匹配度大幅提高，教育成本却大幅降低，全球教育为穷人提供更多平等地接受教育的机会。

为此，移动计算技术将提高市场效率，削减中间成本，它让金融服务唾手可得，通过与商业模式的互相促进而推动医疗和教育资源的分配更为平等，从而构筑起一种全新的全球化模式。随着移动智能技术的普及和网民规模的扩大，拥有巨大市场的中国，正在成为塑造新全球化模式的中间力量。据统计，2016 年中国电子商务整体交易规模达 22.97 万亿元，同比增长

25.5%。其中,B2B 市场交易额 16.7 万亿元,同比增长 20.14%。[①] 2016 年的网络购物市场交易额达 5.16 亿元,同比增长 26.2%,占社会零售品交易额的比重上升至 15.5%(见表 4-3);同年,网络购物用户规模达 4.67 亿,用户渗透率攀升至 63.8%。

表 4-3 2006—2016 年中国网购市场交易规模及其消费占比变化

年 份	网购市场交易额(亿元)	网购占全年社会消费品零售总额的比例(%)
2006	258	0.3
2007	542	0.6
2008	1 208	1.1
2009	2 500	1.9
2010	5 231	3.3
2011	7 566	4.0
2012	13 110	6.3
2013	18 636	8.0
2014	29 087	10.6
2015	38 773	12.9
2016	51 600	15.5

数据来源:商务部、中国互联网络信息中心调查数据。

① 数据来自中国电子商务研究中心发布的《2016 年度中国电子商务市场数据检测报告》。

第五章
空间(区域)创新体系与
创新驱动高质量发展

　　知识创新、技术创新与模式创新在创新空间扩散与延展的结果就是空间创新,空间创新以特定场域内的创新空间表现出来,比如创新街区、文化创意产业园区、创新集聚区、创新城市、城市群、湾区经济,等等。创新空间在环境、禀赋与政策的影响下,加速新知识、新技术和新模式的产生、复制、流动、更新与转化过程。在新型城镇化战略和城市群发展新思路的指引下,长三角区域正在谋求系统化的转型发展,城市与城市之间的联系更加紧密,城市作为节点的独特功能凸显,创新驱动的文化条件与制度保障日趋成熟。区域分工与合作朝着提升城市价值的方向转变,创新资源在区域内重新分布,形成富有创新力、竞争力与影响力且梯度有序的空间创新系统。本章首先对空间创新、创新空间与空间创新能力作出界定,指出空间创新体系是高能化的空间创新,是知识创新体系、技术创新体系与模式创新体系的空间表达,其动力机制来自空间创新体系的内部与外部,保障体系来自相关联的公共服务与文化氛围。然后指出互动性是培育良性空间创新体系的保证,高质量的空间创新体系具有纵向、横向的互动机制与空间溢出效应。作为一类重要的空间创新形式,创新城市的演化路径与空间结构备受研究者关注。

第一节　空间创新、创新空间与创新能力

一、何谓空间创新

知识创新的可转移性、技术创新的可溢出性、人力资本的可流动性,以及模式创新的可复制性,形成了特定空间内的创新需求,网络化的以一定的空间载体呈现的创新称为空间创新。这里的空间创新和空间创新体系,与英国卡迪夫大学的菲利普·库克(Philip N. Cooke)教授提出的区域创新体系(RIS, Regional Innovation System)有所区别。在库克看来,区域创新体系主要是由在地理上相互分工与关联的生产、研究机构和高等教育机构等构成的区域性组织系统,该系统支持并产生创新,是以系统的、动态演化的观点将新区域科学中的制度、文化、组织等因素和新马克思主义和新熊彼特主义的创新研究在市场机制起主导作用的背景下结合起来,以解释区域进行系统化创新的能力和潜力以及对制度、组织等环境条件的要求,从而建立区域学习创新、地方环境和区域增长之间的有机联系,组成了一个分析空间创新和区域经济发展的有效理论框架。[1] 空间创新不仅包含库克所指的区域创新,而且还包括各种空间层级内的创新,并且更加强调创新在时空上的继起性,即从知识创新到技术创新,再通过模式创新转化为空间创新的动态演变过程。为此,在中国城市规划设计研究院李晓江院长看来,空间创新是指空间概念与组织方式的创新。空间创新要求从传统增量、等级的空间组织模式转向存量的、特色的、网络化的空间组织模式,由此为创新功能、创新

---

[1] P. Cooke, M. G. Uranga and G. Etxebarria, 1998, Regional System of Innovation: An Evolutionary Perspective [J]. Environment and Planning A, Vol.(30): pp.1563-1584. 转引自陈德宁,沈玉芳.区域创新系统理论研究综述[J].生产力研究,2004,(4):189-191.

活动提供空间载体。①

二、空间创新与创新空间

空间创新离不开一定形式的创新空间，创新空间为空间创新提供载体，创新活动在创新空间内发生、转移、扩散、成长、融合。创新空间可大可小，当前与创新创意有关的创新街区、文化创意产业园区、创新集聚区、创新城市、城市群、湾区经济等，都是创新空间的具体表现。

创新空间具有"随机性"与不可预见性。例如北京的中关村、深圳的华强北等地区发生的创新并未能被事先预见，而且创新空间的出现也与当地的产业基础、空间特征、人力资源分布和创新政策环境密切相关。但空间创新又呈现出一定的内在规律性，掌握创新空间的涨落变化特点，对于把握空间创新的内在规律具有积极意义。

创新空间本质上是一个强烈利益导向的地区、一个对成本极度敏感的地区、一个多元目标与多元价值共存的地区、一个政策与市场共同配置资源的地区。具有以下四个方面的特征：一是营利性、商业性。向往低成本、高收益，同时期望高声誉。二是流动性、活动性。向往人和物的便捷流动和交易。三是集聚性、交融性。交通可达和宜居性并存。四是便于交流的场所。微观空间上能够供同业人员、跨界人员面对面的交流。②

三、空间创新与空间创新能力

倪鹏飞等的研究指出了影响城市创新能力取决于六项因素，这六个因素会对空间创新能力产生影响，即创新主体、资源禀赋、市场环境、内部平台、全球联系和公共制度。这六个内生变量对于空间（城市）创新能力有着

---

①② 李晓江.创新空间与空间创新——北京、天津等项目实践的若干思考[EB/OL].[2015-07-16].中国城市规划网,http://www.planning.org.cn/report/view? id=48.

大小不等的正向作用,并通过直接或间接、一条或多条途径产生作用。实际部门在制定和实施促进创新的公共政策时,应该协同使用相关的政策及各项因素的促进激励措施,避免作用相互抵消,确保城市创新活动的效果最大化;应该匹配性地采取措施保证动力因素的有效发挥作用,避免因不匹配造成的重复投入与过度建设,确保实施路径的有效性,不断加强空间创新能力。①

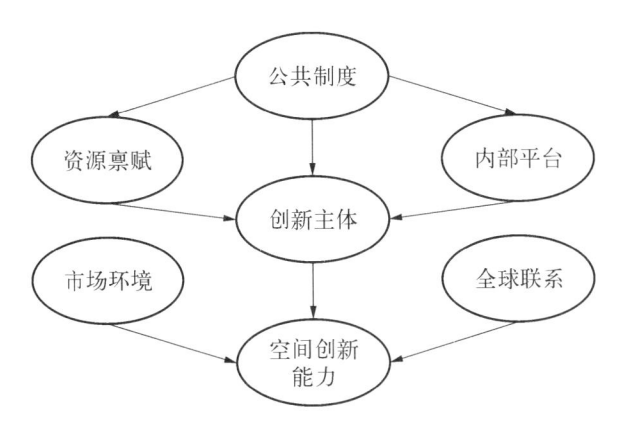

图 5-1 空间创新能力的六大影响要素

资料来源:倪鹏飞,白晶,杨旭.城市创新系统的关键因素及其影响机制——基于全球 436 个城市数据的结构化方程模型[J].中国工业经济,2011(2):16-25.

城市作为一类特殊的空间范畴备受研究者关注。屠启宇等把城市创新能力与知识流动能力、知识创造能力、企业创新能力并列,共同组成城市创新的能力框架要求。其中,城市创新能力主要体现在三个方面:第一,注重知识的消化、吸收和应用,将其作为城市增长方式转变的有效途径和重要任务;第二,培育作为城市创新能力重要组成部分的创新服务水平、创新的基础设施、市场需求水平、劳动者素质水平和金融环境;第三,形成以自主科技创新为动力的增长结构,以科技创新型产业为主导的产业结构,以自主创新

---

① 倪鹏飞,白晶,杨旭.城市创新系统的关键因素及其影响机制——基于全球 436 个城市数据的结构化方程模型[J].中国工业经济,2011,(2):16-25.

型企业为核心的企业结构。① 由此可见,空间(城市)创新能力是知识创新、技术创新与模式创新活动对在城市空间内的集中展开与综合反映。

周振华指出,要防止一种认识上的误区,既不能把创新城市片面理解为技术创新,也不能脱离城市本身来谈论一般意义上的创新问题。从城市本身的特点来讲,城市集聚着大量高密度的经济要素,形成强大的集聚效应和扩散功能。因此,创新城市具有较大的包容性与整合性,覆盖了经济、社会各方面的发展,贯穿于城市发展的各项内容之中,例如创新城市的发展模式、基本功能、产业体系、空间结构、管理架构、社会组织、环境氛围等。②

第二节 作为创新驱动承接点的空间创新体系

空间创新的体系化就是空间创新体系,即特定空间内具有特色并与地区资源相关联的组织网络。各类不同的创新链生发并共存于空间创新体系之内,形成创新网络,而空间(区域)创新体系又是国家创新体系的有机组成部分和创新驱动高质量发展战略的着力点与承接点。

一、空间创新体系是高能化的空间创新

空间创新体系是一个复杂的社会系统,受到来自空间创新体系外部经济环境、资源环境和政策环境的影响,旨在将空间体系内部的新知识、新技术与新模式的产生、流动、更新与转化,把各种创新活动有机协调起来,促进

---

① 屠启宇等.国家战略中的上海科技创新中心城市建设:理论、模式与实践[M].上海:上海社会科学院出版社,2017:52.
② 周振华.崛起中的全球城市——理论框架及中国模式研究[M].上海:上海人民出版社,2008:274-276.

空间内部经济结构合理化与经济发展能级提升。在内部、外部各种影响因素的共同作用下,空间创新体系旨在构建创新环境不断优化、创新主体相互协调、创新要素自由流动、创新内容日益丰富的创新网络,并根据自然地理禀赋、社会历史条件、经济发展水平和技术积累水平等形成空间创新特色、确定空间创新能级。

从创新要素构成看,空间创新体系由主体要素(包括区域内的企业、大学、科研机构、中介服务机构和地方政府)、功能要素(包括区域内的制度创新、技术创新、管理创新和服务创新)、环境要素(包括体制、机制、政府或法制调控、基础设施建设和保障条件等)三个部分构成,[1]具有输出技术知识、物质产品和效益三种功能。

从创新过程角度看,空间创新体系包括:创新机构、创新基础设施、创新资源和创新环境。创新机构主要包括企业、大学、科研院所、孵化器及其他中介机构;创新基础设施包括信息网络、图书馆、公共基础设施等;创新资源包括资金、人才、信息、知识等;创新环境则是政策与法规、管理体制、市场与服务的统称。[2]

从创新空间范围看,可以小到创意(创新)街区、文化创意产业园区、创新集聚区,也可以大到创新城市、创新农村和创新城市群等,但无论区域覆盖范围有多大,空间创新体系都有一定的创新空间作为创新载体。通常情况下,城市是空间创新体系的基本单位,因此在构建空间创新体系过程中,城市创新体系构建格外引人注目。空间创新体系是城市创新体系的基础和保证,它给城市创新体系提供了各种物质基础和资源,以及创新的文化氛围,使得城市创新体系可以高效运转。城市创新体系又是空间创新体系的体现和支撑,它是空间创新体系的中心,空间创新体系通过城市创新体系得

---

[1] 李兵,曹方.基于系统动力学城市创新系统运行机制研究[J].科技管理研究,2012,(1):175-177.
[2] 陈德宁,沈玉芳.区域创新系统理论研究综述[J].生产力研究,2004,(4):189-191.

以体现,它建设的好坏直接关系着空间创新体系构建的结果。只有将空间创新体系的构建落实在城市创新体系上,空间创新体系才能真正地发挥作用。① 在空间创新过程中,中心城市的增长极效应不断增强,聚集与辐射效应不断提高,中心城市的技术创新能力日益完备。同时,周边城市发挥各自的比较优势与要素禀赋,不同城市通过竞争与合作形成互动协调的态势,形成整体上生动与活跃的空间创新局面与创新体系,打造创新城市群甚至是世界级的创新高地,从而提高整个城市群的国际竞争力,推动地区经济转型。②

图 5-2 空间创新体系的空间类型

笔者认为,无论怎样突出城市创新体系在空间创新体系中的重要地位都不为过,在"城市中心论"思想的指引下,城市创新体系的构建有利于加强城市内部创新资源的汇集,包括人力资本、技术成果转化和创新基础设施建设等,创造一种新的更为有效的资源配置方式,从而提高城市创新能力和竞争优势,推动城市经济和区域经济健康、可持续地发展。城市创新体系与空间创新体系一样,同样受到创新主体、资源禀赋、市场环境、内部平台、全球联系和公共制度六大因素的影响,而且城市创新体系更加强调三点:一是创新环境的构建,尤其是城市政府制定的创新政策能否有效包容创新失败;二是创新主体的成长,特别是创新体系中的各种要素如何帮助创新主体尽快成长;三是模式创新的形成,关键在于不可复制模式的独特性是如何产生的,以及可复制模式又是如何借助创新网络加以推广和传播的。

---

① 廖德贤,张平.区域创新系统中的城市创新系统[J].科技情报开发与经济,2005,(3):181-182.
② 沈开艳,陈建华,邓立丽.长三角区域协同创新,提升科技创新能力研究[J].中国发展,2015,(8):64-72.

二、空间创新体系的动力机制：内部动力与外部动力

空间创新体系的动力机制为整个系统提供和传输运动、发展、变化的能源和能量，使创新活动保持旺盛的动力，保证创新主体获得更大的利益，同时也为社会创造更多的价值和使用价值。空间创新体系的动力机制可分为两类：一类是内部动力机制，包括能够对创新活动产生驱动力的因素，如内部激励机制、学习机制、制度创新机制、企业家精神、组织结构创新等；另一类是外部动力机制，涉及能够对创新活动产生直接和间接影响的因素，如经济环境、资源条件、制度保障等推动创新主体产生创新需求，并转化为创新行动的制度化条件等。[1]

三、空间创新体系的保障体系：公共服务和文化氛围

空间创新体系的保障体系由公共服务系统和创新文化氛围两部分构成，前者是空间创新体系赖以生存的硬条件，后者则构成空间创新体系得以发展的软环境。

首先，立足空间创新的共性需求，瞄准支柱产业和社会经济发展中的重大技术问题，联合各方共建公共研发服务平台，促进区域间科技资源的整合和共享。例如，完善区域间设计、试验、检测、推广等专业技术服务链，构建面向区域一体化的开放充分、共享完全、布局合理、运转高效、功能完善的科技公共服务平台，加速推进现有平台的对接和整合等。[2] 尤其是要鼓励跨地区联合建设一批创新空间和共用技术平台，包括相互开放国家级或省级重点实验室和实验基地、科技基础数据中心、中试基地、技术标准检测机构、科技信息机构、水文资料等科技基础设施和信息资源，形成科技文献资源共建共享网络和规范化、开放式的应用服务体系。在信息、技术等共享性创新要

---

[1] 张省，顾新.城市创新系统动力机制研究[J].科技进步与对策，2012，(3)：35-39.
[2] 张仁开."十二五"时期推进长三角区域创新体系建设的思考[J].科学发展，2012，(9)：50-59.

素的低成本流动基础上深化合作共建研发联盟。只有研发联盟的合作创新所产生的正外部性或技术溢出效应达到一定的程度时,这种联盟伙伴的合作创新才趋于稳固和持久。技术溢出率越大,研发联盟就越具有正反馈效应,从而引发更大程度和更大面积的区域研发联盟合作创新。

其次,尊重和保护个性化的文化差异是保障空间创新体系运行成功的社会文化基础。只有宽松自由的且包容不同个性、容忍不同观点的文化环境,才有可能培植出创造性和颠覆性的能量,为优秀的创新型人才施展才干提供更多机会。国际经验一再证明,制度和社会文化条件可能比技术本身更重要。发展中国家所缺乏的不仅仅是知识和技术,更缺乏的是将知识和技术转化为现实生产力的能力。这种能力不仅取决于科学技术水平和技术创新能力,更取决于制度创新、文化适应、知识管理、社会组织等综合能力。所以,创新转型实际上是要求整个知识型社会、创新型社会和创新型文化的形成。这就要求整个经济、政治、文化、社会结构步入真正的全面的变革。① 因此从这个意义上讲,创新并不仅取决于科技企业数量的多寡,而是在更深层上取决于这些企业和研发机构之间充分的相互交流,创新空间的多样性以及空间创新要素的多样性,确保了文化的多元性以及不同文化之间相互碰撞的激烈程度。大城市和城市群之所以能够成为一类重要的创新空间,就是因为有更多的来自不同地方和社会阶层的人的到来,带来了不同文化和思想的互相碰撞,为创意和发明创造空间。

第三节 空间创新体系演化与高质量发展

空间创新体系的发展质量取决于特定空间内创新要素的集聚、互动、外

---

① 蒯大申.文化是长三角创新转型的基础[N].文汇报,2013-1-7,(00B).

溢与辐射功能的发挥,集聚能力越强、互动越频繁、外溢辐射范围越广,空间创新体系的发展质量就越高。

一、互动性与空间创新体系的发展质量

创新系统理论的先驱斯托夫·弗里曼(C. Freeman)把创新系统的质量归结为三个方面:一是创新系统核心要素的质量,包括企业、公共演进机构、教育培训机构、政府机构、金融机构的质量;二是创新系统所涉及的影响创新的知识基础设施的质量、创新政策体系的有效性,以及与创新相关的制度框架的完备性;三是创新的系统化与网络化的复杂程度,指出系统的知识配置能力比知识生产更为重要,创新要素之间的互动性,决定着创新系统的效率。[①] 叶林、赵旭铎的研究以英国牛津郡的新兴科技创新中心为例,指出政府与市场的关系对于区域(空间)创新体系运行具有重要作用,以市场调节为基础,企业、政府与科研部门三方的有效互动是培育良性区域(空间)创新体系的保证。[②] 张省、顾新从系统运行角度认识城市(空间)创新系统的发展质量,创新系统的内部动力机制可进一步区分为生成机制、发展机制和演进机制三个方面。其中,动力生成机制包含标识、聚集、黏着三个阶段,动力发展机制包含流动、溢出和涌现三个阶段,动力演进机制包含锁定、内卷和涨落三个阶段(见图5-3)。[③] 周振华认为,在全球化与信息化交互作用的推动下,一旦信息、知识、货币、文化等流量要素成为空间能量交换的主导形式,那些传统的区域空间结构理论就不再适用了,需要引入基于流量扩张的空间结构模型,用以衡量全球城市在全球城市网络中的能级。网络流量扩展的核心,是作为节点的城市在网络中的连接范围扩大化、交互联系深度化和关联密集化。这些网络的连接、联系和关联,均是通过流动性来体现的,

---

① 潘世伟等.上海转型发展:理论、战略与前景[M].上海:上海人民出版社,2013:140.
② 叶林,赵旭铎.科技创新中的政府与市场:来自英国牛津郡的经验[J].公共行政评论,2013,(5):36-59.
③ 张省,顾新.城市创新系统动力机制研究[J].科技进步与对策,2012,(3):35-39.

体现了各要素之间的互动关系。各种有形或无形的流动物(对象),则是这种流动性或互动性的物质载体。①

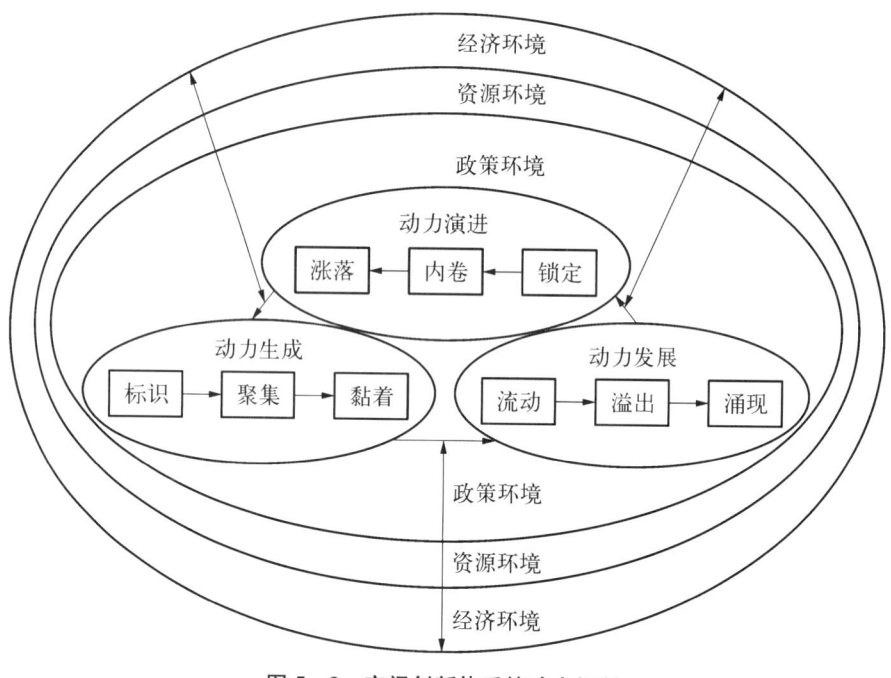

图 5-3　空间创新体系的动力机制

资料来源:张省、顾新(2012)。

二、空间创新体系的互动机制与溢出效应

一是合作伙伴之间的纵向互动机制。同一条生产链上的上下游企业因市场供求关系而聚集在同一个地区之中,这种关系网络可以归结为一种交易相互依赖性,即企业之间是由于市场交换而相互联系起来。马歇尔—阿罗—罗默模型(Marshall-Arrow-Romer Model)对这一合作关系进行了深入探讨,MAR 模型强调在不同领域的企业由于生产链中的上下游关系集聚在

---

① 周振华.崛起中的全球城市——理论框架及中国模式研究[M].上海:上海人民出版社,2008:193.

一起,从而促进科技创新活动的明显增长。这种纵向联系的企业为了使生产链中的交易费用减少到最低,通过相互之间不间断的有效反馈,不断在产品与生产流程方面进行革新,客观上推动了科技创新。[①]

二是竞争对手间的横向互动机制。区域内存在的劳动力市场、惯例、共同语言与规则等,这些元素为这一区域内的众多企业所共享,而正是由于这些共享元素促使公司之间知识的流动与学习。这种公司之间的相互依赖,并非由于市场机制内上下游企业间的正式交易关系,而是属于迈克尔·斯托帕(Michael Storper)为代表的美国加州学派提出的"非交易相互依赖性"。[②] 这种非交易相互依赖性特别明显地存在于生产类似产品相互竞争的公司之间,具有"知识的默会程度越高,地理集中度就越显著"的特征,因为隐性的知识必须通过近距离观察乃至人与人的相互交流才能够传播。集聚于区域中同一领域的公司可以通过人员流动、关注竞争对手以及企业间人员的频繁沟通来促进公司的学习与技术创新。也正是由于这些联系,区域内共享的劳动力市场、文化观念、社会资本、共同语言才会在知识的传播与学习中显得尤为重要。[③]

三是空间溢出效应与创新集聚机制。空间溢出效应主要指的是一个实体的研发成果对于空间外部而言具有正外部性。正是由于空间溢出效应的存在,使得高等院校、科研机构和科技型企业总是相伴而生,从而形成创新活动的空间集聚。在美国,1980年联邦政府通过了《贝赫—多尔法案》(Bayh-Dole Act,简称《法案》),大大促进了高校科研成果向公司的转移与应用。《法案》规定,凡是联邦政府在各高校资助的科研项目,其成果所有权可由高校保留,但必须尽力将科研成果转移给企业,特别是中小企业。美国的

---

① P. Maskell, Towards a Knowledge-based Theory of the Geographical Cluster[J]. Industrial and Corporate Change, 2001, 10(4): 921-944.
② M. Storper, The Resurgence of Regional Economics, Ten Years Later: The Region as a Nexus of Untraded Interdependencies[J]. European Urban and Regional Studies, 1995, 2: 191-221.
③ M. P. Feldman, The New Economics of Innovation, Spillovers and Agglomeration: Review of Empirical Studies [J]. Economics of Innovation and New Technology, 1999, 8(1): 5-25.

斯坦福大学与硅谷便是这种空间溢出效应的产物,作为硅谷的重要奠基者和辅助者,斯坦福大学的众多科研成果从那时起开始相继转移给硅谷高科技公司,研究与产业的实际结合更加紧密。[①] 用高质量发展的观点来看,空间溢出效应成为知识创新体系、技术创新体系向模式创新体系、空间创新体系过渡的润滑剂。

三、创新城市的演化路径与空间结构

构建空间创新体系的目标是在创新体系的推动下,集聚辐射创新资源,形成创新区域、创新城市和创新城市群。以创新城市为例,城市创新活动的不断演化可以促进城市创新资源的富集,但在城市创新活动发展之初,城市无法拥有全部的创新要素,对自身相对匮乏的创新要素,城市只有通过吸引城市外的创新资源在城市内部的聚集,并将其融入城市创新活动系统中才能使创新要素满足实现创新城市的需要。

陈媞、喻金田的研究认为,不是所有的城市通过创新活动都能成为创新城市,只有具备创新要素聚集、创新能力提高、创新体制完善和创新文化浓厚等条件才能成为创新城市。从普通城市发展为创新城市不能一蹴而就,根据创新资源和创新能力聚集和积累程度不同,可以将创新城市的形成过程分为休眠、萌芽、发展、腾飞、成熟和稳定阶段,处在不同阶段,城市发展的驱动要素也经历了由生产要素驱动,到知识创新驱动的过程。随着创新资源不断聚集,创新能力不断提升,城市发展最终才能步入创新城市的轨道。随着创新城市的集聚与扩散,创新要素在区域内流动,向郊区、乡村、城市群扩散,空间创新能力不断提升,区域综合竞争力不断增强。[②]

---

① 叶林,赵旭铎.科技创新中的政府与市场:来自英国牛津郡的经验[J].公共行政评论,2013,(5):36-59.
② 陈媞,喻金田.创新型城市的形成过程研究[J].科技创新与生产力,2011,(12):17-21.

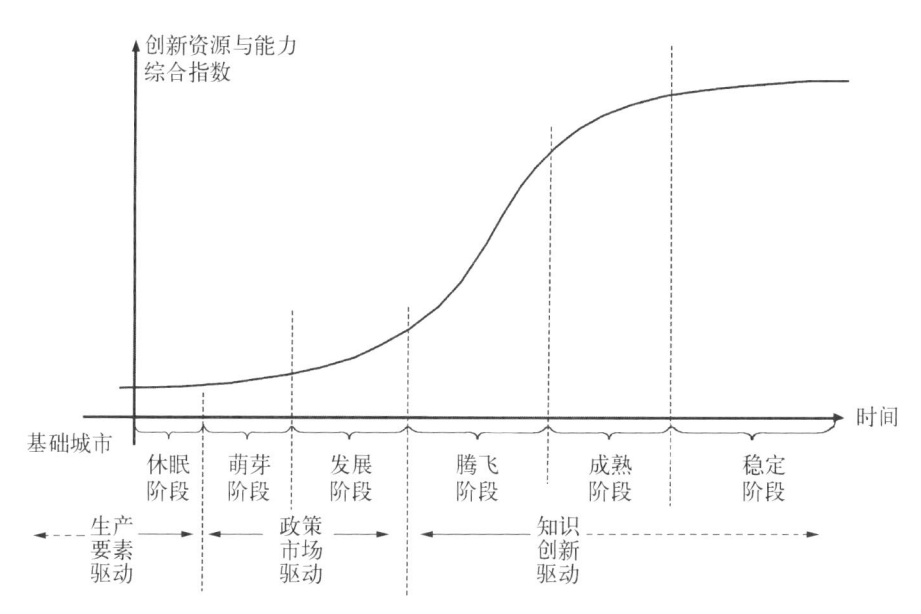

图 5-4　创新城市形成过程曲线及发展驱动要素

资料来源：陈媞，喻金田．创新型城市的形成过程研究[J]．科技创新与生产力，2011(12)：17-21．

创新城市形成的驱动要素在城市发展不同阶段各不相同，在城市发展之初即基础城市和休眠阶段，城市的发展依靠传统生产要素的支撑，土地、劳动力和资本是城市形成和发展的动力。例如，我国部分城市依靠廉价劳动力、提供土地优惠等吸引投资以推动城市发展。休眠阶段末期，政府注意到城市发展过分依赖传统生产要素将会使城市逐渐失去竞争力，于是开始通过颁布政策法规改善城市的产业发展重心，城市发展进入萌芽阶段。发展阶段时期，城市内少数企业和单位组织为迎合市场需求，提高销售利润，开始有针对性地进行产品改革，城市内的高校及科研机构为使其科研成果能更符合实际需求开始与企业、政府部门联合进行研究开发，创新活动萌芽。我国目前部分大中型城市政府创造条件促进产学研三者的有效结合，就是为了促进城市创新主体的创新活动。进入创新城市发展的腾飞阶段之后，创新活动不再是零散地分布在部分企业和高校科研机构，创新文化逐步形成，创新活动形成完整的系统，联系着城市内的各级单位，高新技术产业和高智商服务业对城市发展的推动力逐渐显现,并成为城市发展的主导产业,城市利用前四个阶段积累的创新要素吸引更多创新要素的聚集,形成"1+1>2"的集聚效应,知识经济的地位更加凸显,创新城市正式形成。[1]

表 5-1 创新城市形成的阶段特征

发展阶段	城市环境	创新发起者	创新资源	创新能力
休眠阶段	以利用自然资源生产的产业失去城市的发展	城市居民偶尔的小发明创新	数量极少	极低
萌芽阶段	劳动密集型产业出现零星的改革创新,城市政府开始关注创新	政府和部分企业领导者	人力资源较少,财力资源开始增加	较低
发展阶段	市场需求驱动产业结构调整及企业改革中,政府注重对创新人才的培养及创新活动的扶持,少量外部人才和资金被引进	高校等科研机构、企业研发部门	人才资源逐渐丰富,知识及财力资源增加	极大提高
腾飞阶段	知识密集型产业成为城市发展主导产业,知识及技术创新活动频繁,外部创新人才和资金大量涌入	政府失去高校、科研机构、企业及联合创新	人才、财力资源飞速增长,知识资源成果丰富,物力资源稳步增加	极大提高
成熟阶段	创新城市形成的标志阶段,高新技术产业及创新、创新产业成为城市发展主导产业,城市创新活动良性循环,创新资源增幅达到最大值	政产学研联合创新活动频繁	人力、财力资源增长速度达到最大值,物力及知识资源极大丰富	持续增长
稳定阶段	创新城市完全形成,城市形成以知识经济为推动力的发展方式,城市竞争力增强,政府从创新推动者转型为城市形象的推广者	企业、高校及研发机构自发创新活动显著	城市创新资源持续增长	稳步增长

资料来源:陈媞,喻金田.创新型城市的形成过程研究[J].科技创新与生产力,2011(12):17-21.

而且从空间结构来看,创新城市往往具有"复合型"的空间构造,这使得创新城市比普通城市更具有层次感,同时也丰富了城市内部不同区域之间相互交流的可能性与必要性。随着创新要素的不断集聚,在城市边缘地带

---

[1] 陈媞,喻金田.创新型城市的形成过程研究[J].科技创新与生产力,2011,(12):17-21.

不断发生着城市内外部的能量交换与物质交流,从而形成从"单中心"向"多中心"的发展与演化。只有当副中心区域与中心城区保有一定的距离,在生产与生活等方面既有联系、又能自成体系拥有相对独立性和一定规模的新城区形成和发展起来了,才能真正实现向多中心城市空间结构的转化。因此,在实际操作中,人们更多关注郊区新城的建设与发展。①

专栏 5-1　　　　　　创新城市深圳的经验与启示

　　鹏城深圳,从20世纪80年代的小渔村发展成为今天的现代化大都市,华为、中兴、腾讯、招行、平安等一批人们耳熟能详的创新型企业集聚于此,成为"创新之都"。从1998年的"科技22条",到2004年的区域创新体系,再到2008年创建国家创新型城市和2012年建设国家自主创新示范区,科技创新始终是深圳发展的主线。深圳样本的实践意义在于,适度把握政府与市场之间的权力边界,坚持企业在创新驱动战略中的主体地位,并更好地发挥了政府的作用。归结起来,有以下三点值得学习借鉴。

　　一是分层、分类设计支持创新的政策体系。根据市场需求,结合创新型企业所处的不同发展阶段和产业类别,制定具有针对性的政策体系。从2011年起,深圳将产业专项资金政策分为动力类、效益类、培基类和润滑类四类:分别对应于基础研究平台发展、战略性新兴产业发展、中小微企业发展,以及流通和产业环境建设。产业政策体系的合理分层与分类,有助于避免政策制定过程中的"一刀切",既能突出自主创新和重大项目,又能使那些处于幼稚期的创新型企业及时得到政策惠及,同时也明确了,政府支持应当是"雪中送炭",而不是"锦上添花"。

---

① 周振华.崛起中的全球城市——理论框架及中国模式研究[M].上海:上海人民出版社,2008:259.

二是恪守政府不直接给企业资金的基本原则。在产业扶持的过程中,政府既不直接给企业资金,也不参股,目的是创造一个公平竞争的创新环境,确保权力不越位。深圳实行银政企合作的科技研发资金资助管理办法,由创投引导办公室搭建平台,鼓励各类社会资金积极参与,通过设立创投引导基金,引入专家评审和公开招标机制,由专业人士而不是政府来评判资助对象,凭借业绩而不是各类评奖来甄选企业和企业家。截至2014年年底,深圳已有五批科技研发资金银政企合作项目相继成立,且大多面向中小企业。

三是大力推进知识创新体系建设。不少初来深圳的人都会有一个疑问:这座城市没有国内顶尖的高等院校,创新力从何而来?知识创新体系和科技创新体系是"源"与"流"的关系,两者相辅相成。国际经验表明,30%的知识创新体系加上70%的科技创新体系可能是最优配置,而深圳的情况大致是10%的知识创新体系加上90%的科技创新体系。为了弥补在知识创新体系方面的发展"短板",当前深圳正在探索虚拟大学和研究院制度,在人才培养、成果转化、技术创新、深港合作与国际化等诸多方面,为深圳贯彻落实创新驱动战略提供智力支撑与保障。

引自李凌.创新,深圳为什么行?[N].解放日报,2015-4-2,(6).

实证研究篇

第六章
创新驱动高质量发展的指标体系

近年来,习近平总书记在多个场合反复强调高质量发展的重要意义。在 2017 年年底的中央经济工作会议上,习总书记进一步指出,"必须加快形成推动高质量发展的指标体系、政策体系、标准体系、统计体系、绩效评价、政绩考核,创建和完善制度环境"。本章在梳理国内外创新驱动评价指标体系的基础上,构建创新驱动高质量发展指标体系,并运用上海 2000—2016 年数据进行指标测算,反映上海在创新的基础、知识创新体系、技术创新体系、模式创新体系和空间创新体系发展方面的特点。

第一节 创新驱动评价指标体系的构建方法与借鉴

随着科技进步对推动人类社会前进的作用愈发显著,国内外各类研究机构与政府组织相继设计出多种创新驱动的评价指标体系。目前,国际上最具代表性的反映国家创新能力的指标体系主要有:波特和斯特恩的国家创新能力指数(NICI)、欧盟的创新记分牌(EIS)、亚太经合组织(APEC)的知识经济状态指数(KSI)、世界经济论坛(WEF)《全球竞争力报告》中的国际竞争力评价体系等。在国内,自 2008 年深圳被确立为首个国家创新型城市的试点之后,全国各地掀起了创建创新型城市的热潮。如何对创新型城市的建设阶段及创新水平进行科学度量、构建科学合理的指标评价体系成为国内外学者研究的焦点,[1]创新型城市的监测评价呈现出一幅百家争鸣的景象。仿效国际创新指数,国内一些高校与科研机构也分别设计出一系列侧重点各异的创新驱动评价指标体系,为实时评估与跟踪评价城市发展的创新驱动战略提供量化标准与依据,主要有(上海)张江园区创新指数(2006)、创新型经济发展评价指标体系(2007)、城市创新型经济发展能力指标体系(2011)、转变经济发展方式评价指数(2011)、创新型区域评价指标体系(2009)等,这些指标大都针对省市或园区层面,指标设计在创新动力挖掘方面各有侧重,反映出各地区不同的创新驱动特征与转型发展理念。

一、创新驱动的国际评价指标体系

(一) 波特和斯特恩的国家创新能力指数(NICI)

1999年,波特(Porter)和斯特恩(Stem)在国际竞争力会议(Council on Competitiveness Washington, D. C.)上发表了用以评估国家创新体系的强度的国家创新能力指数(National Innovative Capability Index)。[2]

国家创新能力是一个国家生产出与商业相关的创新流的潜能,由四个宽泛的要素组成——公共创新基础设施、特定企业群的创新环境、公共创新基础设施与单个行业群集区之间联系的质量以及公司创新取向(见图 6-1),这四个方面共同组成了国家创新能力指数的一级指标。在国家创新能力视域下,创新产出依赖于私人部门和公共部门政策与投资之间的相互作用,这种要素格局就是国家创新能力,或者说一个国家在何种程度上为全球创新提供有利的环境。[3]

---

[1] 吴宇军,胡树华,代晓晶.创新型城市创新驱动要素的差异化比较研究[J].中国科技论坛,2011,(10):23-27.
[2] Porter and Stern, The New Challenge to American's Prosperity: Finding from Innovation Index [M]. Harvard Business School, 1999.
[3] 丁明磊.国家创新能力的评价指标与国际比较研究[D].大连理工大学硕士论文,2007:10-11.

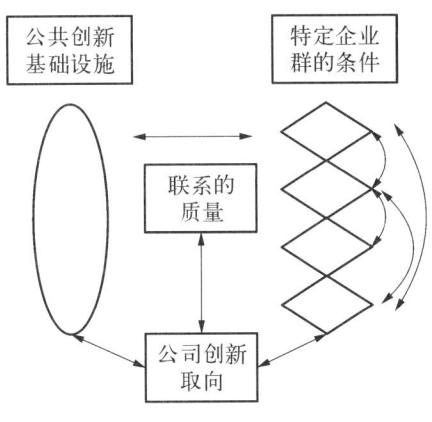

图 6-1 国家创新能力框架

表 6-1 波特和斯特恩国家创新能力指标体系(NICI)

一级指标	二级指标
公共创新基础设施	研发开发人力雇佣总数
	研究开发支出总额
	国际贸易和投资的开放程度
	知识产权保护的强度
	高等教育支出占 GDP 的比例
	人均 GDP
特定企业群的创新环境	非公共企业研发支出占总研发支出的比例
联系的质量	大学执行研发的比例
其他测评项目	资本投入、推出的难易程度
	国家反垄断政策的强度

(二) 欧盟创新记分牌(EIS)

欧盟创新记分牌(European Innovation Scoreboard,EIS)是对欧盟国家创新绩效进行评价的指标体系。2005 年欧盟与联合研究中心(Joint Research Centre,JRc)密切合作,进行了 EIS 自 2000 年欧盟理事会首次提出后的第五次修订。通过这次修订,评价总体创新指数(SII,Summary

Innovation Index)的 EIS 指标体系增加到 26 个,创新指标种类由原来的四类增加为五类,同时新处理方法通过评估指标间的相关性,允许忽略其中的某几项并增加某些方面影响创新绩效的数据信息。①

从 EIS 的指标设计看,五类指标被编为创新投入和创新产出两大部分(见表 6-2)。创新投入部分包含创新驱动、知识创造和企业创新。创新驱动因素主要考察与创新相关的人力资本与基础设施;知识创造主要衡量作为知识经济成功的关键因素,研发活动的投入情况;企业创新部分则是通过分析参与创新的企业数量与企业对创新的投入,以及信息通信技术(ICT)投资情况反映企业在创新活动中的投入。创新产出部分则从技术应用与知识产权方面进行分析。技术应用主要考察企业采用高技术带来的新价值,同时还将参与高技术生产活动的人员纳入考察范围,从企业活动和劳动力方面考察创新带来的价值增加。知识产权则主要考察专利、商标、外观设计的人均占有量。②

表 6-2 欧盟创新记分牌的指标体系(EIS)

	五类指标	具 体 指 标
创新投入	创新驱动	科学与工程类毕业生/20—29 岁人口(%)
		受过高等教育人口/25—64 岁人口(%)
		宽带普及率(%)
		参加终身学习人口/25—64 岁人口(%)
		青年受高中以上教育程度/20—24 岁人口(%)
	知识创造	公共研发支出/GDP(%)
		企业研发支出/GDP(%)
		中、高技术研发/制造业研发支出(%)
		企业研发支出中来自公共基金的投入比例(%)
		高校研发支出中来自企业的投入比例(%)

---

① 关晓静,赵利婧.从《欧洲创新记分牌》看我国创新型国家建设面临的挑战[J].统计研究,2007,(3):74-77.
② 周勇,冯丛丛.刍议创新型国家省市的评价指标体系[J].科学与管理,2006,(3):13-15.

续表

五类指标		具体指标
创新投入	企业创新	开展内部创新的中小企业/中小企业总数(%)
		参与合作创新的中小企业/中小企业总数(%)
		创新支出/销售总额(%)
		早期阶段的风险资本投资/GDP(%)
		信息通信技术支出/GDP(%)
		采用非技术变革的中小企业/中小企业总数(%)
创新产出	技术应用	高新技术服务行业的就业人口比重
		高技术产品出口/总出口额(%)
		市场新产品销售额/销售总额(%)
		企业新产品销售额/销售总额(%)
		受雇于中/高技术制造业的就业人口比重(%)
	知识产权	百万人口拥有的欧洲发明专利数(个)
		百万人口拥有的美国发明专利数(个)
		百万人口拥有的其他第三方专利数(个)
		百万人口新注册的区域性商标数(个)

(三) 亚太经合组织(APEC)的知识经济状态指数(KSI)

2000年,亚太经济合作组织(Asia-Pacific Economic Cooperation, APEC)经济委员会(APEC Economic Committee)推出知识经济状态指数(Knowledge Economy State Index,KSI)设计,分为企业环境、信息与通信技术基础设施、人力资源发展、创新体系四个方面,且将知识流动划分为四个阶段,即知识获取、知识创造、知识传播和知识应用。亚太经合组织基于上述四个方面与知识流动的四个阶段发布的知识经济指标,选取24个详细指标(如表6-3),形成了一个可供APEC各个成员国进行相互比较的研究框架。[1]

---

[1] APEC Secretariat Towards Knowledge-Based Economies in APEC [EB/OL]. [2013-08-05]. Singapore: APEC, 2000. http://www.voced.edu.aunode/36252.

表 6-3　亚太经合组织的知识经济状态指数

一级指标	二级指标	一级指标	二级指标
企业环境	外国直接投资	人力资源发展	中等学校入学比例
	高科技出口占 GDP 比重		每年自然科学毕业生人数
	服务业出口占 GDP 比重		知识工作者比例
	知识型产业的附加值占 GDP 比重		每千人中每日报纸发行量
			人类发展指数
	政府的透明度	创新体系	研发支出占 GDP 比重
	企业的透明度		企业研发支出占 GDP 比重
	竞争政策		每年在美国取得专利数目
信息与通信技术（ICT）基础设施建设	每千人中移动电话数		每万人中研究生人员数
	每千人中电话数		公司间合作程度
	每千人中计算机数		公司、大学间合作程度
	因特网使用比例		
	每万人中因特网主机数		
	电子商务的年盈余		

根据测算结果，APEC 经济委员会将范围内的 21 个经济体分为四大类，包括完全发达的经济体、高绩效的亚洲经济体、高增长的亚洲经济体、拉丁美洲经济体。APEC 经济委员会试图通过指标的评估捕捉相对于以知识经济为基础的发达经济体，APEC 经济体发展的概况与表现，以及 APEC 经济体转变成为以知识为基础经济体的潜力，为各经济体提供政策制定、采取行动和开展合作的建议。但是，KSI 指标体系并没有提供合成指数，因此不能直接得出最终比较结果，只能通过观察发现一些规律。尽管如此，KSI 仍然为考察亚太区域知识经济发展的格局和中国在国际社会知识经济发展的相对水平，及时地比较准确地把握我国知识经济发展中的潜力和不足提供了一个颇具实用价值的国际比

较框架。①

(四) 世界经济论坛(WEF)的国际竞争力评价体系

从1979年开始,位于瑞士日内瓦的世界经济论坛致力于国家竞争力的评比活动,创立了一套评价国际竞争力的理论原则、研究方法和指标体系,并着手对全球主要国家和地区的国际竞争力进行评价。世界经济论坛认为国家竞争力是"决定一国生产率水平的一系列制度、政策和因素",而生产率水平决定了经济的持续繁荣程度、民众的收入水平以及投资者的投资收益率,进而决定了一国的中长期增长潜力。

1989年,瑞士洛桑国际管理发展学院(International Institution for Management Development, IMD)加盟,共同组织国际竞争力研究和出版年度报告。但后因研究方法上的分歧而分道扬镳,从1996年始出版各自的国际竞争力报告,也就是现在的《全球竞争力报告》和《世界竞争力年鉴》。在过去的20多年里,国际竞争力评价体系的内容和形式也不断改进和完善,参与国际竞争力测评的国家地区不断增多,到20世纪末,占世界总产出以上,包括所有国家在内的全球各国和地区年参与该项国际竞争力评比活动。每年出版的《全球竞争力报告》已成为各国政府和企业界了解本国、本地区经济的国际竞争力的重要参考。

世界经济论坛的竞争力排名计算建立在广泛地搜集数据的基础之上。其数据来源有两个:第一个是官方渠道,如各国的统计机构和国际组织联合国、世界银行、世界贸易组织、国际货币基金组织、世界产权保护组织;第二个是每年组织的企业家问卷调查(Executive Opinion Survey),主要提供定性数据和无法从其他来源获取的数据。从2000年开始,世界经济论坛的《全球竞争力报告》正式对竞争力指标构成作出调整,将国家和地区的综合经济竞争力分为两个截然不同但又相互补充的竞争力分析方法——成长竞

---

① 丁明磊.国家创新能力的评价指标与国际比较研究[D].大连理工大学,2007:19.

争力和微观经济竞争力后来又改名为当前竞争力和商业竞争力。①

世界经济论坛将新的全球竞争力指数的构建过程分为五个步骤。其一,构建12个竞争力支柱——数据包括两类:统计数据和调查数据;12个竞争力支柱指的是制度(包括以产权保护为核心的法律架构、政府管理体制、私人制度)、物质基础设施、宏观经济稳定性、安全、人力资本、商品市场效率、劳动力市场效率、金融市场效率、技术准备度、开放性与市场规模、商业成熟度以及创新(见图6-2)。其二,构建三类子指数——基本要求、效率增强因素和创新因素。其三,将104个参评经济体归入5个不同的发展阶段。其四,为每个国家估算每类子指数的权重。其五,估

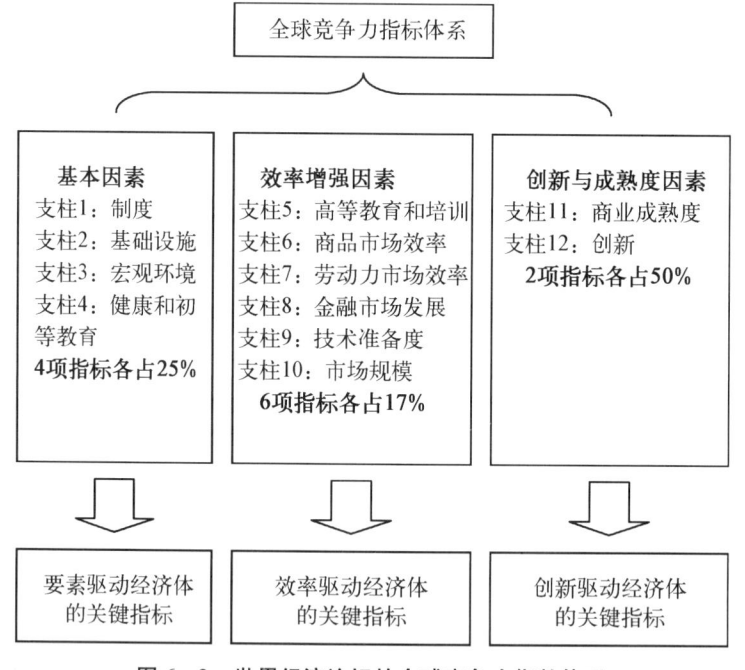

```
                    全球竞争力指标体系
         ┌──────────────┼──────────────┐
    ┌────┴─────┐   ┌────┴─────┐   ┌────┴─────┐
    │ 基本因素  │   │效率增强因素│   │创新与成熟度│
    │          │   │           │   │   因素    │
    │支柱1:制度│   │支柱5:高等 │   │支柱11:商业│
    │支柱2:基础│   │  教育和培训│   │  成熟度  │
    │  设施    │   │支柱6:商品 │   │支柱12:创新│
    │支柱3:宏观│   │  市场效率 │   │           │
    │  环境    │   │支柱7:劳动力│   │2项指标各占│
    │支柱4:健康│   │  市场效率 │   │   50%    │
    │  和初等  │   │支柱8:金融 │   │           │
    │  教育    │   │  市场发展 │   │           │
    │          │   │支柱9:技术 │   │           │
    │4项指标各 │   │  准备度  │   │           │
    │占25%    │   │支柱10:市场│   │           │
    │          │   │  规模    │   │           │
    │          │   │6项指标各 │   │           │
    │          │   │占17%    │   │           │
    └────┬─────┘   └────┬─────┘   └────┬─────┘
         ▼               ▼              ▼
    ┌─────────┐    ┌─────────┐    ┌─────────┐
    │要素驱动 │    │效率驱动 │    │创新驱动 │
    │经济体的 │    │经济体的 │    │经济体的 │
    │关键指标 │    │关键指标 │    │关键指标 │
    └─────────┘    └─────────┘    └─────────┘
```

图6-2　世界经济论坛的全球竞争力指数体系

---

① 陈伟.新指数、新思维、新趋势——世界经济论坛新的全球竞争力指数简介[J].经济研究参考,2005,(82):14.

算全球竞争力指数——三类子指数的加权平均值；各部分权重α根据各国经济发展阶段来确定，各国经济发展阶段根据人均GDP来划分（见表6-4）。

$$全球竞争力指数(GCI) = \alpha_1 \times 基本因素 + \alpha_2 \times 效率增进因素 + \alpha_3 \times 创新和成熟度因素$$

表6-4 世界经济论坛根据人均GDP划分的经济发展阶段和设定的权重

评价因素 \ 阶段	要素驱动阶段	从要素驱动到效率驱动的转型阶段	效率驱动阶段	从效率驱动到创新驱动的转型阶段	创新驱动阶段
人均GDP（美元）	小于2 000	2 000—2 999	3 000—8 999	8 999—17 000	大于17 000
基本因素	65%	40%—60%	40%	20%—40%	20%
效率增进因素	35%	35%—50%	50%	50%	50%
创新与成熟度因素	5%	5%—10%	10%	10%—30%	30%

注：若矿产品出口比重超过70%，则忽略人均GDP指标，直接界定该经济体处于要素驱动阶段。

二、创新驱动的国内评价指标体系

（一）北京的中关村指数

中关村指数的研究编制工作始于2005年。2008年起中关村创新发展研究院和北京方迪经济发展研究院受中关村管委会委托，开始对"中关村指数"进行改版设计和编制研究。中关村指数包含"创新创业环境、创新能力、产业发展、企业成长、辐射带动、国际化"6个一级指标、14个二级指标及38个三级指标。中关村指数选取中关村国家自主创新示范区批复前的2008年作为基期，基期值为100。在此基础上，运用多层递阶综合评价方法，根据每年实际发展数据测算合成中关村指数，从不同角度全面刻画中关村创新发展新趋势、新特征，目前已成为全社会了解和认识中关村提供新的平台和窗口,以及表征我国高新技术产业及高新区发展的风向标。①

(二)上海的张江园区创新指数

张江创新指数采用指数统计方法,反映科教兴市总体变动方向和程度。似于美国的"硅谷指数",张江创新指数从创新环境、创新主体、创新人才、创新投入、创新成果和创新水平6个方面共22个指标,②来综合反映张江园区在原始创新、二次创新、集成创新方面的能力与水平。通过分别对园区、重点产业和重点领域进行评估,并采用系统指数方法合成的指标,综合反映上海高科技园区和企业科技创新的能力。

自2005年建立以来,总指数和各项分类指数均呈逐年上升态势。随着园区科技创新环境的日益改善,科技创新主体和科技创新人才不断集聚,科技创新投入持续增强,科技创新成果和科技创新水平不断提高,创新指数由2004年的100点逐步上升至2008年的183.3点。

虽然受全球金融危机的影响,园区经济增长的速度较上年有所放缓,但园区在科技创新环境的营造、科技创新资金的投入并没有放缓脚步,科技创新成效仍然显著——综合反映园区科技创新情况的2008年度"张江园区创新指数"攀升至183.3点,比2007年高出35.7点,提升幅度是2007年的2.2倍(2005—2008年的总指数分别为112.4点、131.7点、147.6点和183.3点,分别增长12.4%、17.2%、12.1%和24.2%)。③

(三)浙江大学的创新型经济发展评价指标体系

浙江大学创新管理与持续竞争力研究国家哲学社会科学创新基地编写

---

① 北京方迪经济发展研究院、中关村创新发展研究院:《中关村指数2017》,详见 http://www.bjstinfo.com.cn/module/download/downfile.jsp?classid=0&filename=8fa4de452e5741b9a660f826e2510ae4.pdf;2016年,在全国加快实施创新驱动发展战略、京津冀协同发展战略以及推进"一带一路"建设的背景下,中关村示范区以推动北京加强全国科技创新中心建设和国家自主创新示范区建设为"两个抓手",着力推进"三城一区"建设,持续加强政策引领、产业引领和区域引领。在此形势下,2016年,中关村示范区经济发展再上新台阶,中关村综合指数突破400,达466.9,比上年提高67.2。
② 先有16个指标构成,后拓展到22个指标。
③ 数据来源:浦东新区统计局,2009-09-02。

的《2006—2007浙江省创新型经济蓝皮书》,提出了创新型经济的评价指标体系,主要包括三大类:资源类指标、过程类指标和产出类指标。每个大类内部又包括若干二级指标,下设三级指标,共有30项。每项指标都可以表明此方面的经济表现:与自身纵向相比有无随着时间而进步,以及同其他省市横向对照的发展态势如何等。简化的指标体系,包括以下九项核心基础指标(见表6-5)。

表6-5 创新型经济发展评价指标体系

指标大类	简化的指标体系
资源类指标	每万人中科学家和工程师的数量
	全社会研究开发投入占GDP比重
	每万人中普通高等学校在校生数量
过程类指标	每万名研发活动人员科技论文数
	每10万人授权专利数
	技术市场成交额
产出类指标	高技术产业产值占GDP比重
	第三产业产值占GDP比重
	人均地区生产总值

资料来源:吴晓波,姜源林,高忠仕.浙江省创新型经济运行评价及发展对策研究——基于六省市的对比分析[J].技术经济,2008(10):11-16.

评价结果显示,将北京、上海、江苏、广东和山东的创新型经济概况与浙江省创新型经济概况进行横向比较研究,浙江的综合得分在六省市中排名第三。从创新资源、创新过程和创新产出三个方面来看,浙江省表现最好的是资源类要素,在六省市列第三位;在过程类要素和产出类要素上的总体表现均列第四位,处于中下水平。[①]

---

① 吴晓波,姜源林,高忠仕.浙江省创新型经济运行评价及发展对策研究——基于六省市的对比分析[J].技术经济,2008,(10):11-16.

（四）南京大学的城市创新型经济发展能力指标体系

汤育书等从创新型经济发展的基础与条件出发，提出城市创新型经济发展能力指标体系。在层次分析法下，指标体系的目标层为创新型经济发展水平评估，一级指标表达判定发展水平的基本途径和内容，包括文化、人力资本、科技研发、经济水平与结构以及环境设施适宜度五个方面，二级指标是一级指标的具体化，共有18项，指标选取尽量体现客观性、可靠性以及数据的易获取性等基本原则（见表6-6）。①

表6-6　城市创新型经济发展能力指标体系

一　级　指　标	二　级　指　标
文化因子	城市居民教育文化娱乐服务的消费支出比重(%)
	每百人拥有公共图书馆藏书数
	国内外旅游人数（万人次）
	国际互联网用户比例
人力因子	高等教育在校学生数占总人口比重(%)
	各类专业技术人员占总人口比重(%)
科技研发因子	地方财政科技拨款（亿元）
	每百万人专利申请与批准数
	研究发展经费支出占GDP比重
	孵化器数量
经济水平与结构因子	人均GDP
	第三产业占地区GDP比重
	单位GDP能耗
	高新技术企业数所占比重
	高新技术产业产值占工业总产值比重

---

① 汤育书,张敏.城市创新型经济发展能力指标体系研究——以江苏镇江为例[J].江西农业学报,2011,(9):199-202.

续　表

一　级　指　标	二　级　指　标
环境设施适宜度因子	人均公共绿地面积
	单位面积基础设施投资额
	距离国际空港时距

资料来源：汤育书等(2011)。

研究结果表明，长三角地区是国内创新经济发展最有潜力与活力的地区。在江苏省省域范围内，各主要城市创新能力的排名依次为南京、苏州、无锡、镇江、常州、扬州和泰州。然而，需要指出的是，为了区别创新经济指数中各项指标对创新的影响程度，研究采用层次分析法与专家打分法相结合，对一级指标的重要性进行两两成对比较，构造判断矩阵。经过多轮专家意见征询、反馈与调整，综合确定出各指标的相对重要性的排序，依次为经济水平与结构、环境设施适宜度、科技研发、人力资本和文化因子，而并未将与创新直接相关的科技研发与人力资本因子作为最重要的影响因素，显然与创新的智力属性与转型的内在要求不相符合。

（五）广东的创新型区域评价指标体系

蒋玉涛等从创新型区域的视角，构建创新驱动过程模型，研析出创新型区域的五个基本要素：创新投入、知识创造、技术应用、创新产出、创新环境。这五个要素与创新驱动经济社会发展的过程以及创新环境存在一一对应的关系(如图6-3)。

其中，创新投入是创新型区域建设的前提和基础，是创新驱动经济社会发展过程的起点，主要包括对经费、人力等创新资源的整合与分配。知识创造是创新的源泉，是创新活动的前奏，主要包括研究开发活动。技术应用是创新的体现，是创新活动的核心，主要包括研究开发成果的应用和扩散。创新产出是创新驱动区域经济社会发展的效果，同时也是创新型区域建设所追求的目标，主要体现了创新绩效。创新环境是维系和促进创新活动的保

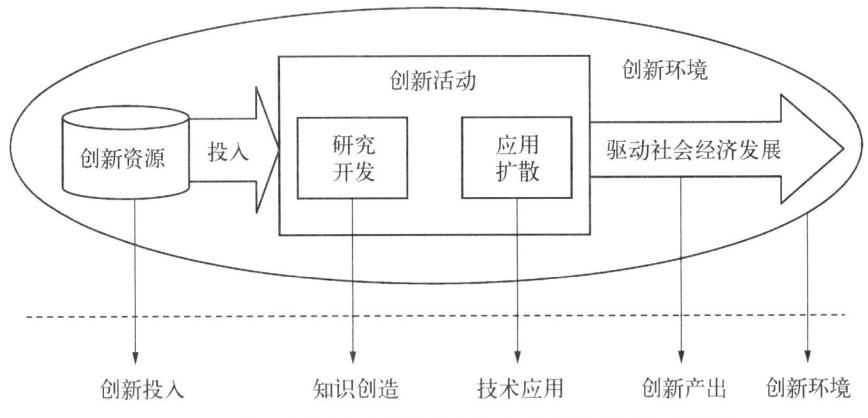

图 6-3　由创新驱动过程模型析出的创新型区域构成要素

资料来源：蒋玉涛,招富刚.创新驱动过程视角下的创新型区域评价指标体系研究[J].科技管理研究,2009(7)：168-169.

障,主要包括创新的软、硬环境。[①] 该指标体系借鉴了纳尔逊和罗森伯格(Nelson and Rosenberg)对创新的理解,聚焦区域范围内技术的产生、应用、扩散等系列过程。

（六）上海的转变经济发展方式评价指数

徐国祥等以上海为例,构建了转变经济发展方式评价指数,也可纳入城市创新型评价体系范畴之列。具体而言,该指标体系以"四个率先"为经,以"四个中心"为纬,由经济建设、社会文化建设、生态文明建设、自主创新建设四个子目标组成,其中每个子目标又包括若干个具体指标,能够比较全面地反映与刻画上海创新转型的特点。其中,自主创新能力提升的指标,主要集中在知识创新一项和技术创新四项,占全部指标的12%；另外还有一些用以反映生活质量和环境质量的指标,既反映转型的成果,又体现创新的过程。[②]

---

① 蒋玉涛,招富刚.创新驱动过程视角下的创新型区域评价指标体系研究[J].科技管理研究,2009,(7)：168-169.
② 徐国祥,杨振建.上海转变经济发展方式评价指数及对策建议[J].科学发展,2011,(8)：11-20.

三、评论与借鉴

国内外有关创新指标体系的评价与设计，在不同程度反映出各个国家和地区创新经济发展的水平及特点，同时也从多个视角为研究积攒了丰富的方法论指导：一是可以从创新投入和创新产出角度来衡量创新的效率；二是创新驱动高质量发展本质上是一个动态的转型过程，需要在从知识创新体系、技术创新体系到模式创新体系、空间创新体系的演进过程中捕捉创新要素；三是知识的传播与扩散对于创新而言至关重要；四是创新驱动需要创新理念与文化氛围支撑；五是在指标设计时应设法剔除一些高度相关的指标，对难以采集的指标可以考虑选取与之强相关的代理指标；六是无量纲化处理方法与权重设置方法等。但也应当看到，中国创新驱动的路径、特点、表现形式以及遇到的问题与欧美国家有着较大差异，并且国外的创新指标大多以国家创新能力而不是城市创新驱动作为衡量对象，且部分指标难以采集，或统计口径有所差异，不符合中国国情，适用性和可操作性都不强，因而不能简单套用。为此，应从中国创新驱动高质量发展的实际情况出发，吸收与借鉴国际上反映创新转型的指标设计方法与内容，重点设计和建立一套具有导向性、综合性、规范性和可操作性的，既能反映创新转型的质量与效果，又能对创新驱动高质量发展产生实际指导意义的指标体系。

表6-7 国内外具代表性的创新指标比较

	指标体系名称	指标构成	主要评价
国外	波特和斯特恩的国家创新能力指数	公共创新基础设施、特定企业群的创新环境、公共创新基础设施与单个行业群集区之间联系的质量、公司创新取向	横跨不同的国家、不同的时间，其测评是以人均为基础的，有利于进行跨国比较，使用公开发表的统计数据，并根据测评结果比较各国的创新能力

续　表

	指标体系名称	指标构成	主　要　评　价
国外	欧盟的创新记分牌	五类指标被编为创新投入和产出两大部分,创新投入部分包含创新驱动因素、知识创造和企业创新,创新产出部分包括技术应用与知识产权	研究报告分为四个步骤来实施,将欧盟国家分为领先、中间、追赶和落后四类进行评价,具有综合性和全面性的特点
	亚太经合组织的知识经济状态指数	企业环境、信息与通信技术基础设施、人力资源发展、创新体系	将APEC范围内的21个经济体分为四大类,为各经济体提供政策制定、采取行动和开展合作的建议。但并未提供合成指数,因此不能直接得出最终比较结果,只能通过观察,发现一些规律
	OECD的科技创新指标体系	研发与创新、知识的创造和扩散、科技人力资源、知识与技能、专利、知识的保护和商业化、信息与通信技术、知识社会的推进器、知识流动与全球性企业、知识对生产性活动的影响等	涵盖了知识创新的各个方面,具有可靠的信度和效度,是目前国际上最权威的衡量知识创新的动态监测系统之一。针对的是国家创新体系的评价,衡量一国的创新能力
	Florida欧洲创意指数(3TS)	科技、人才、包容性	开创性地构建了地区创意指标,符合欧洲情况,反映了欧洲各国的创新创意活力。但在中国的适用性不强。原因是包容性指标革新性强,是根据Ronald Inglehart主导的世界价值调查数据建立的,其中所包括的价值观多样性等指标难以在国内落实
	世界经济论坛的全球竞争力指数	基本因素、效率增强因素、创新与成熟度因素	全面评价一国的全球竞争能力,认为创新是基于基本因素和效率增强因素的基础之上的。但不是针对一个城市的评价,一些指标在国内也难以定量计算,同时指标体系测算也引入了不同发展阶段之间是互斥关系的先验假设
	美国麻省创新型经济指数	创新过程、经济影响、创新潜力	贴合美国麻省实际,指标分析重点考虑对具体产业的直接投入与影响,忽略社会、文化方面的影响。但中美创新经济进展、社会发展模式等还有一定的差异,适用性不强

续 表

	指标体系名称	指标构成	主 要 评 价
国内	香港创意指数	创意的成果、结构及制度资本、人力资本、社会资本、文化资本	Florida欧洲创意指数的香港版本,贴合香港实际,指标内容涵盖面广,但同样采用了Ronald Inglehart的数据建立包容指标,以及将社会文化参数进行量化的过程,难以在国内落实
	(北京)中关村指数(2008)	创新创业环境、创新能力、产业发展、企业成长、辐射带动、国际化	全社会了解和认识中关村提供新的平台和窗口,以及表征我国高新技术产业及高新区发展的风向标
	(上海)张江园区创新指数(2006)	创新环境、创新主体、创新人才、创新投入、创新成果和创新水平	通过分别对园区、重点产业和重点领域进行评估,并采用系统指数方法合成的指标,综合反映上海高科技园区和企业科技创新的能力
	(浙江大学)创新型经济指标体系(吴晓波等,2008)	资源类指标、过程类指标、产出类指标	从产业发展的投入至产出各环节来分析地区创新能力。过于偏重高新技术产业的分析,忽略了对创意创新、社会机制与环境支撑等方面的评价
	(南京大学)城市创新型经济发展能力指标体系(汤育书等,2011)	经济水平与结构因子、环境设施适宜度、科技研发、人力资本、文化	对创新经济内涵的理解比较全面,指标体系的确立有一定的科学性和可操作性,但未将科技研发和人力资本作为最主要的因素,同时也未能将转型发展的内涵考虑在内
	(广东)创新型区域评价指标体系(蒋玉涛等,2009)	创新投入、知识创造、技术应用、创新产出、创新环境	借鉴了纳尔逊和罗森伯格对创新的理解,聚焦区域范围内技术的产生、应用、扩散等系列过程
	(上海)转变经济发展方式评价指数(徐国祥等,2011)	经济建设、自主创新建设、生态文明建设、社会文化建设	比较全面地刻画了上海转型过程中,社会、经济、文化和生态领域的变化,但创新的内容仅使用了五个指标加以反映

资料来源:作者编制。

第二节 创新驱动高质量发展评价指标体系的设计原则与基本框架

基于导向性、综合性、规范性、可操作性四个设计原则,构建创新驱动高质量发展评价指标体系的基本框架。考虑到数据的可获得性与可比性,研究探索性地提出基于时序数据的创新驱动高质量发展评价指标体系,用以纵向跟踪评价连续年份某一地区创新转型的表现与绩效;以及基于截面数据的创新驱动高质量发展评价指标体系,用以横向地区间比较创新转型的相对情况。研究同时指出样本选择的依据、指标正向化、归一化和赋权的方法等。

一、创新驱动高质量发展指标体系设计的四个原则

(一) 导向性

所谓导向性,是指指标体系的设计应遵循国家创新发展战略的需要,政府相关部门应通过创造良好的宏观环境、制度环境和市场环境,使市场主体的行为方向与发展战略方向相一致,诱导与激励企业和市场朝着优化结构、提高质量、增强效益的方向努力,从而对创新驱动高质量发展起到指导作用。各主要城市可以根据指标体系中的数值与排名,来规划创新驱动的各个方面,全面发挥创新驱动各个要素的功能,从而有针对性地推动城市的转型发展。

(二) 综合性

所谓综合性,是指指标体系的设计应既反映创新发展的全过程和整体面貌,又有利于突出主要矛盾,收到提纲挈领的效果。这一指标体系的综合不同于一般意义的综合,所谓一般意义的综合,只是强调要把研究对象的不

同部分、多重属性和多个影响因素关联在一起,作为一个整体加以对待;而该指标体系的综合是要求在此基础之上,遵循创新的发生过程,体现知识、技术、模式和空间创新体系产生的先后逻辑顺序;并消除那些偶然的、次要的、非本质表现的指标,从而可计算出既真实、准确、客观、全面,又具有化繁为简功能的指标。

(三) 规范性

所谓规范性,主要体现在三个层面,即指标体系结构的拟定、指标的取舍、权重的设置等都要有科学依据。各级指标的设计应体现层次性,各层次之间应具有一致性和逻辑关联:一级指标的设计应反映创新驱动的各个环节——包括创新基础、知识创新体系、技术创新体系、模式创新体系和空间创新体系等;二级指标的设计可以从创新要素的主体、投入、产出等多个层面的逻辑关系入手;三级指标主要是从各城市的统计年鉴、科技统计年鉴、统计局网站等官方的权威数据库中进行筛选。当然,还应包括剔除高度相关指标、指标的无量纲化处理以及赋权方法等,坚持规范性的原则,获取的信息才具有可靠性和客观性,评价的结果才具有可信度。

(四) 可操作性

所谓可操作性,是指指标的概念要明确、定义需清晰,对现有统计资料的可获得性也应考虑在内,以便于采集数据与收集资料。可操作性同时也意味着指标体系的评价结果具有可比性,考虑到统计年鉴统计口径与统计内容的地区差异,一些指标在进行横向比较时,并不满足数据的可获得性。因此,在实际应用时,需要按照时序和截面两个不同角度,分别对评价指标体系加以测算及衡量,从而避免数据不可获得而导致的研究困顿。

二、创新驱动高质量发展评价指标体系的具体设计

基于导向性、综合性、规范性、可操作性等设计原则,对创新驱动高质量发展评价指标体系作出具体设计。

研究选取上海作为研究对象的缘由：一是上海的统计制度与可获得的数据相对比较完整；二是上海在2010年年底提出"创新驱动、转型发展"的"十二五"规划发展主线，符合国家创新发展战略；三是金融危机以来，上海在积极践行从要素驱动向创新驱动转型的过程中，已出现一些发展质量和效益提升的迹象。为此，在剔除若干高度相关指标后，创新驱动高质量发展指标体系的构成如下：5个一级指标，依次是创新的基础、知识创新体系、技术创新体系、模式创新体系和空间创新体系，反映不同领域创新驱动新动力的触发点；13个二级指标，其中，创新的基础包括增长与结构两部分，知识创新体系覆盖知识创新的主体、投入和产出三个部分，技术创新体系容纳技术创新的主体、投入和产出与转化三个部分，模式创新体系包含信息中介、环境质量、政府与市场的关系三个部分，空间创新体系由城市的聚集和辐射能力两个部分组成。三级指标由41个可获得的指标获得，考虑到城市规模对指标体系的影响，三级指标一般采取相对形式（见表6-8）。

表6-8 基于时序数据的创新驱动高质量发展评价指标体系

一级指标	二级指标	三级指标	单位	指标特性	适度值
创新的基础	经济增长	人均国内生产总值指数	元	正	
		全员劳动生产率	元/人	正	
	经济结构	高技术产业工业总产值占全市的比重	%	正	
		城乡人均可支配收入之比	%	适度	1
		城市居民教育文化娱乐服务的消费支出比重	%	正	
		城市房价年收入比	%	适度	3—6
		运输邮电在城市基础设施投资中的占比	%	正	
知识创新体系	知识创新主体	每百万人高校高级职称人数	人/百万人	正	
		高等教育在校学生数占总人口比重	%	正	
	知识创新投入	教育经费实际投入占生产总值比重	%	正	
		每人拥有图书馆藏书	册/人	正	

续　表

一级指标	二级指标	三　级　指　标	单位	指标特性	适度值
知识创新体系	知识创新投入	每人图书借阅册数	册次/人	正	
		研发资金投入中基础研究比重	%	正	
	知识创新产出	每百万元教育经费支出发表国际科技论文数	篇/百万元	正	
		每万人科技成果数	项/万人	正	
技术创新体系	技术创新主体	人力资本和实物资本之比	%	正	
		大中型工业企业科技活动人员数占比	%	正	
	技术创新投入	研发经费占国内生产总值的比重（研发强度）	%	正	
		研发经费来源中政府拨款占比	%	逆	
		企业消化吸收经费支出与技术引进经费支出比例	%	正	
	技术创新产出与转化	每万人中专利授权量	件/万人	正	
		工业企业新产品销售收入占工业总产值比重	%	正	
		单位研发经费支出诱发的技术市场合同成交额	元/元	正	
模式创新体系	信息中介	信息服务业增加值占国内生产总值比重	%	正	
		每百万人国际互联网用户数	户/百万人	正	
	环境质量	城市空气质量达到及好于二级的天数	天	正	
		城市人均公共绿地面积	平方米/人	正	
		每百万人群众文化活动机构数	个/百万人	正	
	政府与市场	财政支出占国内生产总值比重	%	逆	
		企业所得税与个人所得税在总税收收入中的占比	%	逆	
		全社会零售总额占国内生产总值的比重	%	正	
		每万人民间组织数	个/万人	正	

续　表

一级指标	二级指标	三　级　指　标	单位	指标特性	适度值
空间创新体系	城市集聚能力	进口总额占国内生产总值比重	%	正	
		FDI 占国内生产总值比重	%	正	
		平均每天来沪旅游人数	万人次/天	正	
		半年以上外来常住人口占总人口的比重	%	正	
	城市辐射能力	出口总额占国内生产总值的比重	%	正	
		里程强度：单位面积的公路总长度	千米/平方千米	正	
		地铁里程之和与城市面积之比	米/平方千米	正	
		每万人汽车保有量	辆/万人	正	
		城市居民交通通信消费支出比重	%	适度	15%

第三节　上海创新驱动高质量发展的实证分析

运用上述评价指标体系，通过广泛收集数据，针对上海的创新活动，开展实证分析。

一、数据来源及预处理

数据主要来自 2001—2017 年的上海统计年鉴和上海科技统计年鉴。为了便于开展评价指标体系的实证研究，需要先对样本数据进行预处理，主要包括：一是对逆向指标和适度指标的正向化处理；二是采用均值化方法或极差正规化法对已正向化的指标进行无量纲化(归一化)处理；三是指标的赋权处理。

首先，关于指标的正向化，本研究采用 $x'_{ij} = 1 - x_{ij}$ 将逆指标转换为正指标，[①]用 $x'_{ij} = -|x_{ij} - k_j|$ 将适度指标转换为正指标，其中 k_j 代表适度值。

其次，关于指标的无量纲化处理，由于时序数据与截面数据特性的数据产生机制不同，应当使用不同的处理方法。根据叶宗裕的研究，采用均值化方法处理时序数据，可以消除时间趋势对指标的影响；采用极差正规化方法处理截面数据，可以突出地区之间的差异性。具体而言，在上海的时序数据比较中，令 $y_{ij} = \dfrac{x_{ij}}{\bar{x}_j}$，均值化后各指标的均值都为1，方差为 $Var(y_j) = E[(y_j - 1)^2] = \dfrac{E(x_j - \bar{x}_j)^2}{\bar{x}_j^2} = \dfrac{Var(x_j)}{\bar{x}_j^2} = \left(\dfrac{\sigma_j}{\bar{x}_j}\right)^2$，即均值化后各指标的方差是各指标变异系数 $\bar{x}_j$ 的平方，较大限度地保留了各指标变异程度的信息。[②]（如果是要在截面数据消除指标量纲，则应当令 $y_{ij} = \dfrac{x_{ij} - \min\limits_{1 \leqslant i \leqslant n}\{x_{ij}\}}{\max\limits_{1 \leqslant i \leqslant n}\{x_{ij}\} - \min\limits_{1 \leqslant i \leqslant n}\{x_{ij}\}}$。）

再次，关于指标的赋权。为便于操作，本研究采用主观赋值法对各类指标进行权重设计。41个指标中，除人均国内生产总值作为参考值不赋权重外，其余40个指标每个指标的权重为2.5%，即创新的基础、知识创新体系、技术创新体系、模式创新体系和空间创新体系的权重分别为15%、20%、20%、22.5%和22.5%。

---

① 由于大部分逆指标都是由占比形式给出，因而正向化时可以用100%去减。
② 叶宗裕.关于多指标综合评价中指标正向化和无量纲化方法的选择[J].浙江统计,2003,(4)：24-25.

二、上海创新驱动高质量发展指数及其分解

（一）2000 年以来各指标变动情况

表 6-9a　上海创新驱动高质量发展评价指标（创新的基础）

一级指标	1. 创新的基础（权重 15%）						
二级指标	1.1 经济增长		1.2 经济结构				
三级指标	人均国内生产总值指数	全员劳动生产率	高技术产业工业总产值占全市比重	城乡人均可支配收入之比	城市居民教育文化娱乐服务的消费支出比重	城市房价年收入比	运输邮电在城市基础设施投资中的占比
单位	1978=100	元/人	%	%	%		%
2000	522.60	58 443	20.6	2.105 7	14.512 9	3.349 8	26.121 4
2001	559.70	64 298	21.8	2.202 2	15.231 4	3.776 9	32.973 1
2002	603.90	70 790	23.4	2.133 0	15.940 4	4.204 1	29.347 5
2003	658.90	79 488	26.5	2.233 0	16.612 3	4.631 2	57.945 5
2004	727.40	88 087	28.2	2.273 8	17.377 9	5.587 8	55.212 8
2005	781.20	94 967	28.6	2.235 1	16.503 3	5.352 7	50.116 3
2006	851.50	107 089	24.4	2.243 4	16.474 7	5.176 7	62.480 2
2007	939.20	123 120	25.6	2.311 0	15.381 0	5.415 1	64.244 1
2008	987.10	135 445	24.8	2.343 0	14.821 1	4.877 0	54.667 7
2009	1 032.50	142 104	23.3	2.340 0	14.953 3	7.031 3	52.090 2
2010	1 098.60	159 300	23.2	2.316 2	14.495 7	7.455 0	57.844 6
2011	1 153.50	174 897	21.8	2.315 9	14.923 1	6.310 3	57.763 5
2012	1 219.30	181 831	21.4	2.309 5	14.185 0	5.970 7	54.916 7
2013	1 305.30	191 776	20.7	2.283 0	14.640 4	6.461 9	52.757 1
2014	1 384.90	176 884	20.4	2.251 3	16.156 6	6.124 4	48.278 1
2015	1 481.80	184 254	21.7	2.282 4	10.688 8	7.348 1	59.988 9
2016	1 585.50	162 594	21.3	2.260 7	11.143 1	8.559 3	63.805 6

表 6-9b 上海创新驱动高质量发展评价指标(知识创新体系)

一级指标	2. 知识创新体系(权重20%)							
二级指标	2.1 知识创新主体		2.2 知识创新投入				2.3 知识创新产出	
三级指标	每百万人高校高级职称人数	高等教育在校学生数占总人口比重	教育经费实际投入占国内生产总值比重	每人拥有图书馆藏书	每人图书借阅册数	研发资金投入中基础研究比重	每百万元教育经费支出发表国际科技论文数	每万人科技成果数
单位	人/百万人	%	%	册/人	册次/人	%	篇/百万元	项/万人
2000	568	1.4099	2.1011	3.4191	0.6621	6.2427	0.5169	0.6851
2001	589	1.6781	2.2734	3.3974	0.6479	5.6880	0.5091	0.8020
2002	614	1.9361	2.1688	3.3956	0.6336	6.8581	0.6225	0.8278
2003	620	2.1436	2.1104	3.3377	0.5411	6.2675	0.6898	0.8540
2004	684	2.2654	2.0680	3.1893	0.7309	6.0312	0.6742	0.8877
2005	747	2.3416	2.1233	3.2003	0.5438	4.9773	0.9001	0.8999
2006	762	2.3743	2.1942	3.0866	0.5534	5.4860	0.8136	0.9943
2007	766	2.3497	2.2366	3.0306	0.5936	5.4439	0.7033	1.1611
2008	765	2.3493	2.2840	2.9870	0.5010	7.2647	0.7364	0.8717
2009	764	2.3200	2.2698	2.9831	0.6572	6.8048	0.7225	0.9800
2010	767	2.2394	2.3936	2.9569	0.6346	6.4459	0.7091	1.0067
2011	791	2.1780	2.8117	2.9364	0.7305	6.3208	0.5038	1.0173
2012	815	2.1282	3.1574	3.0257	0.8287	7.2352	0.4407	1.0145
2013	829	2.0900	3.0531	2.9973	2.6153	7.0638	0.5031	1.0310
2014	838	2.0887	3.1751	3.0353	3.2380	7.1002	0.4861	0.9828
2015	873	2.1183	2.9923	3.1335	3.5944	8.2199	0.5591	0.9755
2016	891	2.1271	2.9844	3.1725	3.5642	7.3981	0.5787	0.9278

注：每人图书借阅册数指标在2013年出现跳跃点，在数据预处理时采用 $\ln(1+x)$ 方式加以调整，不改变指标的单调性。

表6-9c 上海创新驱动高质量发展评价指标(技术创新体系)

一级指标	3. 技术创新体系(权重20%)							
二级指标	3.1 技术创新主体		3.2 技术创新投入			3.3 技术创新产出与转化		
三级指标	人力资本和实物资本之比	大中型工业企业科技活动人员数占比	研发经费占国内生产总值的比重(研发强度)	研发经费来源中政府拨款占比	企业消化吸收经费支出与技术引进经费支出比例	每万人中专利授权量	工业企业新产品销售收入占工业总产值比重	单位研发经费支出诱发的技术市场合同成交额
单位		%	%	%	%	件/万人	%	元/元
2000	0.215 4	37.084 8	1.59	31.565 2	35.251 6	2.517 7	19.246 7	0.963 1
2001	0.233 8	37.008 5	1.68	29.348 3	38.879 1	3.219 4	20.630 3	1.205 3
2002	0.236 7	36.527 1	1.77	26.074 6	41.084 6	3.907 2	22.363 5	1.174 5
2003	0.234 1	37.164 9	1.91	30.662 4	43.984 4	9.440 8	19.148 8	1.107 5
2004	0.193 4	32.082 5	2.09	32.969 6	29.428 5	5.790 3	18.201 5	1.008 3
2005	0.232 4	29.945 6	2.28	23.857 4	24.805 8	6.667 3	18.683 1	1.084 0
2006	0.277 3	33.358 2	2.41	23.578 3	28.962 2	8.452 7	20.950 2	1.330 7
2007	0.307 0	36.726 6	2.43	25.398 4	28.090 6	11.863 4	19.599 1	1.407 0
2008	0.340 8	35.831 9	2.54	28.015 5	32.403 8	11.430 2	18.158 0	1.340 7
2009	0.373 1	34.542 8	2.77	26.673 4	34.193 8	15.795 7	20.399 6	1.157 0
2010	0.416 5	35.744 2	2.76	29.640 9	38.097 9	20.938 8	19.913 3	1.090 8
2011	0.635 6	39.222 0	3.06	29.434 0	37.984 1	20.430 6	21.231 2	0.920 7
2012	0.708 5	39.167 3	3.31	33.226 4	35.671 9	21.638 1	20.520 9	0.866 2
2013	0.746 1	36.723 8	3.49	31.611 3	37.569 4	20.156 1	21.110 7	0.799 3
2014	0.834 2	36.807 1	3.58	33.918 4	34.831 5	20.814 0	22.559 4	0.775 0
2015	0.875 1	34.858 3	3.65	36.404 8	34.912 1	25.099 9	20.373 1	0.756 3
2016	0.906 2	30.332 8	3.72	35.714 6	52.155 2	26.544 6	24.587 5	0.784 2

表 6-9d　上海创新驱动高质量发展评价指标(模式创新体系)

一级指标	4. 模式创新体系(权重 22.5%)							
二级指标	4.1 信息中介		4.2 环境质量			4.3 政府与市场		
三级指标	信息服务业增加值占国内生产总值比重	每百万人国际互联网用户数	城市空气质量达到及好于二级的天数	城市人均公共绿地面积	每百万人群众文化活动机构数	财政支出占国内生产总值比重	企业所得税与个人所得税在总税收收入中的占比	全社会零售总额占国内生产总值的比重	每万人民间组织数
单位	%	户/百万人	天	平方米/人	个/百万人	%	%	%	个/万人
2000	2.696 7	200	295	2.991 4	21.136 4	12.943 1	33.733 5	38.761 9	2.113 6
2001	2.838 5	310	309	3.488 5	16.543 5	13.815 7	27.429 6	38.351 1	2.482 4
2002	3.044 0	420	281	4.559 3	15.762 1	15.148 2	31.403 4	38.030 8	2.851 2
2003	3.729 5	432	325	5.351 6	14.780 5	16.305 5	27.352 0	35.556 3	3.220 0
2004	3.986 3	633	311	5.983 2	13.678 6	17.092 8	28.341 2	32.538 7	3.555 9
2005	4.511 2	803	322	6.368 4	13.119 9	17.728 0	29.156 2	31.813 4	3.828 0
2006	4.661 3	957	324	6.775 1	12.728 4	16.922 9	28.817 0	31.490 8	4.031 3
2007	4.463 2	1 080	328	6.735 4	11.969 5	17.381 6	30.122 8	30.575 2	4.054 1
2008	4.837 6	1 160	328	6.903 0	11.445 1	18.336 5	33.861 2	32.062 9	4.177 2
2009	5.051 8	1 250	334	6.970 2	10.948 8	19.558 6	30.067 3	33.843 9	4.297 2
2010	5.316 3	1 560	336	6.971 5	10.422 7	18.946 0	32.027 8	34.821 5	4.295 9
2011	5.749 0	1 691	337	7.005 9	10.266 4	20.041 5	32.968 6	34.887 1	4.370 7
2012	6.002 8	1 730	343	7.077 7	10.082 2	20.356 7	32.825 8	36.063 4	4.513 9
2013	6.335 1	1 821	241	7.097 7	9.895 9	20.346 3	31.409 3	36.176 3	4.803 8
2014	6.496 4	1 867	281	7.333 6	9.811 7	20.462 4	32.023 1	38.666 5	5.096 7
2015	6.838 0	1 913	258	7.616 1	9.812 6	24.144 8	32.763 2	39.509 1	5.529 4
2016	6.969 1	1 961	276	7.834 4	9.794 6	24.553 8	34.305 1	38.847 0	5.859 4

表 6-9e 上海创新驱动高质量发展评价指标(空间创新体系)

一级指标	5. 空间创新体系(权重 22.5%)								
二级指标	5.1 城市集聚能力				5.2 城市扩散能力				
三级指标	进口总额占国内生产总值比重	FDI占国内生产总值比重	平均每天来沪旅游人数	半年以上外来常住人口占总人口的比重	出口总额占国内生产总值的比重	里程强度：单位面积的公路总长度	地铁运营里程数与城市面积之比	每万人汽车保有量	城市居民交通通信消费支出比重
单位	%	%	万人	%	%	千米/平方千米	米/平方千米	辆/万人	%
2000	50.50	5.437 2	4 970	19.488 4	43.60	0.941 6	5.938 0	116	8.60
2001	52.40	6.916 7	5 596	17.194 4	43.50	0.958 6	10.317 8	144	10.30
2002	58.00	7.186 9	7 466	16.974 6	45.80	0.991 1	10.317 8	171	10.70
2003	78.30	7.162 9	8 764	21.693 4	59.30	1.022 6	15.522 4	205	11.40
2004	87.70	6.632 8	13 477	22.003 5	74.50	1.231 0	18.235 2	243	13.50
2005	83.60	5.902 4	15 654	23.192 6	79.40	1.279 1	20.190 8	284	14.40
2006	84.70	5.178 7	16 594	23.789 9	84.50	1.639 0	24.449 2	320	15.80
2007	83.50	4.570 1	18 235	24.191 9	86.40	2.438 0	27.837 7	353	18.28
2008	74.30	4.831 6	17 544	24.171 2	82.40	1.813 3	43.037 0	388	17.40
2009	60.70	4.708 7	17 231	37.080 4	63.40	1.840 7	43.289 3	430	16.70
2010	73.00	4.223 0	23 382	38.996 2	70.20	1.888 5	69.726 5	484	17.60
2011	75.30	4.064 0	22 399	39.845 6	69.30	1.905 2	72.667 8	531	15.20
2012	70.60	4.647 1	21 929	40.338 9	63.50	1.977 9	72.667 8	589	17.40
2013	66.00	4.598 8	20 751	40.991 7	56.80	1.992 4	76.058 7	645	16.80
2014	65.40	4.620 6	21 679	41.078 0	53.70	2.041 6	93.281 3	702	16.00
2015	61.90	4.671 7	21 922	40.643 5	47.80	2.081 1	94.385 3	775	12.10
2016	59.10	4.559 7	23 343	40.509 2	43.20	2.096 4	100.615 1	855	11.30

注：地铁营运里程数采用每年年中(6月30日)数据。

(二) 上海创新驱动高质量发展指数变动情况

研究结果表明,2016年上海的创新驱动高质量发展指数(以下简称"综合指数")是2000年的1.58倍(见图6-4),相当于年均增长2.90%,其中,综合指数环比增长率极大值7.31%发生在2003年,2008年因受国际金融危机拖累而呈现增长-0.30%的低谷,2012年之后综合指数的增长率不超过3%。这表明,自2000年以来,上海的创新发展综合能力有一定程度的提升,与上海全要素生产率(TFP)2%—3%的增速较为接近,但创新发展的增速低于人均GDP约7.18%的增长速度。笔者认为,由于综合指数的合成来自各种创新过程,综合指数的变动特点与全要素生产率的变动特点具有趋同性,因而可以作为全要素生产率的代理变量。

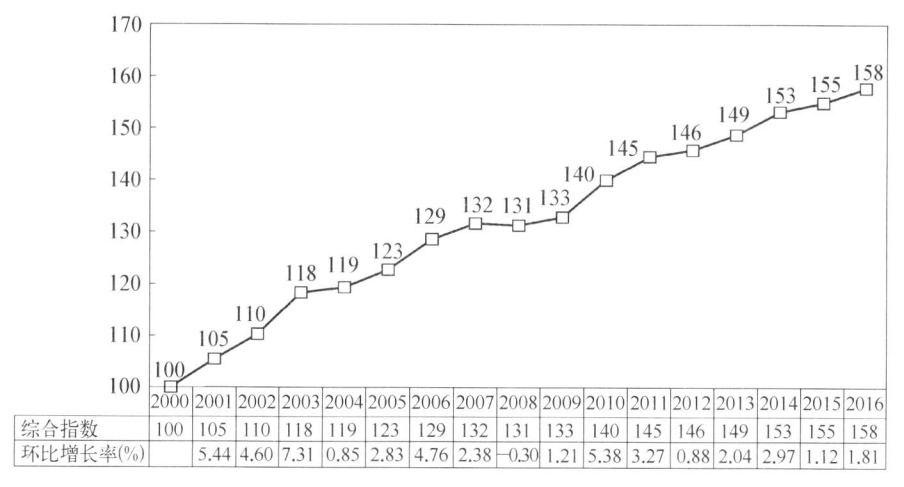

	2000	2001	2002	2003	2004	2005	2006	2007	2008	2009	2010	2011	2012	2013	2014	2015	2016
综合指数	100	105	110	118	119	123	129	132	131	133	140	145	146	149	153	155	158
环比增长率(%)		5.44	4.60	7.31	0.85	2.83	4.76	2.38	-0.30	1.21	5.38	3.27	0.88	2.04	2.97	1.12	1.81

图6-4 2000—2016年上海创新驱动高质量发展指数及其环比增长率

表6-10 上海创新驱动高质量发展综合指数增长率与全要素生存率增长率的比较

年 度	综合指数增长率(%)	全要素生存率增长率(%)
2001	5.44	3.55
2002	4.60	2.17
2003	7.31	4.23

续 表

年　度	综合指数增长率(%)	全要素生存率增长率(%)
2004	0.85	5.46
2005	2.83	2.23
2006	4.76	2.94
2007	2.38	4.23
2008	−0.30	−2.97
2009	1.21	1.71
2010	5.38	3.45
2011	3.27	2.54
2001—2011 平均	3.43	2.69

资料来源：作者编制。其中，全要素生存率增长率来自李凌等.经济效率转型：从要素驱动到创新驱动[M].上海：上海人民出版社，2013：68-69.

(三) 上海创新驱动高质量发展分项指数变动情况

从创新转型的基础条件来看，上海在2003年以后基本保持在125的水平附近波动（见图6-5）。国际金融危机之后，尤其是2013年之后随着房价高企，尽管城乡居民可支配收入差距有所下降，但财富差距逐步拉大，房价收入比逐步脱离合理区间，使得城市居民教育文化娱乐服务的消费支出比

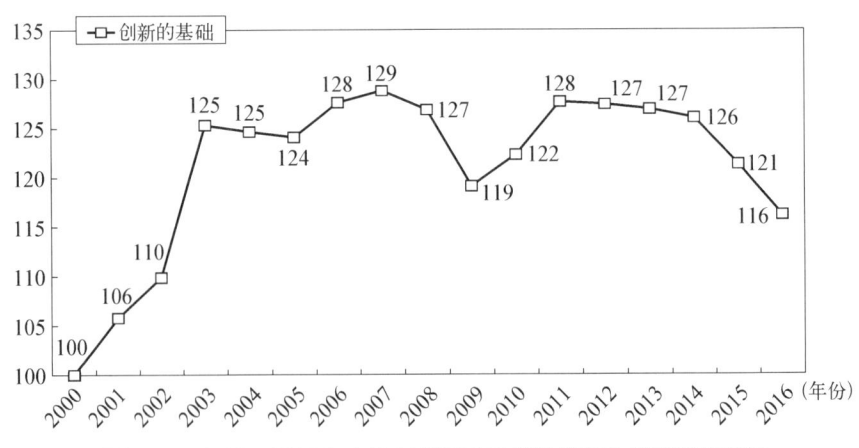

图 6-5　2000—2016 年上海创新驱动高质量发展的创新基础指数

重受到挤压,城市内部的需求结构升级困难等都在一定程度上导致上海的创新环境有所恶化。为此,创新的基础分项指标变动呈现"倒 U"特征,当前上海的创新环境不容乐观。这一问题将在本书的上海实践篇中详细展开论述。

图 6-6 给出了创新驱动新动力来源四大体系的分项评价指数。相比于 2000 年,发展最快的首先是空间创新体系,其次是技术创新体系和知识创新体系,再次是模式创新体系,2016 年这四大体系的分项评价指数分别是 2000 年的 2.24 倍、1.71 倍、1.46 倍和 1.39 倍。

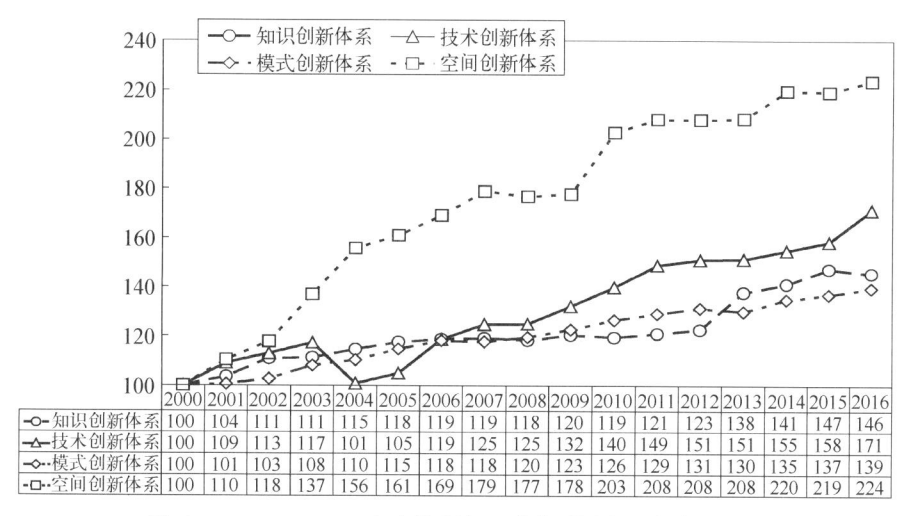

	2000	2001	2002	2003	2004	2005	2006	2007	2008	2009	2010	2011	2012	2013	2014	2015	2016
知识创新体系	100	104	111	111	115	118	119	119	118	121	123	138	141	147	146		
技术创新体系	100	109	113	117	101	105	119	125	125	132	140	149	151	151	155	158	171
模式创新体系	100	101	103	108	110	115	118	118	120	123	126	129	131	130	135	137	139
空间创新体系	100	110	118	137	156	161	169	179	177	178	203	208	208	208	220	219	224

图 6-6 2000—2016 年上海创新驱动高质量发展各体系指数

首先,2000—2016 年上海的知识创新体系指数增长了 46%。尽管这些年上海的教育经费投入占比持续提升,2016 年达到 3% 左右,但综合考虑教育资源的分布、成果,人均享有的知识资源,以及企业的基础研发投入等因素后,上海知识创新能力增长似乎进入一个瓶颈期。这一方面与固有的教育模式及上海已经拥有的较高层次知识储备有关;另一方面也揭示出上海在推进教育体制改革、公平分享智力资源、激励企业加大基础研发投入等方面还有待进一步深化。

其次,2000—2016年上海的技术创新体系指数增长了71%。其中,快速增长期发生在2006年以后,动力主要源自三个因素:一是高端人力资本引入改变了人力资本与实物资本的结构;二是企业研发强度增加,目前已接近4%的水平;三是专利授权量增加。但同时也应当看到,单位研发经费支出诱发的技术市场合同成交额有所下降,表明技术的商业转化是上海科技创新体系的瓶颈所在。

再次,2000—2016年上海的模式创新体系指数增长了39%,是四大创新体系中增长相对缓慢的部分。进一步观察发现,发展主要得益于信息技术和互联网对传统商业模式的改造,直接表现为互联网用户数量的增加以及信息服务业增加值的上升,催生出新业态和新模式,进而丰富了市场形态,并不断提出政策需求,为新业态和新模式的发展腾出空间,这也在一定程度上要求政府与市场关系的调整,以及政府内部行政效率的提升。

最后,2000—2016年上海的空间创新体系指数增长相对较快,达到124%,表明上海对创新要素的集聚与辐射具有较强优势,主要反映在交通延展与人口流动两方面。特别是在城市交通规划与交通基础设施建设方面,取得了长足进步,这也反映了上海作为全球创新网络的枢纽型城市和节点型城市的优势所在。可见,降低运输成本,以及通过更加包容的城镇化过程接纳外来流动人口,特别是具有一技之长的流动人口,打破户籍制度的固化,对于创新驱动而言,无疑具有重要的战略意义。

从上海时序数据的实证研究发现,自2000年以来,上海的创新领域的变化主要集中在空间创新体系和技术创新体系,知识创新体系和模式创新体系的变化相对少一些,且创新的基础经历了"倒U型"的变化。图6-7比较与演示了2001年、2006年、2011年和2016年上海在五大领域(含四大体系)中创新的动态过程。但这项研究只是静态的,还不能表明创新在四大体系之间是如何动态传递的。

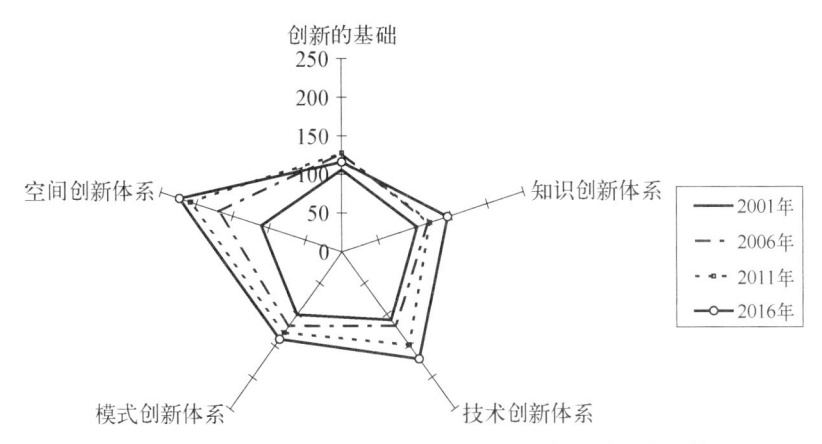

图 6-7　上海创新驱动高质量发展各分项指标的年度比较

第七章
创新驱动高质量发展的国际视野

德国鲁尔区、美国匹兹堡、日本川崎、印度班加罗尔,这些来自工业城市的华丽转身,表明无论是城市功能的提升、主导产业的更迭,还是创新氛围的打造、发展方式的转变,在向更高阶段发展的过程中,创新驱动都是世界主要城市发展转型的目标和手段。创新驱动高质量发展的国际经验表明,培育创新型人才、提高劳动生产率、鼓励新业态的发展,以及形成多中心的创新布局,有助于推动知识创新与技术创新引领下的模式创新和城市转型。后全球金融危机时期,创新要素流动频繁、重组加快。以欧美发达国家发起的"再工业化"和"工业4.0"为代表,世界范围内出现了新一波以政府主导为主要特征的智能制造业升级过程。总结归纳这些业已实现向更高发展阶段转型国家的创新理念,能为中国创新转型发展提供富有借鉴意义的国际经验,有助于中国在创新驱动战略框架下,更早、更快地进入高质量发展阶段。

第一节 世界城市转型发展的经验事实

城市集人类文明之大成,是一个复杂、庞大的系统,其产生与成长是生产力不断发展、社会分工逐步深化的结果,象征着社会财富的集聚与增长。纵观世界城市转型发展的过程,但凡那些国际经济中心,都在全球或地缘政治关系中具有特殊地位,其最突出的功能就是作为各类要素交汇的枢纽,人流、物流、资金流、技术流、信息流等有形要素与无形要素都在此汇集流转。随着经济增长质量的提升,大部分世界城市已经由要素、投资驱动向效率、创新驱动转型,有些世界城市已经取得了相当显著的成效,拓展了自身的功能定位,提升了自身的国际形象。

一、德国鲁尔区:从工业城市到文旅城市

(一) 基本情况

鲁尔工业区位于德国西部的北莱茵—威斯特法伦州,受鲁尔煤管区规划协会所管辖,面积约 4 400 平方千米,人口约 570 万,5 万人口以上的城市 24 个,较为著名的如埃森、多特蒙德、杜伊斯堡等。鲁尔区的地理位置优越,地处欧洲的交通路口,与欧洲其他多个工业区距离很近,水陆交通十分发达,纵贯全区南北的莱茵河可直抵杜伊斯堡港,河口的鹿特丹港则是欧洲第一大港。此外,还有沟通莱茵河、鲁尔河、利珀河和埃姆斯河的运河网,总长达 425 千米,大小河港 74 个。[①]

(二) 转型历程

1950 年以前:重工业迅速发展。德国的工业化起步于鲁尔区,鲁尔区经历了德国的三次崛起历程,是德国 150 多年经济繁荣的象征。鲁尔区富有煤炭、铁矿等资源,德国 80% 的煤炭和 70% 的钢铁都在这里生产。20 世纪 50 年代以后,鲁尔区的炼油业、石油化工工业和机械制造业迅速发展。"二战"之后,鲁尔区又在欧洲重建和西德经济的恢复和起飞中发挥了重大作用,工业产值曾高达全德国的 40%,同时服装、纺织、啤酒等轻工业也逐步壮大起来。

1950—1968 年:煤炭和钢铁危机。随着 20 世纪 60 年代世界石油和天

---

① 数据来自百度百科。

然气工业的兴起,煤炭开采成本提高、环保压力加大,鲁尔区爆发了历时10年之久的煤炭和钢铁危机,失业率高、人口外流、环境污染严重、负债增加。

1968年至20世纪末:实现转型。为了度过危机,德国政府采取因地制宜的经济政策,比如1968年的《鲁尔发展纲要》,通过对传统工业进行全面改造、调整产业结构等对矿区进行重点清理整顿,将采煤集中到赢利多、机械化水平高的大矿井,同时大力发展电气、电子工业。此外,政府还通过改善当地交通基础设施、兴建和扩建高校及科研机构、集中整治土地等措施为鲁尔区的下一步发展奠定基础。[①] 鲁尔区在产业结构调整中实现了50多万人的转行,由鲁尔煤炭公司发展而来的鲁尔集团,位居世界500强企业之列,除承担全德国的烟煤生产外,还开拓了国际采矿、面向全球的采矿技术服务、采矿设备生产、国际煤炭贸易等业务,并实现了房地产、电力、电子、化工等领域的多元化发展。[②] 目前,70%的员工所从事的都是非煤产业。

(三) 创新驱动高质量发展

一是产学研相结合。鲁尔区现已发展成为欧洲大学与科研机构最密集的工业区,先后建立了波鸿大学、多特蒙德大学、杜伊斯堡大学、埃森大学等,每个大学都设有"技术转化中心"。区内还有4个国家级的技术应用研究所以及众多的科研院所,从而形成了一个从技术到市场应用的产学研体系。政府鼓励并资助企业之间以及企业与研究机构之间的合作,全区成立了30个技术中心、600个致力于发展新技术的公司。[③]

二是物流中心功能凸显。鲁尔区的河道与港口均已标准化,可通行1 350吨的欧洲标准货轮,内河及运河航运的吞吐量每年在9 500万吨以上;铁路网密度很高,营运里程达9 850千米,占全德国近1/5;公路和高速路四

---

① 王志成.德国鲁尔区:旧工业区整体改造的范本[J].乡音,2014,(7):52.
② 胡晓晶等.资源型城市转型中旅游业地位与作用研究[J].资源与产业,2007,(4):5-8.
③ 刘学敏,赵辉.德国鲁尔工业区产业转型的经验[N].中国经济时报,2005-11-24,(5).

通八达,从德国西部通往柏林、荷兰的高速公路均从区内通过,公路汽车行驶密度为全德国平均密度的 1 倍。凭借突出的地理优势与物流基础设施,再加上政府推动、国际物流企业参与以及科研成果转化,鲁尔区迅速成为欧洲的物流中心之一,目前已有 3 000 个物流企业在此驻扎,就业人数达 18 万人。其中废弃矿区所改造成的艾林豪森——宜家物流中心占地 200 公顷,拥有世界上最稠密也最完善的海陆空立体交通运输网络,负责向欧洲配送互联网订购的瑞典宜家家居公司的商品。[1]

三是成为欧洲文化之都。发展旅游与文化产业是鲁尔区成功实现经济转型发展的创新之举。鲁尔区保留了各城市的工业历史和文化,在建设公园城市的同时向世界展示工业时代的文明,把巨型井架塔等厚重的机械设备改造成地标建筑物(已被联合国教科文组织授予"世界文化遗产"称号),将工业锅炉房改造成设计中心,高大的煤气储罐顶部被改建成欧洲最壮观的观景平台(里面还设有两层的演出舞台和观赏大厅),把工厂、车间变成艺术馆、餐厅、购物中心、电影院等,[2]从而让鲁尔区独具"工业园区旅行"特色,赢得了"欧洲文化之都"的殊荣。

二、美国匹兹堡:从钢铁之都到文教中心

(一) 基本情况

匹兹堡位于美国东海岸的宾夕法尼亚州西南部,是宾州第二大城市,位于阿勒格尼河、莫农加希拉河与俄亥俄河交汇处,是连接美国中西部重要的水陆交通枢纽。匹兹堡共有 446 座桥梁,被誉为"桥城",市区面积约 144 平方千米,都会区约 13 800 平方千米,市区人口约 33 万人,都会区约 240 万人,是美国第 21 大都会区。[3] 匹兹堡的公路、铁路和水面运输非常发达,匹

---

[1] 刘向,黄泳.调整发展活力——胡锦涛主席考察德国鲁尔工业区侧记[EB/OL].[2005-11-13],新浪网,http://news.sina.com.cn/w/2005-11-13/08547425735s.shtml.
[2] 魏爱苗.德国鲁尔:经济转型中再放异彩[N].经济日报,2006-07-19,(16).
[3] 数据来自维基百科.

兹堡国际机场是美国东部著名的大型空港。便利的交通再加上附近的煤、铁矿丰富,为匹兹堡钢铁工业的大规模发展提供了良好的条件,使它不仅成为美国钢铁工业的中心,而且是"世界钢铁之都"。

(二) 转型历程

19 世纪:钢铁基地诞生。匹兹堡在 17 世纪以皮毛贸易起家,18 世纪 20 年代时已成为生产钢铁、黄铜、锌和玻璃的重要工业基地。在 1850 年铁路大规模铺设及重工业发展的推动下,钢铁工业成为匹兹堡的产业支柱,在随后的一百年中,匹兹堡的钢铁工业在美国独占鳌头,成为典型的"煤铁复合体"式的工业城市。19 世纪 60 年代,美国南北战争为匹兹堡的重工业提供了难得的发展机遇,武器制造业的突出表现使匹兹堡成为"联邦军械库",后来石油开采和冶炼工业也开始壮大起来。20 世纪 70 年代,第二次工业革命席卷匹兹堡,机器大工业蓬勃发展。到了 80 年代,匹兹堡已发展成为美国最大的钢铁基地,钢铁产值将近占到全美国的 2/3。

20 世纪上半叶:重工业迅速发展的同时污染日益严重。20 世纪初,工业企业规模不断扩大,钢铁、焦炭、黄铜、锌、铝、玻璃、电器、火车机车头和车厢等是当时匹兹堡的重要行业,诞生了一大批工业革命的先驱,如钢铁大王安德鲁·卡内基(Andrew Carnegie)、安德鲁·梅隆(Andrew W. Mellon)、乔治·威斯汀豪斯(George Westinghouse, Jr.)和 H. J. 亨氏(H. J. Heinz)等。与此同时,重化工业的迅速发展加重了匹兹堡的环境污染,空气浮尘过多,炼钢炉的滚滚浓烟为其带来了"烟城"的名号,甚至白天都需点亮路灯照明。1948 年,匹兹堡市南部发生"多诺拉工业烟雾事件",造成 6 000 多人二氧化硫中毒。①

20 世纪下半叶:污染治理与新兴产业发展。匹兹堡决定从环境着手推动"钢都"的转型,侧重于匹兹堡市中心商业区的建设,大量钢铁厂被要求外

---

① 美国匹兹堡:以转型为魂[EB/OL].[2013-04-08]. http://roll.sohu.com/20130104/n362281070.shtml.

迁,烟雾得到控制,实现了第一次复兴。20世纪60年代在外国产品的有力竞争下,匹兹堡出现了钢铁厂倒闭潮,制造业所提供的就业机会急剧下降。70年代后,为了应对去工业化以及世界经济萧条导致的重工业颓势与城市人口严重流失,匹兹堡发起了第二次复兴计划,逐步建起现代民宅社区和商业中心的摩天大楼,并更加重视文化和社区建设。进入80年代,随着世界制造业从发达国家向发展中国家大规模转移,匹兹堡市区人口进一步流失,公共财政入不敷出、种族关系紧张,犯罪猖獗。当地政府意识到,需要从经济多元化、发展新产业着手来推行第三次复兴,遂与非营利组织、社区、居民积极合作,对匹兹堡实行了大规模的城市改造,旧工厂建筑被逐步清除,出现了新的办公楼群、豪华公寓、运动场馆与会议中心等,并开始大力发展高新技术、教育医疗和文化产业,尤其是医疗和以机器人制造为代表的高技术产业。第三次复兴运动成效显著,匹兹堡的非制造业部门迅速发展起来,医疗保健、教育和金融服务业突飞猛进,重工业比重下降。[1] 90年代,匹兹堡向世界城市迈进,建成了全美第四大国际机场,进一步兴建了大批的饭店、文化体育设施及大量的高品质社区和商业中心。

进入21世纪:现代化工商业城市。匹兹堡现已转型成为以生物技术、计算机技术、机器人制造、医疗健康、金融、教育闻名的工商业城市,[2] 2009年匹兹堡以其独特的城市魅力获选主办世界20国集团峰会。

(三) 创新驱动高质量发展

一是清洁宜居。匹兹堡在全美绿化率、高尔夫球场方面位于领先,连续多年被《福布斯》杂志评为全美最清洁的城市,干净、美丽、生活成本低、经济稳定、犯罪率低的匹兹堡在2009年被《经济学人》周刊评为美国最适宜居住的城市。[3]

---

[1] 李振营.美国钢都匹兹堡兴衰初探[J].泉州师范学院学报(社会科学),2007,(9):122-127.
[2] 徐启生,余晓葵.20国集团峰会举办城市匹兹堡的今昔[N].光明日报,2009-09-20,(8).
[3] 刘丽娜.匹兹堡:从"人间地狱"到"绿色天堂"[N].新华每日电讯,2010-03-04,(11).

二是智力引领。匹兹堡有多所高校,十几万高校学生,大学不仅成为高科技产业的孵化地,还为匹兹堡提供了大量的就业机会,它们与企业的研究中心一起,吸纳了7万多人就业。匹兹堡大学和卡内基—梅隆大学在匹兹堡产业转型过程中起到了重要作用,它们以其在科研方面的吸引力,吸引了众多高科技公司和相关人才近年来纷纷搬迁到匹兹堡南区,并形成了一个新兴的科研城中城。① 长期以来,匹兹堡大学和卡内基—梅隆大学所集聚的人才与创新能力引领了匹兹堡的产业发展,其中匹兹堡大学医疗中心(UPMC)作为一个领导者和孵化中心,引领大学和近20家医院发展医疗制药行业,使匹兹堡成为医学研究及临床治疗的国际中心以及全美数字化医疗的产业中心;② 卡内基—梅隆大学的计算机与自动化研究引领了匹兹堡的机器人制造业,其计算机安全应急响应组协调中心在应对互联网安全威胁方面发挥着重要作用。

三是总部经济繁荣。匹兹堡靠高质量的教育和绿色环保两大优势打造自身的城市吸引力,如今已成为300多家美国和跨国公司(如美国钢铁公司、西屋电气、美国铝业公司、PPG工业公司、亨氏公司、PNC金融服务集团、德国拜耳公司等)总部的所在地。

四是文化艺术兴盛。匹兹堡有不少著名的文化艺术设施,卡内基自然历史博物馆是全美最大的自然历史博物馆之一,现代派艺术家安迪·沃霍尔(Andy Warhol)的安迪·沃霍尔美术馆是全美最大的个人作品美术馆,另外还有卡内基美术馆、弗里克美术与历史中心等设施。拥有百年历史的匹兹堡交响乐团是美国著名的交响乐团之一,世界一流的指挥家与演奏家聚集在此,话剧团全美驰名。③

五是医疗产业壮大。匹兹堡的医疗健康服务规模已增长到1979年时

---

① 曾万平.我国资源型城市转型政策研究[D].北京:财政部财政科学研究所.
② 姜立杰.匹兹堡——成功的转型城市[J].前沿,2005,(6):152-156.
③ 李正信.匹兹堡成功转型:从"钢城"到高科技研发中心[N].经济日报,2009-09-30,(15).

的 3 倍,创造了 10 万个就业机会,其中总资产 80 亿美元的匹兹堡大学医疗中心管理着 20 家医院、400 多个门诊地点,拥有 5 万多名雇员,是匹兹堡最大的雇主。[1]

六是金融服务升级。1869 年,美国十大财团之一的梅隆家族创立了梅隆银行,长期以来该银行一直与匹兹堡的工业资本密不可分。20 世纪 90 年代末,梅隆银行更名为梅隆金融公司,从传统商业银行转型为以资产管理、投资者服务为核心业务的金融服务专业公司,并在 2007 年与纽约银行合并,成为纽约梅隆银行。[2]

三、日本川崎：从工业都市到环保典范

(一) 基本情况

川崎拥有约 133 万人口,是日本重要的工业都市之一,对"二战"后的日本经济发展起到过强大的推动作用。川崎的制造业发达,有不少著名企业在此成长起来,比如临海地区的原材料加工型制造业企业——日本钢管(NKK)、昭和电工等,内陆地区的机电企业——东芝、富士通等。

(二) 转型历程

1960 年以前:重化学工业迅速发展。贫穷的村庄川崎町在 1889 年诞生,1912 年町议会提出"发展工业百年不变"的长远政策目标,实施扇町(530 公顷)填海造地扩大工业用地的计划,推进了道路、治水、水道三大基础设施建设。1924 年川崎町改为川崎市,1935 年池上町(93 公顷)填海造地计划开始实施,后来一些日本的大企业开始聚集于川崎,"二战"前逐步成为以钢铁、化学、石油、造船、金属加工、电气机械等为中心的日本重化学工业生产基地。[3] 20 世纪 60 年代,日本经济大发展,1960 年日本石油化学和

---
[1] 曾万平.我国资源型城市转型政策研究[D].北京:财政部财政科学研究所.
[2] 刘莉.城市产业结构转型：匹兹堡标本[N].东方早报,2009-09-24,(12).
[3] 刘昌荣.川崎产业转型路[J].上海国资,2012,(4):24-25.

1963年东亚燃料工业两大石化基地相继建成并投产,使得制造业的事业所数、从业人数和制造产品的价值额等指标持续上升,川崎便抓住机遇进一步发展成为日本工业中枢京浜工业地带的大都市。但在工业生产急剧扩张的同时,空气污染、光化学烟雾、地盘下沉(过度使用地下水)等环境问题愈发严重了。

1960—1980年:限制工厂扩张,保护环境。"二战"后,川崎进入经济快速增长期,临海地区的钢铁、化学、石油化工以及内陆地区的金属、机械等行业扩张显著。1959年,为防止人口、产业过度向大都市集中,日本政府出台了《工业限制法》与《工场立地法》,对都市中的大学和工厂的扩张等进行了严格限制,于1965年对川崎实施。为保护环境,川崎在1960年率先制定了《环境保护条例》(《产业公害防止条例》),对产业"公害"的发生源进行规制。1970年,川崎政府与日本钢管等大企业缔结了大气污染防治协定,环境污染最终在20世纪70年代末基本得到了控制。1972年,川崎被指定为日本的政令指定都市,成为东京大都市群的有机组成部分。同年,为促进大都市的生产工厂向地方转移,日本出台了《工业再配置促进法》,川崎的重化工业生产基地逐步向市外转移,东芝、富士通、NEC等大型机电企业的生产基地也在70年代开始向日本其他地区转移,80年代又通过直接投资向欧美及东南亚地区转移。1974—1975年的第一次石油危机后,日本经济进入低增长时代,经济发展理念从注重产量转为注重质量,川崎率先对这一发展理念进行实践。

20世纪80年代至21世纪:以政策推进转型。1981年3月,川崎公布了《川崎市产业结构的课题与展望》(产恳提案),提出了从"量"的追求向"质"的提升的转型观点以及"产业政策与都市政策融合"的观点。20世纪90年代初,川崎已累计向外迁移了56家占地面积1公顷以上的工厂,迁移面积达261公顷,工厂迁移后的用地大部分转为学校、物流、办公等设施用地。随着90年代大型电气机械企业从制造领域的退出,原有的转包、外发关系也随之崩溃,小规模制造企业的发展环境急剧恶化,很多制造业企业在激烈的竞争中被淘汰,信息通信、医疗福利、专业服务、环境、房地产、教育等领域的创新型企业开始涌现。[1] 由于川崎对就业规模在300人以下的企业实施特别融资,从事新兴行业的中小企业逐步自立起来。随着企业全球战略的展开,川崎市内的大企业在日本全国以及全球分工体系中开始演化为研究开发和服务中心。在这段调整的时期,川崎的经济发展虽陷入停滞和衰退,但产业结构却出现了巨大变化,服务经济化趋势十分明显。进入21世纪,川崎相继制定了《新川崎、创造园区基本构想》《川崎临海部再生计划》《川崎市新综合计划》《川崎产业振兴计划》《川崎市科学技术振兴指针》等政策,信息和研究开发快速发展,新的创业活动高涨,资源回收利用、文化等产业作为新兴产业受到了高度关注,同时积极推动新能源的大规模运作,逐步完成了从以制造业为中心向以服务业为中心的产业结构转型。

(三)创新驱动高质量发展

一是新型产业集聚发展。在21世纪"全球经济一体化——知识经济时代"的大背景下,川崎通过制定一系列政策,举办产业研讨会和设备展销会等,设立了新川崎先端研究教育协作广场,发展医疗福利产业创新网络,大幅推进医疗福利设备开发以及医疗福利体系建设;建成了川崎新产业创造中心、国际环境特区、NPO法人产业环境创造联络中心、亚洲创业者之家等,有效促进了教育、环保、医疗、智能制造等新型产业集聚发展。

二是节能减排绿色发展。在环保产业领域,川崎积极推进对市内企业的环境技术及环保产品的调查研究,加快与新环境、节能技术有关的研发设施建设,并于2005年创办了"环境产业论坛"。该论坛吸引了包括77家环保技术企业在内的许多企业、大学和研究机构参加,成为企业信息交流、共同研究、技术开发以及"绿色采购"的重要场所。

---

[1] 刘昌荣.川崎产业转型路[J].上海国资,2012,(4):24-25.

四、印度班加罗尔：从纺织城到 IT 城

(一) 基本情况

班加罗尔是印度南部卡纳塔克邦的首府,印度的第四大城市,空气质量好、气候适宜、四季如春,最热的月份平均温度 27℃,最冷月份平均温度 20℃,在炎热的印度算是难得的凉爽之地。拥有 174.7 平方千米土地、650 万人口的班加罗尔是个集工业、商业、教育为一体的大都市,环境优美、交通便利,强劲发展的 IT 产业使班加罗尔成为"印度硅谷"。

(二) 转型历程

1958 年以前：重工业逐步发展。班加罗尔的传统产业是以丝绸纺织业为主的轻工产业,[①]印度在 1947 年独立后,远离与巴基斯坦、中国相接的边境的班加罗尔被选为武器和航天实验室的所在地,重工业的科研和发展使得钢铁、飞机、机械、电器、化工等成为 20 世纪中期班加罗尔的支柱行业。马德拉斯—班加罗尔工业区就是当时印度发展最快、以新兴工业为主的一个工业区,主要从事电力、飞机及船舶制造、石油冶炼、电子工业、电机制造等。

20 世纪后半叶：IT 业突飞猛进。1958 年,德克萨斯公司在班加罗尔建立了一个设计中心,为其他跨国 IT 企业的入驻开辟了道路。20 世纪 80 年代在市南郊兴建的电子城是班加罗尔 IT 业发展史上的里程碑。在班加罗尔的早期发展中,其业务范围主要是为国外的跨国公司提供软件外包业务,从事的是低端的竞争活动。随着印度软件产业的不断发展,跨国公司在印度的海外研发中心也逐渐采用更为高级的设计和规划方案,新的国际行业标准在班加罗尔诞生。如今的班加罗尔已成为世界第五大信息科技中心,微软、惠普、3M、Infosys、英特尔、苹果、国际商用机器公司、西门子、康柏、摩

---

① 尹建华,苏敬勤.高新技术产业集群化与协同管理研究[J].科学学与科学技术管理,2002,(9):13-16.

托罗拉等世界知名 IT 企业都在班加罗尔设立了办事处。进入 21 世纪,班加罗尔的软件园发展突飞猛进,软件出口产业在印度排名第一,占印度软件出口的 1/4 强,仅其中两家公司的软件出口就超过了 100 亿卢比。[①] 值得注意的是,在班加罗尔的转型过程中,印度政府起到了非常重要的作用,为 IT 业的发展扫清了制度障碍,并通过较大力度的产业政策支持 IT 业的发展。

(三) 创新驱动高质量发展

一是 IT 产业集聚。2004 年美国通用公司在班加罗尔建立了第一个海外研发中心,法国动力设备制造商阿尔斯通公司建立了一个信息技术研究所,IBM 公司投资 1 亿美元建立电脑开发实验室,Wipro 公司、Iflex 公司等也在附近的软件园或科技园中设立总部和发展中心,促成了班加罗尔的 IT 企业集聚,推进了 IT 产业发展。班加罗尔也通过引进国外的园区开发集团并从中借鉴先进经验,建设了吸引全世界眼球的班加罗尔国际科技园,以进一步促进 IT 产业集聚。在班加罗尔短短 1.5 千米的核心区内有 4.5 万个 IT 外包工作机会,仅在其通用电器公司的印度研发中心内,就有 1 800 名博士从事软件的研究开发。[②]

二是教学科研机构集聚。班加罗尔 IT 产业发展离不开科研机构和高校的驻扎。早在 20 世纪 60 年代,印度政府就把重点国防和通信研究机构,如印度科学院、国家航空实验室等均设在班加罗尔,这些机构的科技人才以及班加罗尔大学、印度理学院、印度科学院、农业科技大学、国家软件科技中心、国家人工智能和机器人开发中心、尖端计算机技术发展中心等高等教育研究机构中数以千计的工程师和科学家们大力推动了印度 IT 行业的技术创新。

三是文化酒吧之都。班加罗尔以其世界闻名的 IT 业创造了众多科技

[①] 朱鸣,郭凤典,吴义能.印度班加罗尔软件产业集群的发展及启示[Z].第三届软科学国际研讨会论文集[R].2014:469-473.
[②] 靳生玺.印度的"硅谷"班加罗尔城的 IT 成功之路[EB/OL].[2013-04-08].http://tech.163.com/04/1124/18/15VM8Q1R000915BD.html.

新贵,即使一般的软件工程师,其收入在印度来说也比较高,因此吸引了很多针对中产阶级提供优质生活服务的企业和个人来班加罗尔发展。为迎合软件工程师们的喜好,许多小酒吧开设起来,每一家以其独具特色的风格成为IT行业从业者的休闲好去处,使班加罗尔赢得了印度"酒吧之都"的称号。

综上所述,通过以上对4个世界城市(或地区)转型情况的陈述与比较,可以看到,转型前后的一些关键环节与特点,如经济发展水平、主导产业、城市特色等都发生了不同程度的变化(见表7-1)。

表7-1 世界城市转型之前和转型之后的比较

指标	鲁尔工业区		匹兹堡		川崎		班加罗尔	
	转型前	转型后	转型前	转型后	转型前	转型后	转型前	转型后
人口	570万		240万		133万		650万	
经济发展水平	一般	高	一般	高	一般	高	低	高
主导产业	煤炭钢铁	产业多元化	钢铁	教育医疗	钢铁化学	医疗环保	轻工	IT
城市特色	重工业	工业旅游	重工业	教育城市医疗中心	重工业	环保	丝绸纺织	IT之城
转型所用时间	40年		50年		40年		40年	
驱动力量	市场		市场		政府		政府	
随机因素	地理位置优越煤炭和钢铁危机		水陆交通枢纽多诺拉工业烟雾事件		填海造地		气候适宜	

第二节 创新驱动高质量发展的国际经验

通过前文对一些世界城市创新驱动转型的论述,笔者认为,可以从知识、技术、模式、空间这四个创新体系对创新驱动的国际经验与一般规律进行总结。

一、知识创新体系：培育创新型人才

首先，大都市的对外开放程度直接影响其对创新型人才的吸引能力，只有劳动报酬高、基础设施完善、生活条件舒适、环境较好的城市才能有效地吸引高级人才前来定居，人才定居又能进一步吸引公司总部的入驻，同时带动高校和科研机构的发展。有效的产学研机制恰好能为培育和引进的人才提供广阔的发展空间，从而得以长期定居下来。

其次，政府还要合理地制定城市的发展规划，在绿化和生态环境方面下功夫，确保城市拥有适宜人们居住的生活环境，发展城市的文化和吸引力，通过培养人才们对所居住的城市的热爱来稳定人才。比如鲁尔区在转型过程中始终重视环保，通过限制污染气体排放、建立空气质量监测系统等来改善一度被严重污染的环境，同时强调城市之间合作的重要性，共同治理污染，尤其是对于流经这些城市的共同河流进行重新整治，先治理小河流，再治理主河道，流经各个城市的小支流在进入主河道时都已经被净化。[①] 这些举措让鲁尔区拥有了怡人的环境，增强了吸引创新型人才的能力。匹兹堡为有效吸引和留住人才，发展其市内的教育、医疗卫生、工业旅游等生活服务业，并最终让匹兹堡成为美国著名的文化与艺术名城。

再次，重视产学研结合是许多世界城市在创新驱动转型过程中的重要理念。得益于较完善的产学研机制，IT企业和教学科研机构在班加罗尔集聚起来，吸引了印度及国外的IT精英，人力资源水平迅速提高，每年还能培养出上万名的信息技术专业人才，这些人才又进一步吸引了跨国公司研发机构的入驻，并且继续推动了班加罗尔IT业的发展。匹兹堡的大学很好地

---

① 赵洪修.鲁尔矿区产业转型经验及与淮南矿业集团战略合作[J].煤炭经济研究,2006,(1): 85-86.

发挥出了其非营利性创新组织的作用,真正成为匹兹堡的思想与科技创新中心,产学研的有机结合让信息、技术与人才成为匹兹堡经济增长的关键要素。在匹兹堡大学和卡内基—梅隆大学的带动下,知识创新体系逐步完善,一批高技术企业发展起来,产品附加值与劳动生产率迅速提高,渐渐在匹兹堡形成了以高技术产业为主导,冶金、生物制药、化工、计算机、信息、金融等多元化的产业结构。

二、技术创新体系:提高劳动生产率

首先,世界城市的产业转型主要是由工业经济转向服务经济,让其服务中心和管理中心功能变强,生产中心功能变弱,突出发展贸易、金融、物流、通信、文化等服务。即使已经转型进入一个新的、更高级的产业结构水平,这也只是一种暂时的经济均衡,只要国际国内的供需形势变化,暂时均衡就会被打破,原本合理的产业结构就会变得不再有竞争力,马上就能产生进入下一步产业转型的压力。在川崎,企业的全球化战略促使富士通、东芝、NEC等跨国公司从大规模的制造工厂转型为先端技术研究开发服务中心,机械制造业经济逐步转向研发服务业经济。

其次,在产业结构不断调整升级的过程中,以资金来支持技术进步至关重要。比如鲁尔区积极利用国内外资本来开发安全、高效、具有清洁及可循环利用性的碳化工和天然气化工产品,引进和培育高新技术产业如汽车装备制造、电子精密仪器、生物医药、环保、信息技术等,并且致力于拓展医疗领域的新技术及新应用,慢慢成为世界上医院最集中的地区之一,医药产业的就业人数与鲁尔区其他产业的就业人数相比是最多的。另外,鲁尔区在结构调整中淘汰的只是那些落后的生产工艺和设备,保留了传统产业中生产率和技术含量都极高的部分。[①] 匹兹堡也在转型中保留了一部分有竞争

[①] 尽管鲁尔区只保留了3万多煤炭产业工人,但却是德国煤炭工业的精华,其产量仍能满足欧盟需求的1/3,钢材产量仍占整个欧盟市场的1/10。

力的大型传统企业,花费重金让钢铁业、智能机器、电子及纳米技术等升级换代,从而能在飞机引擎、石油钻探等方面所需使用的高标准金属材料方面占据全球最高的市场份额。印度政府则在改善与 IT 业相关的基础设施、运营环境方面投入了巨额资金。1991 年,班加罗尔开始兴建第一个 IT 软件园区时,当地连电源供应都很困难,卡纳塔克邦政府就不遗余力地筹资兴建发电厂及供水系统、扩建电信设施,并且投资兴建了可高速传输数据的微波通信网络 SoftNET。另外,印度政府还积极拉动 IT 产品需求,如 2003 年为每所学校建设信息高速公路、通过电信部门扩大带宽、通过有线电视网提供 ISP 服务、鼓励私人投资 IT 教育与培训、对经济落后地区的 IT 教育提供补贴等。

再次,生产者服务业在世界城市的创新驱动转型过程中的重要性不可小觑,高度发达的生产者服务业如今已是支撑世界城市地位的重要因素,贸易和物流服务本身也会对融资、结算、保险、避险、金融咨询等服务产生直接需求。比如匹兹堡就通过大力发展金融、保险、法律、房地产、工程设计、科研开发等生产者服务业来助推城市转型。

三、模式创新体系:鼓励新业态发展

首先,在模式创新体系方面,地方政府和企业需要加强创新管理来促进世界城市由要素、投资驱动向效率、创新驱动的转型。政府的创新管理会体现在基础设施建设方面,比如制定相关制度和政策来引导和鼓励私人在公共基础设施方面的投资,尤其是一些排他性较强且投资收益较高的基础设施,如高速公路、剧院、购物广场等,同时,政府对投资于此的公司和企业给予税收和贷款优惠政策。另外,政府的创新管理还能通过产业政策和城市管理机制来引导普通制造业向外转移以及劳动力向服务业领域的流动,营造好适合现代服务业发展的软环境。比如班加罗尔相继出台了很多政策来促进 IT 产业发展。如 20 世纪 70 年代将硬件进口税从 100% 以上降至

40%,80年代将软件出口税从100%降至60%并进一步放松硬件和软件的进口规制,对100%出口导向的企业在一开始运营的8年内享有5年免税优惠待遇,90年代进一步降低软件进口税,进入21世纪后又逐步继续放松对IT产业的规制。① 值得一提的还有,印度政府在2000年出台的《IT行动计划》比世界贸易组织在1996年达成的《信息技术协议》中对软件业的定义扩展了很大范围,使数据接入、呼叫中心和其他办公支持运作也包括其中,从而保证了这些行业也能从软件出口的免税政策中获益。在二十世纪六七十年代,川崎所实施的都市规制政策,缓解甚至解决了产业、环境公害与都市过度集中问题,并通过填海造地、完善工业基础设施、促进道路、铁路网络建设等增强了川崎的招商引资能力,逐步培育和发展起新兴产业。中国香港、新加坡的自由港政策这一模式创新则有效地降低了交易成本,从而有利于吸引外资,并带动了航运、造船、仓储、宾馆、餐饮、金融等产业的蓬勃发展。

其次,建设和发展创新中介组织也是世界城市转型中的重要一环。为改善班加罗尔IT企业的融资条件,政府专门设立了10亿卢比的金融风险资本基金,由"小型企业发展银行"(SIDB)管理,并赋予IT软件和服务公司银行贷款"优先权",银行贷款也从资产评估变为合同评估。

四、空间创新体系:形成多中心布局

首先,世界城市在转型过程中非常注重国际合作,通过与全球各地的信息、物质、人才的交流,发挥出重要作用,逐步提高空间创新能力。转型成功的世界城市往往都有充满经济活力的广阔腹地,依托区域经济圈来发展服

---

① Rakesh Basant. Bangalore Cluster: Evolution, Growth and Challenges [EB/OL]. [2013-05-15]. India: India Institute of Management Ahmedabad, India, WP No.2006-05-02, https://core.ac.vkdownload/pdf6443598.pdf.

务业。比如伦敦、纽约和东京就分别位于世界六大都市圈之中,①这些经济圈的发展与世界城市功能的完善相辅相成、相互照应、不可分割,是世界城市发挥全球影响的坚强后盾。鲁尔区的转型也依托了区域经济圈,将以工业制造为主的城市群转变成以医疗、文化、旅游、物流等新兴产业为支柱的城市群,各城市在转型过程中相互扶持、共同发展。

其次,世界城市在转型成为贸易、金融、物流中心后,其他功能也得到了迅速发展,有很多有名的世界城市,比如伦敦、纽约、东京、香港、新加坡等,已经具备了文化功能、总部功能、中央商务区功能。即使是鲁尔区和匹兹堡,也具有了物流中心功能、工业文化中心功能、总部功能等。转型后的世界城市还会有多个中心,空间布局更为合理,比如东京就有银座、丸之内、日本桥、新宿等多个中央商务区。

第三节 后国际金融危机时期美德俄的创新理念

后全球金融危机时期,创新要素流动频繁、重组加快。以欧美发达国家发起的"再工业化"和"工业4.0"为代表,在世界范围内出现了新一波以政府主导为主要特征的智能制造业升级过程,根本动因在于尽快摆脱2008年金融危机的阴霾,进一步牢牢占据全球科技发展的制高点,在国际地位竞争中

---

① 六大都市圈包括:纽约大都市圈——从波士顿到华盛顿,包括波士顿、纽约、费城、巴尔的摩、华盛顿几个大城市,共40个城市;北美五大湖都市圈——从芝加哥向东到底特律、克利夫兰、匹兹堡,并一直延伸到加拿大的多伦多和蒙特利尔;东京大都市圈——从千叶向西,经过东京、横滨、静冈、名古屋,到京都、大阪、神户的范围;巴黎大都市圈——主要城市有巴黎、阿姆斯特丹、鹿特丹、海牙、安特卫普、布鲁塞尔、科隆等;伦敦大都市圈——以伦敦—利物浦为轴线,包括大伦敦地区、伯明翰、谢菲尔德、利物浦、曼彻斯特等大城市;长江三角洲都市圈——由上海、苏州、无锡、常州、扬州、南京、南通、镇江、杭州、嘉兴、宁波、绍兴、舟山、湖州组成。王战.提升上海国际竞争力:2004/2005年上海发展报告[M].上海:上海财经大学出版社,2005:186.

抢夺先机和话语权。这一轮科技创新主要是在政府主导下推进的,科技创新不再像以往那样被动式发展,而是各国制度设计的产物,显现出三大新趋势:首先,财政资金全面介入,注重战略规划与顶层设计,聚焦基础学科发展,打通产学研链条;其次,制造业升级全面展开,通过促进制造业和数字技术的融合,实现技术升级与产品创新;再次,城市发展全面转型,城市作为集聚科技创新资源的载体作用凸显,智慧城市蓬勃兴起,一定程度上缓解了就业压力。[①] 发达国家摆脱金融危机阴霾引领世界发展潮流的实践经验表明,创新驱动是一个国家和民族迈向高质量发展的重要引擎,每个国家需要探寻适宜各自创新驱动高质量发展的理念与构架。

一、美国的国家创新基础架构

在创新理念方面,美国注重国家创新基础架构建设,强化加大研发投资力度和转化创新成果所需的人力、物质和技术资本等创新的基本要素,并通过为创业和风险投资营造成熟的大环境来完善创业的竞争市场,确保美国公司在全球创新领域拥有国际竞争力。[②] 具备了前两个层面后,美国政府适当介入国家经济中一些特别重要的部门,推动国家重点项目取得突破性进展。

美国极其重视吸引和留住创新型人才,金融危机之前,外国人在美国获得博士学位后滞留率在50%以上。在经济全球化和信息技术革命的大环境下,科技创新人才资源得以比以往更自由地流动,美国充分利用其跨国公司、网络经济、移民制度、教育机制、福利优惠等,在全球范围内进行人才争夺。2009年9月,美国发布了《美国创新战略:推动可持续增长和高质量就业》,核心内容是要充分发挥企业和个人的创新潜力,促进新企业和新产业

---

① 李凌,李南山.上海建设全球科技创新中心的优势与挑战[J].上海市经济管理干部学院学报,2017,(6):32-40.
② 朱邦见.世界经济的复苏及其持续增长[J].新远见,2010,(3):30-36.

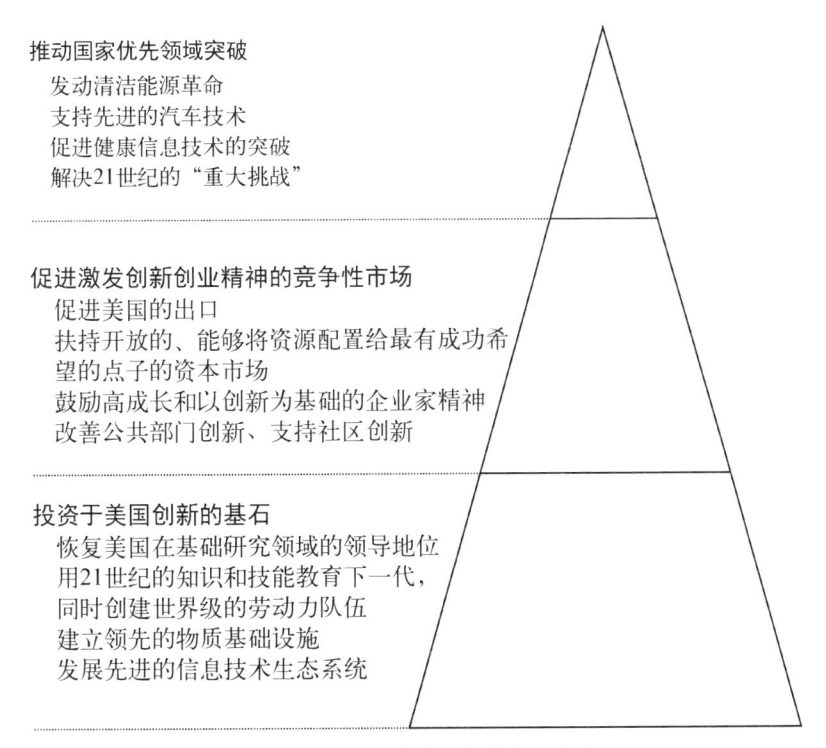

```
推动国家优先领域突破
    发动清洁能源革命
    支持先进的汽车技术
    促进健康信息技术的突破
    解决21世纪的"重大挑战"

促进激发创新创业精神的竞争性市场
    促进美国的出口
    扶持开放的、能够将资源配置给最有成功希
    望的点子的资本市场
    鼓励高成长和以创新为基础的企业家精神
    改善公共部门创新、支持社区创新

投资于美国创新的基石
    恢复美国在基础研究领域的领导地位
    用21世纪的知识和技能教育下一代,
    同时创建世界级的劳动力队伍
    建立领先的物质基础设施
    发展先进的信息技术生态系统
```

图 7-1 美国的国家创新基础架构

的发展,增加新就业。[1] 2010年8月11日,美国总统奥巴马签署了《制造业促进法案》,开始实施以"再工业化"战略为主导和以新能源革命为突破口的第三次工业革命,产品的升级换代周期将被大大缩短,很多产品在两年之内就会更新,而每一次产品的重大更新,都是"创造性破坏",[2]原有的核心技术被快速淘汰。第三次工业革命将对全球特别是新兴经济体的科技发展、能源结构、产业结构调整和布局产生重要影响。

2011年,美国又加强了对人力资源的投资,采取减免税等做法推动企业的创新,并在清洁能源、生物、纳米和先进制造技术、空间技术、医疗卫生、

---

[1] 王媛媛.美国推动先进制造业发展的政策、经验及启示[J].亚太经济,2017,(6):79-83.
[2] 在熊彼特看来,"创造性破坏"主要不是通过价格竞争而是依靠创新来实现的,每一次大规模的创新都淘汰旧的技术和生产体系,并建立起新的生产体系。

教育技术等领域实现了突破。2011年6月,美国提出"先进制造伙伴"(AMP)计划。2012年3月奥巴马政府进一步提出建立"国家制造创新网络"(NNMI)计划,这是继颁布《重振美国制造业框架》《制造业促进法案》、启动"先进制造伙伴"计划,以及设立白宫制造业政策办公室以来,美国实施"再工业化"战略的又一重要步骤,也是奥巴马政府"利用行政权力推动制造业复苏和经济发展"的重大举措。国家制造创新网络计划由15个具有共同目标、相互关联但又各有侧重的制造业创新研究院(IMIs)组成,计划投入10亿美元。到2013年7月研究院数量被修正为10年内达到45个,并在2015财年的预算中增加投入。目前美国已经成立了4家制造业创新研究院,分别是国家增材制造、新一代电力电子制造、数字制造与设计、轻质现代金属制造。每一个研究院都旨在发展成为一个地区枢纽,汇聚产学研等各方力量,联合联邦机构共同投资技术领域,连接技术应用与产品开发。[①]

2014年美国进一步扩大联邦资助科研项目发表论文开放获取的范围,推动支持全社会利用政府数据进行创新创业;通过改善专利审批程序,为独立发明人与中小企业提供法律援助等;推广"创新团队计划",加快联邦资助技术成果的商业化推进国家实验室系统改革增强其创新贡献;继续通过推进国家制造业创新研究所的建设、设立先进制造领域学徒计划等措施促进先进制造创新;增强联邦与私营部门合作改善STEM教育。[②]

2015年10月底,美国国家经济委员会和科技政策办公室联合发布新版《美国国家创新战略》,首次公布了维持创新生态系统的六个关键要素,包括基于联邦政府在投资建设创新基石、推动私营部门创新和武装国家创新者三个方面所扮演的重要角色而制定的三套战略计划,分别是创造高质量工作和持续的经济增长、催生国家重点领域的突破、为美国人民提供一个创

---

① 丁明磊,陈志.美国建设国家制造业创新网络的启示及建议[J].科学管理研究,2014,(5):113-116.
② 张秋菊.预算紧缩环境下的美国科技与创新政策新举措[J].全球科技经济瞭望,2015,(9):22-26.

新型政府。新版《美国国家创新战略》在此基础上强调了以下九大战略领域：先进制造、精密医疗、大脑计划、先进汽车、智慧城市、清洁能源和节能技术、教育技术、太空探索和计算机新领域。《美国国家创新战略》指出，创新环境主要包括益于创新的知识产权制度、保护创新的反垄断执法等，建立完善的创新环境可以充分调动创新的积极性，要将环境建设摆在极其重要的位置，构建创新友好环境作为滋生创新的土壤。①

二、德国的"工业4.0"战略

德国内阁于2010年7月14日通过由联邦教研部主持制定的《2020高科技战略》，重点关注气候/能源、保健/营养、机动性、安全性和通信五大领域。为确保《2020高科技战略》有效推进，德国联邦政府预计每年投入50亿欧元，同时将投入高科技的资金占比提升至GDP的1%，除此之外，还有专门针对中小企业的资助项目。德国财政资金重点资助三类创新活动：一是对处于初创期的高科技公司进行州层面的资金资助；二是为没有能力租用展台的小企业提供展示的机会；三是为支持企业与大学合作"牵线搭桥"。另外，企业可以从欧盟、联邦和州三个层面同时申请，最多申请到整个研发支出的50%的资助。为了避免财政资金使用效率低下，德国政府对财政资金的资助规则作出了严格规定，包括资助对象是项目而不是行业、资助资格需要经过充分竞争获取、专家委员会全程介入资助始末，以及市场化托管资助资金等。② 为了全面提升德国工业竞争力，在新一轮工业革命中占领先机。

2013年4月，德国政府于汉诺威工业博览会上，正式提出"工业4.0"战略。在德国工程院、弗劳恩霍夫协会、西门子公司等德国学术界和产业界的推动，以及德国联邦教研部与联邦经济技术部联手资助下，该项目升级为国

---

① "美国发布新版国家创新战略"，国家知识产权战略网，参见 http://www.nipso.cn/onews.asp?id=37355。
② 根据牛智敬等撰写的新闻报道改写而成，具体参见牛智敬，顾乡.德国如何保证创新财政补贴不被滥用[N].第一财经日报，2015-04-23，(A16).

家战略,德国联邦政府投入2亿欧元。

2014年9月3日,德国内阁通过了名为"创新为德国"新高科技战略。新高科技战略旨在确保德国创新政策的连贯性,进一步加强德国的繁荣和经济增长。新战略的重点在于改善创新的整体环境,并将科研成果快速转移为具有经济效益的产品、工艺和服务。为此,德国政府在2014年和2015年分别投入了140亿欧元。极富前瞻性的投资,体现了德国政府试图把德国打造成为全球创新领导者的目标。①

三、俄罗斯的国家创新体系

俄罗斯的创新理念重在通过建立起完善的创新体系来提高俄罗斯的全球竞争力,将俄罗斯建设成为世界主要强国之一。

2008年11月17日,《俄罗斯2020年前经济社会长期发展战略》发布,确定了使经济社会发展水平足以支撑俄罗斯作为21世纪世界强国的地位,使俄罗斯在全球经济竞争中处于超前地位,保障俄罗斯的国家安全,并且维护好公民的宪法权利的总体目标。具体目标是2015—2020年按购买力平价计算的俄罗斯GDP规模进入世界前五强。② 国家创新发展是实现该战略的唯一现实的选择,俄罗斯将进一步加大国家在创新发展中的参与程度及投资规模。到2020年,俄罗斯的国内研发支出应占到国内生产总值的3%(原为2.4%,2009年实际为1.24%),国家财政拨款不低于45%。某些类别的创新合同与计划将被纳入常规预算,兼并与收购程序要进一步简化,并通过改进税收条件和服务环境来鼓励企业创新。在加速俄罗斯经济向创新驱动转型的同时,要逐步建立高效、灵活、适宜的新经济体系,所实施的创新政策要注意与科技、工业政策方面的利益统一。俄罗斯国家创新发展战略还要求完善信息基础设施,建立职业创新管理制度,资助国家科学系统的机

---

① 康科.德国高科技创新战略剖析[J].中国工业评论,2015,(9):44-50.
② 李君如.抓住和用好我国发展的重要战略机遇期[J].国际展望,2011,(2):1-15.

构,在科技界、行业间建立研究管理的新型模式,制定对工业和创新科技研发进行激励的相关法律、法规,并研究对研发者的科学评价体系,调整知识产权和技术转让的关系,大力开展国际交流,逐步加强产学研合作。

2012年12月,俄罗斯出台《俄罗斯2013—2020年国家科技发展纲要》,指出在2013—2020年,俄罗斯将完成五项任务,发展基础科学研究;在科技发展优先方向建立前沿性的科技储备;统筹科技研发部门的发展,完善其结构、管理体系及经费制度,促进科学和教育的结合;构建科技研发部门现代化的技术装备等基础设施;保障俄罗斯研发部门与国际科技平台接轨。俄罗斯优先发展的基本任务主要是:发展高科技产业(核能、航空航天等)为发展俄罗斯技术密集型经济打好技术基础;为医疗、农业、交通、能源、建造等行业对科技创新的需求提供支撑;解决国家安全问题。其具体投入的领域包括以下八类:一是信息系统相关,包括计算机结构及系统、电信技术、信息处理技术、电子设备和机器人、信息安全、算法和软件开发等;二是生物学相关,基因组分析、合成生物学、生物工程、免疫生物学、生物细胞技术,工业、农业、环境、食品、森林生物技术等;三是医疗与卫生,个性化医疗的分子诊断、人蛋白质组分析、生物医学细胞技术等;四是新材料和纳米技术,结构材料、功能材料、混合材料和融合技术、材料和工艺的计算机模拟技术、材料诊断等;五是运输和空间系统,提高运输系统的安全性和环保性能等;六是自然资源的合理利用,保护环境和生态安全的技术、环境监测、评估和预测自然灾害、矿产资源的勘探、开采和集成技术的研究等;七是能源效率和节能,新能源技术、未来智能能源系统、能源的有效利用、未来能源的新材料和催化剂等;八是社会经济和人文的跨学科研究,模拟和预测世界及国内社会经济和政治领域的科技发展趋势、经济活动新机制、人类潜能的发展、社会稳定和团结、地区和城市化可持续发展等。[①]

---

① 田恬.国外科技创新政策概览[J].科技导报,2016,(4):111-113.

上海实践篇

第八章
创新驱动与上海"四个中心"建设

上海于20世纪90年代中期明确提出"四个中心"建设目标,即国际经济中心、国际金融中心、国际贸易中心和国际航运中心,其间尽管对"四个中心"建设的内涵、格局,以及"四个中心"轻重顺序排列有所改变,但将"四个中心"作为上海城市转型的目标却是共识。为了实现这一目标,上海于"十五"开始尝试和探索城市转型,"十一五"期间确立了"以服务经济为主的产业结构"的经济产业转型发展方向,"十二五"期间率先提出了"创新驱动、转型发展"发展主线,①基本勾勒出以"创新驱动发展、经济转型升级"为路径,以"四个中心"建设为目标的城市转型蓝图。"十三五"发展的总体目标是,"努力当好全国改革开放排头兵、创新发展先行者","形成具有全球影响力的科技创新基本框架;建立健全更加成熟、更加定型的国际化、市场化、法治化制度规范;基本建成国际经济、金融、贸易、航运中心和社会主义现代化大都市;在更高水平上全面建成小康社会"。为此,阐明创新驱动与"四个中心"建设之间的关系,就能理解上海城市发展转型主线,也是立足新的历史

---

① 2010年上海市政府发展研究中心组织了关于上海"十二五"规划的大讨论,《文汇报》和《解放日报》连续发表10多篇讨论文章。由中心按照市领导的要求编制的"十二五"前期的规划思路研究,以及各项专项规划讨论和"十二五"规划编制讨论也逐渐将研究的主要观点聚焦到创新的发展主线上来,2010年11月9日召开的中共上海市委九届十三次全会上指出:上海未来的发展道路必须坚持"创新驱动、转型发展"的发展主线。2012年党的十八大提出在国家层面要实施创新驱动发展战略。党的十八届三中全会之后,上海把十二五主线"创新驱动、转型发展"调整为"创新驱动发展、经济转型升级"。

方位,促进上海城市功能升级与创新动力再造的关键。①

第一节　关于上海"四个中心"建设的六个基本判断

一、上海城市发展的阶段性特征

从20世纪90年代中期特别是21世纪以来,上海"四个中心"建设的进展如何? 在全球化视野和国际比较中,应当如何科学、客观、准确地评价上海"四个中心"建设现状,"四个中心"的建设目标能否在2020年实现?"创新驱动发展、经济转型升级"和"四个中心"之间是怎样的关系? 上海城市转型的主线只能有一条,是"创新驱动发展、经济转型升级"还是"四个中心"建设? 同时,"四个中心"的内部又是怎样的关系,尤其是经济中心的确切内涵及其同另外三个中心之间的关系应当如何处理? 2020年基本建成"四个中心"的突破口与政策抓手又在何处? 在创新驱动的引领下,"四个中心"将向何处发展?

二、上海"四个中心"建设的六个基本判断

通过对上海"四个中心"建设的发展历程、内涵特征、国际对标、影响变量与发展趋势的梳理,形成如下基本判断。

第一,得益于区位优势与转型条件,上海已基本形成与"四个中心"相匹配的城市发展规模与发展阶段。一是从空间规模来看,上海城市占地面积达6 340.5平方千米,是四个直辖市中面积最小的一个,小于北京(16 410.5

---

① 本章的一个早期版本系上海社会科学院经济研究所课题组:创新驱动发展与上海"四个中心"建设关系研究[J].上海经济研究,2014,(10):3-15.课题组成员:沈开艳、雷新军、李凌(执笔)、程韬、周佳雯。入选本书时,内容略有增减。

平方千米)、天津(11 946 平方千米)、重庆(82 402 平方千米),也小于广州(7 434 平方千米),但比香港(1 104 平方千米)、纽约市(1 214 平方千米,包括海域)、伦敦(1 577.3 平方千米)和东京都(2 188 平方千米)等国际大都市的面积都大。① 上海地处长江三角洲城市群,在世界六大城市群中人口总量位居第二,依托长三角腹地且面向海外,由此形成的网络结构使得上海处于中西方文明的交汇点。二是从人口规模来看,2013 年年底上海常住人口规模达到 2 415.15 万人,高于北京(2 069.3 万人,2012 年),成为全国人口首位城市(城市人口首位度 1.167),也高于纽约(1 937.8 万人,2010 年)和伦敦(775.36 万人,2009 年)。三是从经济规模来看,2013 年上海全年 GDP 接近 2 万亿,居全国经济规模首位城市(城市经济首位度 1.129,第二位是北京)。② 四是从发展阶段来看,2013 年上海人均 GDP 达到 14 653 美元,在省和直辖市的排名中,仅次于天津(16 419 美元)与北京(15 216 美元),在城市排名中,位列第 29 名,居国内领先位置;但与香港(38 797 美元)、新加坡(52 179 美元)、纽约(13.68 万美元,2010 年)仍相去甚远,在国际上属于中等偏上富裕水平。

第二,在"四个中心"建设层面,与服务经济相匹配的体制机制尚待建立与完善。上海"四个中心"建设始终呼应城市功能提升的转型发展主线,从工业化单一城市功能向金融、贸易、航运等多功能的城市转型升级也已全面展开,城市综合功能和国际经济中心地位不断增强,但与服务经济相匹配的体制机制仍有待建立与完善。2012 年上海第三产业占比迈上 60% 新台阶,2013 年达到 62.2%,标志着上海已经进入服务经济为主的发展阶段,特别是在 2008 年国际金融危机之后,金融市场交易额、货物贸易规律和集装箱

---

① 可能更为合理的是用上海中心城区的面积与国际大都市的面积进行比较。上海中心城区是指上海外环线以内的区域,面积约 660 平方千米,小于香港、纽约市、伦敦和东京都等国际大都市。上海中心城区区域包括:黄浦区(黄浦区、原南市区、原卢湾区)、徐汇区、长宁区、杨浦区、虹口区、普陀区、静安区(静安区、原闸北区)以及浦东新区的外环内城区(浦东外环线以内的城区)。
② 近年来,上海经济增速放缓,2013 年下降至 7.7%,在全国重点监测的 60 个城市中,排名第 57 位。

吞吐量迅猛增长，对世界的影响力也在逐步提升，为基本建成"四个中心"目标奠定了雄厚的基础。然而，从"四个中心"建设的关键内涵来看，国际金融中心取决于人民币的国际化地位、国际贸易中心取决于大宗商品的定价权、国际航运中心取决于转口贸易规模，在这些方面，上海不仅缺乏核心优势，而且与服务经济发展相匹配的税收制度、社会征信制度、金融监管制度、海关监管制度、市场准入制度等体制机制还有待建立与完善。为此，体制机制创新是城市转型更为深刻的内涵，上海在2020年能否建成"四个中心"有赖于能否推进与服务经济发展相适应的体制机制。

第三，未来影响"四个中心"建设路径的关键变量将转向科技创新与业态创新。全球化与信息化交互作用背景下，随着上海开放度的不断提升，未来影响"四个中心"建设路径的关键变量将从以往传统的物质生产力，逐步转向信息生产力所决定的科技创新与业态创新变量，使得通往"四个中心"的道路既不能简单套用国际经验，也不能墨守成规，而是要牢牢把握全球化与信息化发展的特点，顺势而为。首先，"世界经济重心东移——亚洲新兴市场国家兴起"为上海"四个中心"建设创造了迎接新产业革命的契机，上海或将立足国际层面参与全球城市网络竞争与合作。其次，信息化赋予城市集聚与辐射功能以"流"的特征，城市日益取代国家，成为全球生产和服务网络的空间载体，而国家要素的作用正日趋减弱，在此背景下，上海未来"四个中心"建设的路径或将发生颠覆性改变。这其中的一些关键性变量不容忽视，例如，以互联网和数字技术为载体的科技创新，如大数据管理、云计算、移动网络等，以及以平台经济为代表的商业模式创新，如互联网金融等。新的空间流动意义上的要素集聚与功能辐射成为"四个中心"建设所必须面对的新挑战。

第四，"创新驱动发展、经济转型升级"与"四个中心"建设的关系统一于城市转型过程之中。"创新驱动发展、经济转型升级"是实现"四个中心"的路径，而"四个中心"是创新转型的目标，两者是路径与目标的关系；同时，"创新驱动发展、经济转型升级"又是挖掘上海城市转型动力的重大战略举措,而"四个中心"则体现了城市的综合功能,因此,"创新驱动发展、经济转型升级"和"四个中心"建设又是战略与功能的关系,两者统一于城市转型的过程之中。"创新驱动发展、经济转型升级"贯穿于经济社会发展的各个环节和全过程,着力推进包括知识创新、技术创新、组织创新、模式创新、空间创新和制度创新在内的一系列从发展理念到体制机制的重大转变,着力激发创新活力,营造创新环境,在创新中推动转型发展,使创新成为经济社会发展的主要驱动力。现阶段,上海推进实施"创新驱动发展、经济转型升级"战略有三个重点领域,分别是技术创新与生产工艺转型、业态创新与市场模式转型及体制机制创新与政府职能转型。

第五,创新驱动发展赋予国际经济中心新内涵与新载体,即全球科技创新中心。上海国际经济中心与全球科技创新策源地的目标定位,符合新产业革命发展趋势;也符合"创新驱动发展、经济转型升级"的内在要求;有助于上海形成基于产业融合的新的传统优势产业改造路径,将金融、贸易和航运中心的动态优势溯及科技创新的本源,也更有助于上海实现从技术引进到自主创新的转型升级,实现以需求引导而不是扶持产能的产业化应用模式创新。一是从建设手段来看,应着力于数字技术、生物科技和信息化、平台模式的有机组合;二是从建设目标来看,国际经济中心不是传统意义上的产能量化基地,而是世界科技创新的风向标;三是从建设特点来看,应体现为先进制造业和现代服务业的融合发展;四是从建设路径来看,应选择效率驱动下的"四个中心"联动发展。

第六,国际经济中心统摄另外"三大中心",科技与文化因素对于产业融合意义重大。"四个中心"之间既不是平行关系,也不是并列关系,金融、贸易与航运中心统摄于国际经济中心,但"三个中心"的简单加总不等同于国际经济中心,而应当提倡"四个中心"的协调发展、联动发展,强调科技、文化因素对于产业融合的重要意义。从历史上看,20 世纪 90 年代中期上海提出国际金融、贸易、航运中心建设目标,明确指向发展服务经济,原因在于这三个中心是当时上海城市功能建设中最为紧迫和薄弱的领域,大力推进三个中心建设,有助于上海城市辐射能力和集聚能力提升,早日建成国际经济中心。然而,随着上海城市综合功能的不断提升,把国际经济中心理解为金融、贸易、航运功能的简单加总具有一定的历史局限性。在未来,"四个中心"的发展将在一定程度上摆脱过去片面地在规模经济和全能城市方面的评判标准,而是秉承上海自开埠以来根植于城市基因与文化之中的"开放—改革—创新—转型"元素,融入世界城市网络体系,实现"四个中心"的升级版。为此,即便是处在从制造业中心转向服务中心的转型过程中,也不应片面地发展服务业,而简单抑制或排斥制造业的提升发展;更不能单纯追求现代服务业的发展,而忽略对传统服务业的升级,这就是"四个中心"协调发展、联动发展所蕴含的深刻思想。

第二节　上海创新驱动与"四个中心"建设历程回溯

上海的转型发展是中国转型的一个缩影,体现国家战略与经济转型的速度、路径和方向。20世纪80年代上海是一座工业化城市,城市功能相对单一,1990年浦东开发开放为上海注入了活力,也使上海在全国的定位从"后卫"冲到了"前锋";90年代,上海进入改革阵痛期,大量国企员工下岗,市场主体培育艰难,服务业占比迅速提升,上海从工业化城市向后工业化城市转型;21世纪的第一个10年,上海深化对外开放,与国际接轨,进一步明确了"四个中心"的发展目标。2010年,上海于"十二五"初期提出"创新驱动发展、经济转型升级"的发展主线,并不断通过实践丰富新发展战略的理论内涵与实现路径,"创新驱动"城市转型,向2020年基本建成"四个中心"和国际现代化大都市迈进。

一、20世纪80年代：完备的工业体系与"上海经济发展战略"转型意向

20世纪80年代中期以前，作为"共和国经济长子"，上海以综合型工业基地的身份，建立起国内最为完备的工业体系，在冶金、钢铁、化工等领域处于国内领先水平，创造了工业总产值、出口总值、财政收入、人均国内生产总值等10个全国第一。鉴于世界新技术革命的严峻挑战和国际、国内两个市场的激烈竞争，上海于1984年启动"上海经济发展战略研究"，历经两轮专家研讨之后，由国务院改造振兴上海调研组与上海市政府共同形成《关于上海经济发展战略汇报提纲》报送中央，提出上海经济发展必须实行战略转移，大力发展第三产业，成为我国最大的经济中心和最重要的对外开放城市。

基于上海经济发展战略的判断，上海于1986年制定了解放后第一个《上海城市总体规划方案》，国务院在同意规划的批复意见中进一步指出"把上海建设成为太平洋西岸最大的经济贸易中心之一"。这是首次把上海置于国际的大格局中进行城市定位。

二、20世纪90年代初：浦东开发开放与上海发展的国家战略高度

20世纪90年代初，尽管上海经济发展战略研究已对上海的城市发展重大转型提出蓝图设想，但因城市建设相对落后和产业结构积重难返，城市发展战略调整始终比较缓慢。上海迫切需要寻找撬动城市改革开放全局的一个战略支点，就在此时，浦东的开发开放成为一次重大的历史机遇。

1990年2月，上海向党中央和国务院提交了《关于开发浦东的请示》。1990年3月3日，邓小平提出了关于上海战略地位的一个重要判断："上海是我们的王牌。"1990年3月底到4月初，国务院姚依林副总理到上海进行浦东开发问题的专题调研，形成了《关于开发和开放浦东几个问题的汇报提纲》上报国务院。

1992年4月李鹏总理在国务院《政府工作报告》中指出,"通过上海浦东的开发开放带动长江三角洲地区乃至整个长江流域经济的发展,逐步使上海发展成为远东地区经济、金融、贸易中心之一"(以下简称"远东三中心")。这是首次在国家重要文件中专门提及上海的发展开放事务,上海的发展正式上升成为国家战略。上海的国际定位由此从1986年对《上海城市总体规划》批复时的"西岸二中心"提升为"远东三中心"。

1992年10月的中共"十四大报告"以党的纲领性文件形式记录了对于上海、浦东的战略部署:"以上海浦东开发开放为龙头,进一步开放长江沿岸城市,尽快把上海建成国际经济、金融、贸易中心之一,带动长江三角洲和整个长江流域地区经济的新飞跃。"从中将上海的城市定位从"远东三中心"提升为"国际三中心"。

三、世纪之交:"迈向21世纪的上海"与国际化大都市建设

21世纪全球发展的新趋势、新挑战扑面而来,给上海城市转型带来新契机、新挑战。自1993年下半年开始,上海启动了新一轮的战略研究《迈向21世纪的上海》。这是继80年代初中期的"上海经济发展战略"后最为关键的全局性战略研究与规划设计。报告及时把握了20世纪90年代刚刚兴起的世界城市及其网络等级体系研究的最新成果,提出了上海在全球意义上"再度崛起为国际经济中心城市"的命题,指出定位国际经济中心城市的上海应具备集散、生产、管理、服务和创新五大功能。

1996年通过的《上海市国民经济和社会发展"九五"计划与2010年远景目标纲要》全面吸收了《迈向21世纪的上海》的研究成果,提出新的城市奋斗目标是:"到2010年,为把上海建成国际经济、金融、贸易中心之一奠定基础,初步确立上海国际经济中心城市的地位。"作为对上海城市定位的修订,此次在"国际三中心"之外,把"现代化国际城市"正式修订提升为"国际经济中心城市"。

2001年5月,国务院批复并原则同意《上海市城市总体规划(1999—

2020)》,明确指出,把上海建设成为经济繁荣、社会文明、环境优美的国际大都市,国际经济、金融、贸易、航运中心之一。由此,上海的城市定位从"三个中心和国际经济中心城市"提升到"四个中心和现代化国际大都市"。

2006年,胡锦涛在十届全国人大四次会议上,要求上海率先转变经济增长方式,把经济社会发展切实转入科学发展轨道;率先提高自主创新能力,为全面建设小康社会提供强有力的科技支撑;率先推进改革开放,继续当好全国改革开放的排头兵;率先构建社会主义和谐社会,切实保证社会主义现代化建设顺利进行,大力推进国际经济、金融、贸易、航运"四个中心"建设。

四、后金融危机时代:"创新驱动发展"与"四个中心"建设

2008年美国爆发金融危机,后升级为全球金融危机。为了更加有效应对危机,2009年3月,国务院常务会议通过了《国务院关于推进上海加快发展现代服务业和先进制造业建设国际金融中心和国际航运中心的意见》,首次从国家层面对上海国际金融中心、航运中心建设的目标、任务、措施等内容进行了全面部署。该《意见》是在综合考虑国内外环境的基础上,进一步对上海"四个中心"建设的统筹部署。

"十二五"时期,上海面对的国际、国内形势再度发生深刻变化。这一时期既是国际金融危机的经济复苏期,也是全球产业分工格局、贸易格局、世界经济重心与经济力量对比、全球治理结构的重大调整期,同时也是国内转变经济发展方式的关键时期。上海不仅肩负着代表国家参与国际竞争、国际规则制定和争夺经济话语权的历史重任,同时也需要在我国工业化与城市化进程中充分发挥助推、引领作用。

2010年7月,国务院正式批准实施了《长江三角洲地区区域规划》,这是继《工作方案》后,国务院批准实施的第二份关于长三角发展蓝图的里程碑式文件。该《规划》明确提出:以上海为发展核心。优化提升上海核心城市的功能,充分发挥国际经济、金融、贸易、航运中心作用,大力发展现代服

务业和先进制造业,加快形成以服务业为主的产业结构,进一步增强创新能力,促进区域整体优势的发挥和国际竞争力的提升。

2012年,俞正声在上海市第十次党代会上作了题为《创新驱动、转型发展,为建设社会主义现代化国际大都市而奋斗》的报告。报告提出,上海要在今后5年着力实现创新驱动发展、经济转型升级,为建设社会主义现代化国际大都市的奋斗目标。作为新时期、新阶段的总方针和发展主战略,"创新驱动发展、经济转型升级"成为上海抓住战略机遇期推进"四个率先"、建设"四个中心"的迫切要求,是在更高起点上推动科学发展的必由之路。

2015年3月5日,习近平总书记在参加十二届全国人大三次会议上海代表团审议时强调,"上海要按照全面建成小康社会、全面深化改革、全面依法治国、全面从严治党的战略布局,凝心聚力,奋发有为,继续当好全国改革开放排头兵,创新发展先行者,为全国改革发展稳定大局作出更大贡献"。

2015年5月26日,上海发布《关于加快建设具有全球影响力的科技创新中心的意见》,涉及奋斗目标和总体要求、建立市场导向的创新型体制机制、建设创新创业人才高地、营造良好的创新创业环境、优化重大科技创新布局五大方面内容,简称"科创22条"。

2017年年底,上海再次明确,要在新时代坐标中坚定追求卓越的发展取向,着力构筑上海发展的战略优势,全力打响上海服务、上海制造、上海购物、上海文化四大品牌。2018年4月24日,上海发布《关于全力打响上海"四大品牌"率先推动高质量发展的若干意见》以及全力打响"上海服务""上海制造""上海购物""上海文化"品牌的四个《三年行动计划》。全力打响"四大品牌",是上海更好落实和服务国家战略、加快建设现代化经济体系的重要载体,是推动高质量发展、创造高品质生活的重要举措,也是当好新时代全国改革开放排头兵、创新发展先行者的重要行动。为系统推进"四大品牌"建设,相关部门建立了"1+4+X"框架体系。"1"是制定出台一个指导性总体意见,加强顶层设计和整体部署;"4"是制定四个《三年行动计划》,分别明确打响"四大品牌"的主要目标、重点任务和工作措施;"X"是落地落细一批专项行动,首批为43个。

表8-1 上海城市发展战略定位变迁

时间	建设内容	来源文件
1980年	社会主义工业城市	《上海长远规划设想(1981—1990年)》
1986年	太平洋西岸最大的经济贸易中心之一	国务院关于《上海城市总体规划方案》的批复意见
1992年4月	远东地区经济、金融、贸易中心之一	中国国务院1992年度《政府工作报告》
1992年5月	远东地区经济、金融、贸易中心之一和现代化国际城市	《浦东新区国民经济和社会发展十年规划和"八五"计划纲要》
1992年10月	国际经济、金融、贸易中心之一	党的十四大报告
1996年	国际经济、金融、贸易中心之一和国际经济中心城市	《上海市国民经济和社会发展"九五"计划与2010年远景目标纲要》
2001年	国际经济、金融、贸易、航运中心之一和社会主义现代化国际大都市	《上海市国民经济和社会发展第十个五年计划纲要》
2006年	国际经济、金融、贸易、航运中心之一和社会主义现代化国际大都市	《上海市国民经济和社会发展第十一个五年计划纲要》
2009年	推进上海加快发展现代服务业和先进制造业,建设国际金融中心和国际航运中心	《国务院关于推进上海加快发展现代服务业和先进制造业建设国际金融中心和国际航运中心的意见》
2010年	基本建成国际经济、金融、贸易、航运中心和社会主义现代化国际大都市	《上海市国民经济和社会发展第十二个五年规划的建议》
2014年5月	具有全球影响力的科技创新中心	2014年5月23—24日习近平总书记在考察中国(上海)自贸区和高新技术企业时的讲话
2015年3月5日	当好全国改革开放排头兵、创新发展先行者	十二届全国人大三次会议

续 表

时 间	建 设 内 容	来 源 文 件
2015年5月26日	跻身全球重要的创新城市行列	《关于加快建设具有全球影响力的科技创新中心的意见》
2018年4月24日	全力打响"上海服务""上海制造""上海购物""上海文化"四大品牌	《关于全力打响上海"四大品牌"率先推动高质量发展的若干意见》

注：1996年，"航运中心"的提法已经出现，基本确立了"四个中心"的发展目标，但并未出现在当年的五年规划之中。

第三节 上海创新驱动与"四个中心"建设总体评价

2006年上海在公布的《上海市国民经济和社会发展第十一个五年计划纲要》中，相对完整且比较详细地描绘上海"四个中心"建设的基本框架，并在《上海市国民经济和社会发展第十二个五年规划纲要》中进行了深化。"十一五"以来，在"四个中心"建设和现代化国际大都市目标的指引下，上海的城市转型取得了丰硕成果：城市经济综合实力、科技创新能力稳步提升；先进制造业、现代服务业发展态势良好，金融业产出、对外贸易额、货物运输量持续增长；金融市场体系进一步完善，金融机构加速聚集，市场流通规模逐年扩大，航运服务功能不断健全。然而，也应当看到，跟纽约、伦敦、东京等世界城市相比，上海仍有不小的差距，国内城市北京、深圳、天津等也在积极利用自身优势追赶上海，而且随着全球化和信息化的交互作用，未来影响城市转型的关键变量呈现出数字化、平台化、流动性、复杂性等新特点，"四个中心"建设面临着诸多方面的严峻挑战。

一、创新驱动与"四个中心"建设取得新突破

一是成效显著。集中体现为"四个中心"与现代化国际大都市建设取得新突破（见表8-2），从与《上海市国民经济和社会发展第十二个五年规划纲要》提出的"十二五"期末指标体系的比较来看，大部分指标在2013年年末已接近目标值（见表8-3，第二、第三列）。金融保险房地产就业全国占比、股票市值全球占比、航运保险收入全球占比、社会消费品零售总额、国内游客人数、展会总面积等指标的实际值超过目标值，物流业增加值全市占比显著提升。

表8-2 上海"四个中心"重要突破与标志事件

"四个中心"	重 要 突 破	标 志 事 件
国际金融中心	金融市场规模进一步扩大，金融市场功能进一步增强； 跨境贸易人民币结算规模持续扩大； 功能性金融机构集聚能力进一步提升	股票交易额全球第4位，股票市值全球第7位，黄金现货交易量连续多年保持全球第1位； 上海跨境人民币结算总量超过5 000亿元，居全国前列； 外资法人银行、合资证券公司、合资基金管理公司、外资法人财产险公司均占全国总数一半以上
国际航运中心	港口货物吞吐量世界领先，现代航运集疏运体系不断优化； 现代航运服务体系进一步完善，在国际航运市场上的话语权明显提升； 现代航运集疏运体系不断优化，外高桥港区、洋山深水港建设加快	上海港货物吞吐量、集装箱吞吐量连续保持全球第一； 散集箱、干散货、原油等运价指数及船舶价格指数相继发布； 洋山保税港区船舶登记工作取得了实质性进展
国际贸易中心	贸易总量快速增长，服务贸易表现突出； 商贸环境进一步改善； 中国（上海）自贸区设立	保税区商品销售额、工商税收占全国110个海关特殊监管区域的比重超过50%； 服务贸易占全国的比重达1/3； "国家进口贸易促进创新示范区"正式揭牌，成为全国第一个国家级的进口贸易促进创新示范区，虹桥商务区成为国际贸易中心的新承载地

续表

"四个中心"	重要突破	标志事件
国际经济中心	产业结构进一步优化,城市服务功能增强; 城市创新能力显著提高	三产就业占比超过50%,增加值占比超过60%; 研发经费支出占全市生产总值的比例超过3%

资料来源:上海市政府发展研究中心:《上海市"十二五"规划纲要实施总体进展评估(2013)》。

表8-3 上海"四个中心"发展现状的核心指标评判

核心指标	上海 实际值(2013)	上海 目标值(2015)	上海 实际值(2015)	纽约	伦敦	东京
人均GDP(万美元)	1.45	1.7#	1.67	13.68(2010)	9.3(2007)	6.5(2011)
经济规模全国占比(%)	3.8	4.0#	3.7	8.1*(2008)	22(2012)	≈60(2012)
金融业增加值全国占比[b](%)	12.6(前三季度)	15	7.2	17.7*(2012)	43.0(2006)	36.5(2009)
金融保险房地产就业全国占比[c](%)	5.7(2012)	6.0#	6.2	17.3(1985)	18.2(1985)	6.7(1996)
股票市值全球占比[a](%)	3.9	3.0#	6.1	33.5	6.9	7.1
外汇日均交易全球占比[a](%)	0.66	2.00#		18.93	40.86	5.61
航空旅客进出港数量(万人次)	8 279.2(全球第七)	10 000	9 918.9	全球第二	全球第一	全球第三
航空货邮吞吐量(万吨)	335(全球第三)	550	371			
港口货物吞吐量(万吨)	7.76(全球第一)	全球第一	7.71			
航运保险收入全球占比[c](%)	1.0(2010)	1.2#	2.75(1—11月)	7.6(2010)	20.1(2010)	10.6(2010)

续 表

核心指标	上海 实际值(2013)	上海 目标值(2015)	上海 实际值(2015)	纽约	伦敦	东京
二手船舶交易额[c](亿元)	25(2009)	35#			1 223(2009)	
物流业增加值全市占比(%)	4.07	13.0	12.2			
服务贸易进出口总额(亿美元)	1 725.4	≥2 000	1 966.72			
转口贸易规模占比[f](%)	4(2009)	6#		香港75%、新加坡35%(2009)		
社会消费品零售总额(亿元)	8 019	10 000	10 131.5			
信息服务业经营收入(亿元)(GDP占比%)	4 317.29(20)	6 000	4 856.84(18.9)			
文化创意产业增加值占比(%)	11.29	≈12	≈12			
国内游客人数(亿人次)	1.14	2.40	2.76			
入境游客人数[d](万人次)	757.4	≥1 000	800.1	838	1 522	594
外籍人口全市占比[d](%)	0.9	2.0#	0.74	36.8	30.8	2.4
展会总面积(万平方米)	1 200	1 500	1 512.98			

注:2015年目标值来自《上海市国民经济和社会发展第十二个五年规划纲要》,其中打"#"数据来自课题组估计;2013年和2015年实际值来自上海统计局发布的相应年份《上海市统计年鉴》和《上海市国民经济与社会发展统计公报》;2015年物流业增加值全市占比实际值来自《上海市现代物流业发展"十三五"规划》;2015年航运保险收入全球占比实际值根据第一财经日报的一则报道内容估算,详见"中国成全球第二大航运保险市场,上海占据高地",http://money.163.com/16/0113/08/BD6PHF1F00253B0H.html。纽约、伦敦和东京的数据,a栏来自世界交易所联合会;b栏来自日本总务省统计局《县民经济核算》、Focus on London(2008)、美国经济分析局;c栏来自新浪财经;d栏来自罗伯特·保罗·欧文斯(Robert Paul Owens).2012年世界城市文化报告[M].上海:同济大学出版社,2013;e栏来自李思名.全球化、经济转型和香港城市形态的转化[J].地理学报,1997,(增刊S1期):52-61;f栏来自上海市商务委。打"*"数据的统计口径是纽约州。()中数字代表年月。

二是相对领先。一方面,作为全国首位城市,率先谋划、推进转型,取得较好的成绩,起到了示范作用。在中国社会科学院城市与竞争力研究中心发布的城市竞争力指数排名中,上海的综合经济竞争力、宜居城市竞争力、宜商城市竞争力、文化城市竞争力等指数多年来一直位列全国前三位;另一方面,领先一步参与国际城市竞争,在全球城市中的地位进一步上升,全球影响力进一步提升。上海 GDP 总量在 2008 年超过新加坡、2009 年超过香港后,2012 年进一步超过首尔,迈过 2 万亿元大关,2013 年人均国内生产总值达到 1.45 万美元,按照国际标准,已达到"高收入国家"水平。在日本森财团的都市战略研究所公布的世界主要城市"综合实力排名"中,上海的世界排名从 2011 年的第 23 位上升至第 14 位。

三是协调推进。以"四个中心"建设为核心,引领上海城市在社会、文化、生态、空间和行政体制等各方面转型协调推进、成效显著,现代化国际大都市建制初步形成。城市文化软实力显著提升,国际文化交流丰富多彩,文化创意产业约占全市国内生产总值的 12%。多中心、多轴的城市形态基本形成,城市空间布局进一步优化。国际功能性机构集聚能力进一步提高,上海已成为中国大陆投资性公司和跨国公司地区总部最集中的城市,95% 以上地区总部具有两种以上的总部功能。教育、医疗、社会保障制度改革加快,民生改善,司法体制改革提上议程。

二、创新驱动与"四个中心"建设产生新问题

从同时代纽约、伦敦、东京等世界城市的国际对标来看(见表 8-3,第 5 至第 7 列),上海"四个中心"的城市转型升级之路有别于既有的全球城市崛起之路,这些新特点、新问题需要在未来予以重点关注和有效解决。

首先,城市规模与全球资源配置功能不匹配。一是从金融功能来看,金融业的国际化程度和人民币的国际化地位还有待提高。在金融交易规模方面,2004 年伦敦的金融增加值全国占比就已经达到 43.0%,全英几乎一半

的金融增加值由伦敦创造,因而伦敦也成为英国乃至全球金融产品价格的主导者。这一比例在纽约接近20%,而上海2012年该比例只有8.5%,2013年前三季度提高到12.6%,但2015年又下降到只有7.2%。另外,上海外汇日均交易全球占比还不高,表明对全球资本流动的干预、控制和影响能力或许相对有限。二是从贸易功能来看,尽管上海在国际服务贸易方面走在全国前列,但服务贸易规模仍然偏小,本地服务业的国际竞争力较弱,国际服务贸易呈现逆差,且主要集中于运输、商务服务等传统领域,新型服务占比不到7%;[①]转口贸易占比只有6%,与香港、新加坡相比差距还很大,对周边国家和地区的影响力也较弱,同时,金融对贸易和投资的支持和服务还远未与国际接轨,大宗商品定价权尚未形成。三是从航运功能来看,航运服务业发展相对滞后,尽管航运保险收入全球占比提升到2%—3%,但与纽约、伦敦、东京等国际航运中心相比,仍有较大差距,而且上海二手船舶交易额只有伦敦的2%—3%。应当看到,随着信息化和智能制造方式的兴起,在不久的将来,分布式生产方式可能在一定程度上削弱全球航运中心资源配置功能的发挥,但航运服务业不会消失,而是作为现代服务业和产业发展高端化的重要组成部分保留下来,成为全球城市在流量空间互相竞争的资源基础,上海在这些方面,与世界城市相比,仍存在着较大差距。

其次,以生产性服务业崛起为标志的产业基础转换现象不显著,上海在全国的地位有所下降。一是从"四个中心"目标下的产业就业结构特征来看,金融、贸易、航运功能的拓展并未对产业基础转换与就业结构更替产生显著影响,20世纪60—80年代曾在纽约、伦敦、东京等世界城市发生的产业与就业的转化更替关系——以制造业占比下降和以商务、金融为代表的生产性服务业占比的上升——在上海的城市转型过程中表现得并不明显。

---

① 数据来源:上海市商务委。

比如,纽约的制造业就业占比从1977年的21.9%下降到1996年的9.0%,而金融保险房地产业则保持在15%以上。[①] 相比之下,上海2013年年底的制造业就业占比仍在30%左右,金融保险房地产的就业占比只有6%左右。上海面临产业基础转换困境,始终在产业顺序问题上摇摆不定,其核心不仅与转换的机会成本问题有关,[②]还涉及城市发展的功能定位与战略选择。与之相对的是,尽管上海经济规模绝对量和经济发展阶段位居全国前列,但经济规模的相对值却一直在下降,从20世纪80年代的7%—8%下降到现在的3%—4%,并有进一步下降的趋势。

再次,产业空心化趋势梗阻上海产业结构和空间结构转型。从城市环境与空间结构来看,伦敦、纽约和东京在经济转型过程中,中心城区与外缘城区受到行业分布变化的冲击和影响是不同的。大量工厂关闭外迁之后,中心城区被高集聚度、高枢纽性、高便捷性和高现代性的产业填补,形成文化创意产业、金融产业和MCBD等集聚区,土地容积率和产业集中度极高,如纽约的曼哈顿、东京的六本木等。尽管上海中心城区大量传统的对环境污染比较大的产业出现关闭和外迁,但产业的空心化趋势亦十分明显,一些被植入的现代服务业由于大多受到行政干预,短期热闹过后,依靠市场自身培育起来的长效发展机制欠缺,特别是生产性服务业崛起相对滞后。与此同时,城市边缘地区有着便利的交通和低廉的生活成本,成为外迁的低端制造业集聚的场所,梗阻上海产业结构和空间结构转型。

三、创新驱动与"四个中心"建设面对新变量

在未来,经济全球化不断加速推进塑造以城市为核心的经济空间结构,信息化赋予城市对资金流、人才流、信息流的吸附作用,全球化与信息化的

[①] 数据来源:李思名.全球化、经济转型和香港城市形态的转化[J].地理学报,1997,(S1):52-61.
[②] 周振华.崛起中的全球城市——理论框架及中国模式研究[M].上海:上海人民出版社,2008:211.

交互作用诱发促进城市转型的关键变量呈现出数字化、平台化、流动性、复杂性等新特点。通过对影响上海"四个中心"建设的国内外环境变量、城市基础变量和"四个中心"功能变量的梳理(见表8-4),分析各类变量在"十三五"期间对"四个中心"的影响程度,并自此基础上,总结归纳出影响"四个中心"建设的关键变量,主要体现在信息网络技术、创新要素集聚、平台经济模式、深化改革开放与转变政府职能五个方面同"四个中心"建设的联系,这些变量和因素相互交织在一起,共同锻造推动"四个中心"联合纵深发展的驱动力。

表8-4 环境变量、基础变量、功能变量对"四个中心"的影响力判定

影响变量			对"四个中心"的影响度			
			经济中心	金融中心	贸易中心	航运中心
环境变量	1	全球投资贸易新格局("一带一路"等)	◆◆◆◆	◆◆◆	◆◆◆◆◆	◆◆
	2	人民币国际化	◆◆◆◆	◆◆◆◆	◆◆◆◆	◆◆◆
	3	新产业革命(生产方式革命)	◆◆◆◆	◆◆◆	◆◆◆◆	◆◆◆
	4	新一代信息技术	◆◆◆◆	◆◆◆◆	◆◆◆◆	◆◆◆◆
	5	政府职能转变	◆◆◆◆	◆◆◆◆	◆◆◆◆	◆◆◆◆
	6	市场要素结构	◆◆◆	◆◆◆	◆◆◆	◆◆◆
	7	市场需求结构	◆◆◆	◆◆◆	◆◆◆	◆◆◆
	8	城市生态承载力	◆◆	◆	◆	◆
	9	产业融合	◆◆◆	◆◆◆	◆◆◆	◆◆◆
基础变量	10	人口结构	◆◆◆	◆◆◆	◆◆	◆
	11	空间结构	◆◆◆	◆◆	◆◆	◆
	12	资本结构	◆◆◆	◆◆◆◆	◆◆◆	◆◆
	13	产业结构	◆◆◆	◆◆	◆◆	◆
	14	开放效应	◆◆◆	◆◆◆	◆◆◆	◆◆◆
	15	创新氛围	◆◆◆	◆◆◆	◆◆◆	◆◆◆

续表

	影响变量		对"四个中心"的影响度			
			经济中心	金融中心	贸易中心	航运中心
功能变量	16	科技创新能力	◆◆◆◆	◆◆◆	◆◆◆	◆◆◆
	17	总部经济	◆◆◆	◆◆◆	◆◆◆	◆◆◆
	18	智能制造	◆◆◆◆	◆◆	◆◆◆	◆◆
	19	生产性服务业	◆◆◆	◆◆◆	◆◆◆	◆◆◆
	20	金融机构集聚	◆	◆◆◆	◆◆	◆
	21	金融要素市场	◆	◆◆◆	◆	◆
	22	互联网金融	◆	◆◆◆◆	◆◆	◆
	23	自贸区	◆	◆◆◆	◆◆◆	◆◆◆
	24	贸易便利化	◆◆	◆◆	◆◆◆	◆◆
	25	投资便利化	◆◆	◆◆◆	◆◆◆◆	◆
	26	电子商务	◆◆	◆◆	◆◆◆	◆
	27	会展资源	◆	◆	◆◆	◆◆
	28	长江黄金水道	◆	◆	◆◆	◆◆◆
	29	物联网	◆◆	◆	◆◆◆◆	◆◆
	30	航运服务	◆	◆◆	◆	◆◆◆

注:"◆"越多代表影响力越大。

第四节　创新驱动与上海"四个中心"建设路径再选择

为应对上海"四个中心"发展过程中出现的新问题,把握未来影响上海"四个中心"建设的新变量,规避上海"四个中心"建设可能存在的新风险,需要借助创新驱动实现上海城市转型升级,对"四个中心"的建设路径进行再选择,实现从单纯的扩张经济规模到调节经济结构,再到创新体制机制的全面发展。创新驱动转型与上海"四个中心"建设具有密切联系,而且在可以预见的未来,由于创新驱动渗透在从知识创新、技术创新到商业模式创新、体制机制创新等各个层面,因此将对上海"四个中心"建设产生更为长远且深刻的影响。一是体现在"创新驱动转型"与"四个中心"建设的互动关系;二是赋予国际经济中心新内涵,"四个中心"的内在联系产生新变化;三是为"四个中心"联动发展开辟新路径。因此,创新驱动转型为进一步明确城市发展转型目标,立足全球视野、集中有限资源、提高经济效率,加快"四个中心"建设步伐,提供理论支撑与战略导航。

一、创新驱动与"四个中心"的关系

在理论上,可以从纵向与横向两个维度来剖析上海"创新驱动发展、经济转型升级"的内涵与框架。其中,纵向维度采用三组阶段即"要素驱动—效率驱动—创新驱动"的形式,反映经济增长动力由数量型向质量型转化而引发的发展模式的更迭;横向维度分为"知识—技术—模式—空间"四大体系,将创新转型的质量、效益、结构与瓶颈,由"点"及"面"地反映出来。

从"创新驱动发展、经济转型升级"与"四个中心"建设之间的互动关系来看,"创新驱动发展、经济转型升级"是实现"四个中心"的路径,而"四个中心"是创新转型的目标,两者是路径与目标的关系;同时,"创新驱动发展、经济转型升级"又是挖掘上海城市转型动力的重大战略举措,而"四个中心"则体现了城市的综合功能,因此,"创新驱动发展、经济转型升级"和"四个中心"建设又是战略与功能的关系,两者统一于城市转型的过程之中。

需要指出,"四个中心"并不是"创新驱动发展、经济转型升级"的最终目标,而是阶段性目标,"四个中心"的阶段性侧重于经济功能实现,而"创新驱动发展、经济转型升级"则是要把创新贯穿于经济社会发展各个环节和全过程,着力推进包括知识创新、技术创新、组织创新、模式创新、空间创新和制度创新在内的一系列从发展理念到体制机制的重大转变,着力激发创新活力,营造创新环境,在创新中推动转型发展,使创新成为经济社会发展的主要驱动力,在一定程度上深化和丰富了上海"四个中心"建设的目标内涵,推动"四个中心"建设向纵深发展。

二、"四个中心"内在联系再认识

建设的国际经济中心是上海承担的国家战略。但国际经济中心不只是国际金融中心、国际贸易中心、国际航运中心的简单叠加,而是指国际先进制造业中心与产业能级辐射中心(包括总部经济和科技研发创新中心等)。国际经济中心的内涵和产业核心竞争力是先进制造业,如今,世界先进制造业的前沿集中体现为智能制造。随着数字技术、生物科技、基因科学和脑科学的发展,智能制造在产业升级中的作用将愈发重要,它将进一步模糊先进制造业内部的产业边界,以及先进制造业同现代服务业的产业边界,促进产业融合。上海作为全国最大的经济中心城市,智力基础雄厚、科技资源充沛,理应建设成为具有全球影响力的科技创新中心。为此,创新驱动转型不仅为国际经济中心注入内涵与灵魂,也为正确认识"四个中心"的内在联系开辟了道路。

首先,上海建设国际经济中心的手段,应着力于数字技术、生物科技和信息化、平台模式的有机组合。当前,全球经济正处于衰退与转型的并存期,中国经济正面临全面深化改革的关键期,充分发挥资本、人才、技术、市场等多方面的组合能力,形成新的国家竞争优势和城市核心竞争力,培育长期增长优势是上海面临的新课题与新任务。数字技术、生物科技和信息化、平台模式为新一轮科技革命奠定了物质基础。在"四个中心"内在关系和排序问题上,坚持经济中心的第一性原则,体现了上海"四个中心"建设符合世界经济发展趋势和全球科技创新的发展方向。

其次,上海建设国际经济中心的目标,不是传统意义上的产能量化基地,而是世界科技创新的风向标。这意味着现代意义上的先进制造业中心,不是以大规模和批量化生产作为制造业是否发达的标志,而是要以智能化、个性化引导和组织生产,依托源源不断的科技创新实现全球自由配置。从这个意义上讲,国际经济中心的内涵与外延需在创新驱动理念中进一步延展。与此同时,金融、贸易和航运服务质量的提升,也有赖于以科技创新为核心的硬件和软件的更新与升级,一方面,科技创新位于金融、贸易和航运服务的底层,作为服务创新链的支撑;另一方面,科技创新也为金融、贸易和航运的联动发展提供了平台,由此催生出新技术、新业态、新产业和新模式。

再次,上海建设国际经济中心的特点,应体现为先进制造业和现代服务业的融合发展。上海服务业的发展重点,既不是一般的服务业,而是同先进制造业或智能制造紧密联系在一起的现代服务业,如文化创意、物流、保险、咨询、法律、统计、科研、教育、医疗、会展、旅游等。现代服务业不仅会为上海地区的先进制造业和科技创新中心的发展提供保障,而且还会直接服务于长三角地区的经济和社会发展,进而向国内广大腹地和海外进行辐射和延伸。制造业的服务化或者服务型制造是制造业增加值的主要来源。上海具有良好的轻工业基础(如旅游、会展、食品、服装等),加之目前正在建设的"智慧城市""设计之都"等,加上又有国际金融中心、国际贸易中心、国际航运中心的协同并进,中国(上海)自贸区的建设等,都为上海国际经济中心建设提供了难得的发展机遇。

最后,上海建设国际经济中心的路径,是效率驱动下的"四个中心"联动发展。党的十八大报告提出实施创新驱动的发展战略,"要促进创新资源高效配置和综合集成,把全社会智慧和力量凝聚到创新发展上来",进一步加快完善社会主义市场经济体制和加快转变经济发展方式,是面向经济发展方式从要素驱动向创新驱动转型提出的本质要求。当前,上海经济正处于创新转型的重要战略关键期,需要坚持以全球视野谋划和推动"四个中心"联动发展,提高城市创新体系整体效能;转向以市场决定论以及更好地发挥政府的作用为依托、以效率持续增进为特点的转型与增长模式;有效发挥科技创新在提高社会生产效率和综合国力中的战略导向作用,实现从要素驱动向效率驱动,继而全面实现创新驱动的发展与转型。

三、"四个中心"联动发展机制再造

首先,从国际经济中心对国际金融、贸易、航运中心所起的支持作用来看,科技创新是连结国际经济中心和三个中心的纽带与桥梁。一是就国际金融中心建设而言,金融保险等生产性服务业的崛起,不仅需要物流、法律、咨询等行业的同步发展,还需要信息技术的支持,如此才能实现金融创新和交易制度的变革,上海互联网金融的服务创新尤具有代表性。二是就国际贸易中心建设而言,中国(上海)自贸区的成立,标志着以贸易便利化和金融开放为特点的对外平台的建立。国民待遇和负面清单,加快投资体制改革和政府审批制度改革,意味着优化贸易管理流程和业务模式改造的需要,一些先进的科学技术尤其是信息技术正在植入现代商业管理流程,优化整个供应链的资源配置和物流配送效率,推进贸易、金融和航运的联动发展。三是就国际航运中心建设而言,科学技术正在不断提升航运中心能级,主要体现在基于电子标签的港口集装箱物流,提升集装箱物流的透明度和安全性;基于精准配送的港口散杂货物流,实现与大型钢铁企业生产物流协同和无缝隙物料配送;以及建设节能减排的绿色港口等。

其次,从国际金融、贸易和航运中心的实现情况来看,上海最有可能首先建成的是国际航运中心,并通过贸易便利化和金融自由化实现功能拓展。继洋山深水港建成后,海港铁路、高速公路网,跨海大桥和立体化多式联运均已形成规模,上海港货物总量已经位居世界前列。浦东国际机场和虹桥机场扩建已经达到国际一流标准的航空港硬件设施。随着服务业市场开放

度的不断深入,航运服务体系将更多地为贸易便利化和金融自由化提供服务创新,尤其是大宗商品以及依托大宗商品交易而产生的金融创新,推动贸易和金融的发展。中国目前整个社会的物流总费用占 GDP 已经超过 18%,几乎高出全球平均水平 1 倍多。这说明在贸易便利化和金融自由化问题上,市场监管、税收制度、跨境支付、物流体系等系统大有可为。纵观历史,因港兴市的城市一般都会遵从"航运—贸易—金融"的发展路径,比如伦敦、香港概莫如此,因其政策和环境极为宽松,贸易便利化的结果势必会催生出金融自由化,以吸纳全球资金在这里经营和周转。上海目前的国际金融中心建设仍比较局限于结算功能,随着人民币国际地位的上升,国际金融中心功能将吸收航运、贸易功能的发展成果,并向财富管理中心升级而得到强化发展。

再次,从创新驱动转型与"四个中心"的建设关系来看,"四个中心"联动发展的需求根植于上海城市基因,体现出"开放—改革—创新—转型"的城市文化与传承。在"创新驱动发展、经济转型升级"视野下,促进"四个中心"联动发展应分别聚焦以下三个领域:一是在助推国际经济中心形成的技术创新与生产工艺转型领域,运用各种技术之间的相互渗透交叉,实现多点突破、网状发展,通过改变工艺流程和技术革新,持续提高生产效能;二是在深化国际金融、贸易、航运中心内涵与功能的业态创新与市场模式转型领域,通过互联网金融、电子商务等平台经济对传统产业的发展模式和资源配置方式进行有效改造,创造出以数字化、网络化、平台化、智能化为特征的新模式和新业态;三是在为"四个中心"建设提供良好发展环境和必备基础保障的体制机制创新与政府职能转型领域,简政放权,明确政府与市场边界,以开放倒逼改革,对接国际经贸标准,降低政府对经济运行过度干预而引发的效率损失。由此,力争在资本配置效率、劳动产出效率、土地利用效率、科技活动效率、信息化效率、能源使用效率和行政效率七个方面,借助效率转型,实现创新驱动和"四个中心"建设的发展目标。

第五节 "四个中心"未来 30 年的创新发展

展望未来 30 年,在信息化浪潮的推动下,上海"四个中心"将朝着移动化和扁平化方向发展与演变,新信息和通信技术的发展,促使城市功能褪去物理集聚的色彩。在国际经济中心第一原则的支配下,上海将逐渐实现从"四个中心"向"一个中心",即国际经济中心的飞跃。在互联网技术的影响下,国际经济中心的内涵也不仅仅局限于传统的制造业或服务业,而是日益丰富,产业形态更加高端化,包括信息、金融和科技创新三大功能板块。其中,航运和贸易功能集中体现为流量经济归并为信息功能,而金融、科技创新功能或将得到进一步强化。[①]

一、信息化对"四个中心"演变的影响

互联网正以摧枯拉朽之势改变着传统信息处理方式,依托大数据、云计算,信息技术潜移默化地渗透到流量空间而不仅仅是在物理空间实现资源的有效配置,国际金融、贸易和航运中心建设的条件、方式与路径也随之悄然转变。所以,研判未来 30 年上海城市功能演变的路线图,既不能囿于固有的工业经济思维,也或许不能遵循传统的从航运中心到贸易中心再到金融中心的演进路径,甚至是简单地认为上海一定会沿着纽约、伦敦等发达国家金融中心的既有发展路径前行;而是要从互联网思维出发,立足服务经济发展需要,分析和捕捉信息时代上海由"四个中心"向"互联网+四个中心"

---

① 本节部分内容发表于李凌.以互联网思维谋划国际金融中心建设[N].解放日报,2015-03-12,(11)。后经扩充,载石良平等.上海"四个中心"创新升级研究[M].上海:上海社会科学院出版社,2016:330-336.

演变的规律与特点。

这一特点的实质在于,人类社会—互联网—物理世界的三元融合。大数据技术将海量、多源、异构、非结构化、连续性、实时性、网络结构、精准映射等信息内容加以分析,使得虚拟的互联网世界可以无限逼近人类的真实世界。"新兴产业和新兴业态是竞争高地。要实施高端装备、信息网络、集成电路、新能源、新材料、生物医药、航空发动机、燃气轮机等重大项目,把一批新兴产业培育成主导产业。制定'互联网+'行动计划,推动移动互联网、云计算、大数据、物联网等与现代制造业结合,促进电子商务、工业互联网和互联网金融健康发展,引导互联网企业拓展国际市场。国家已设立400亿元新兴产业创业投资引导基金,要整合筹措更多资金,为产业创新加油助力。"①互联网时代的到来,赋予国际经济中心新内涵,也使城市功能创新升级的条件、方式与路径都发生了相应转变。

第一,改变"中心"的组织形态与地域范围。② 互联网将改变商业活动的空间分布,形成多元化的城市发展格局。当新的商业活动空间通过信息技术和物流网络联系在一起,它们就可以组成新的空间地理联系,由此重组区域概念,区域不再基于狭隘的地域或行政界限,而是基于内部的信息传播方式和相关的基础设施。以上海为例的研究中,互联网尤其是移动技术将推动上海的"中心"功能与形态产生新的拓展,从而超越既有的经济范围与行政区划。

第二,弱化商业机构物理空间集聚的重要性。传统商业机构依赖大城市主要是希望通过在人流、资金流密集的地方布点来获取收益。然而在互联网时代,由于信息获取、业务拓展和风险控制等都可以借助互联网来完成,使得商业机构集聚于商务成本相对较高的大城市,如北京、上海的动力

---

① 引自李克强总理在十二届人大三次会议的政府工作报告。
② [美]萨丝凯·萨森.全球城市的视角:对上海的理论启示[Z].载自陈向明,周振华.上海崛起:一座全球大都市中的国家战略与地方变革[M].上海:上海人民出版社,2009:38-39.

就大为降低,而且随着互联网金融业务的拓展,更多的交易将通过移动通信"点对点(O2O)"的方式直接交互实现。例如,借助互联网,阿里金融平均每位客户经理服务的企业数量大约是传统商业银行的15倍;淘宝网一天的访问量大于所有商业银行网点的总和。

第三,强化信息载体流量空间集聚的必要性。随着互联网和信息技术的普及,商业竞争的焦点逐步从物理空间转向流动空间转移。借助信息平台,以加工处理信息为主要生产内容的平台企业,将主导产业链和价值链发展,旨在为客户提供交易信息而不仅仅是交易标的,从这个意义上来讲,金融、贸易、航运功能将面临进一步整合与提升的可能,交易的实体就是商业本身,而如何交易将成为信息交换的重点。类似地,"四个中心"的融合发展也将导致传统工业产业中迸发出创新思想,在新业态中归结为一种从"机器"到"方案"的提升。[1]越来越多的制造企业开始意识到价值链的重心在于为客户"提供解决方案",从海量信息中获取决策依据。许多新型业态开始运用数据挖掘等手段,致力于将产业链与价值链匹配起来,为不同内容产业(教育、科研、制造、物流等)的客户提供更加人性化的问题解决方案,建构智慧城市。

第四,重塑信息流与资金流的主从关系。工业经济时代,信息流从属于人流、物流和资金流,处于相对次要的地位;而在互联网时代,信息流成为支配资金流,进而主导人流和物流的核心要素,企业之间的竞争将更多地围绕对信息资源的争夺展开,演化出"获得用户网络接入权胜过获得资本所有权、获得数据投入量胜过获得资金投入量"的竞争新规则。[2] 另一个典型例子就是商业风险控制中对个人信用评价信息的采集与应用。互联网环境中的商业活动可以借助网络采集用户的历史交易数据,建立基于个人信用的动态违约概率模型,有助于减少信息不对称的情形,进而规范市场经济中的

---

[1] 李凌.产业融合、业态创新与转变经济发展方式:上海创意产业的分析[Z].载沈开艳主编.上海经济发展报告(2012):增长动力与产业发展转型[M].北京:社会科学文献出版社,2013:253-278.
[2] 马梅.从第三方支付发展看上海国际金融中心建设[J].科学发展,2014,(4):8-12.

交易行为,挖掘"长尾市场",推广"普惠"理念。

第五,夯实金融与科技创新功能的发展基础。尽管互联网条件下,金融、航运、贸易中心的具体形态将受到一定程度的冲击与影响,但金融涉及货币与信用的"汇、存、贷"活动等,同信息一样,是国际经济中心构成的基本元素,因此与航运与贸易中心的发展趋势有所不同,金融中心的形态与功能,非但不会削弱、消亡或被取代,反而会随着人民币国际化趋势而有所增强。因此,未来的金融部门也一定是介于实体化和虚拟化之间的。另一方面,科技创新功能的演进也在一定程度上得益于信息功能的拓展,尤其是共性技术平台和产学研机制构建过程中的信息共享。金融与科技创新功能代表了国际经济中心相互促进的两个方面——虚拟经济与实体经济,它们共同由信息功能驱动。

二、"四个中心"高质量发展的决定因素

2020年上海基本建成"四个中心"和现代化国际大都市之后,国际金融、贸易和航运中心的部分功能将朝着虚拟化、交叉化和服务化的方向发展,一个共同的特点就是数字化驱动,覆盖信息的生产、汇集、处理、传播、服务等方面,反映出城市功能从物理中心向信息中心的创新升级。上海获取并处理信息的能力,及其自身的连通性等,都是影响城市功能培育与高质量发展的重要因素,而这些因素的改善取决于两点:一是以信息产品交易为核心的市场环境;二是城市在所处区域内的开放度。

首先,就上海信息产品交易市场的发展现状而言,上海的优势在于国家层面和市政府层面的大量政策扶持,但同时也可能是未来发展的一项劣势。[1] 上海在很短的一段时间内,达到了其他世界城市可能需要漫长的发展

---

[1] 周振华,陈向明.全球信息化时代中的飞跃与滞后:比较分析视角下上海的电信和信息化发展[Z].载自陈向明,周振华.上海崛起:一座全球大都市中的国家战略与地方变革[M].上海:上海人民出版社,2009:180.

才能实现的目标,在电信和信息产业发展上位列世界先进水平,这固然离不开中央和市政府强有力的政策扶持,然而,强大的国家推动或将在未来演变成为一项弱点,因为它限制了更多的市场竞争,从而也将制约争取发展更加先进的信息技术的机会。更糟糕的是,政府的计划不可能完全包罗万象般地把所有企业,特别是创新型企业的信息需求都作出安排,政府主导下的信息产业发展也在一定程度上排斥了利用企业间信息网络进行沟通的可能性,其结果只能是信息基础设施供给与需求的不匹配,或者信息资源对体制内企业的偏爱,造成行政性垄断(如电信垄断企业等),而无论是哪一种结果,都会对信息中心建设带来阻碍。

其次,就上海与长三角区域的连通性而言,上海国际信息中心建设还有赖于构建具有超越性的空间创新体系,来不断增强上海开放型经济的辐射功能。互联网时代,信息的传播与扩散超越了行政区划的范围与界限,信息中心意味着与外部世界的密切联系以及全球信息网络栅格中的一个重要节点,这不仅是一个全球信息港的概念,而且还是将信息汇集、加工、处理后,传播及辐射出去的动态过程,这个过程突显三个特征:去中心化、流体化和移动化。其中,去中心化意味着平等与共享,也就是说,节点城市与区域内其他城市之间不再是制造业时代的"中心—外围"关系,而是信息化时代的扁平化、去中心化关系;流体化意味着信息可以在不同的媒介中流动,不同形式与内容的信息之间的转换成本将趋于无穷小;而移动化则意味着信息生产力对生产方式的根本性变革,从以往的集中生产向分布式生产转化,同时带来生产权力的变革,每一个人都有权力选择是否生产和如何生产,由此产生对市场民主新的理解和对思想中心构建的可行性。

三、未来30年上海"四个中心"演变与展望

面向未来30年,上海将以全球城市建设为目标,全面提升国际竞争力、可持续发展能力和城市创新能力。其中,国际金融、贸易和航运中心功能将

发生强化、拓展与转型,不仅离不开对流量空间中信息流的驾驭和掌控,即通过对信息产生、传播、加工与处理,数字技术逐步取代资本和劳动力,实现从物质生产力向信息生产力的转变;而且信息技术的演进也势必将引发从实验室(科学)到企业流水线(技术),再到产业组织、流通业态、社会结构与生活方式等一连串的创新活动,通过分步走战略将上海打磨和塑造成互联网时代的全球城市。

第一阶段,从现在到2020年。上海基本建成"四个中心"和社会主义现代化国际大都市,即基本建成与我国经济实力以及人民币国际地位相适应的国际金融中心;基本建成航运资源高度集聚、航运服务功能健全、航运市场环境优良、现代物流服务高效,具有全球航运资源配置能力的国际航运中心;基本建成具有国际国内两个市场资源配置功能、现代服务业发达、万商云集、服务长三角地区、服务长江流域、服务全国,与我国经济贸易地位相匹配的国际贸易中心;以及形成科技创新中心的基本框架体系。与此同时,2020年前后上海或将出现的一系列重大信息技术变革,有望推动人、机、物三元融合的新应用,并逐步将现有的ICT技术推向极致,信息技术将突破语言文字的限制,演化出新的网络理论和智慧城市实践,防止信息耗散与确保信息安全等问题日趋严峻。

第二阶段,从2020年到2035年。上海"四个中心"的目标定位与建设形态基本保持不变,城市功能日臻完善。2020年之后的15年内,"四个中心"仍保有既有形态,致力于"量"的积累,突出城市功能与综合能效的有效提升,为下一个阶段"质"的提升积蓄力量。在2020年到2035年的15年里,上海将致力于在提升科技创新功能、强化转口贸易和商品信息流通功能、争夺大宗商品贸易定价权和航运定价权、提高人民币的国际化地位,建立人民币跨境贸易平台、加快服务贸易和航运服务全球占比提高等方面继续深化"四个中心"建设,优化配置科技创新资源、与世界城市分享大宗商品定价权、显著提升人民币的国际地位(坐五望三)、迅速提高服务贸易和航运服务全球占比,朝着全面建成"四个中心"战略目标迈进。预计到2035年,集成电路进入"后摩尔时代",互联网进入"后IP时代"(即基于IPv6的下一代网络兴起),商业模式进入"平台时代"。云计算、大数据和物联网将改变上海经济增长方式,形成基于信息化、数字化、平台化的基础教育、科研、制造、贸易服务、物流、公共治理新模式。

第三阶段,从2035年到2050年。上海城市功能将发生从形式到内涵的变化与升级。在这一时期,新材料取代"硅",信息技术与生物智能紧密结合,形成基于个性化、大容量、节能化、移动化、开放型的多属平台体系,上海不仅是全球信息的集散地,而且还是思想、人才的汇集地,资源配置方式向灵动化转变。为此,"四个中心"的形态将彻底发生改变,国际金融中心将进一步强化,国际贸易与航运中心将向国际信息中心转型,全球科技创新策源功能将日益凸显。由此,"四个中心"将集结演化为"一个中心"新格局,即国际经济中心,涵盖金融、信息和科技创新三个板块。在这一轮发展中,"四个中心"的形态将产生"质"的变化,核心在于从重视存量规模转向对流量规模的关注,在国际经济中心第一性原则的作用下,"四个中心"将向"一个中心",即国际经济中心集结演化,新一轮城市功能拓展的转型升级之路将推动上海向全球城市和世界城市迈进。国际金融、贸易、航运中心的功能将在大幅提升之后融入国际经济中心,同时国际经济中心的内涵也将进一步得以拓展与丰富。可以预见,国际金融中心的创新升级具体表现为,人民币的国际化地位进一步提高,中国在国际货币基金组织等国际机构中的地位进一步上升,人民币与美元、欧元一起成为国际三大货币,形成三足鼎立态势。国际贸易中心的创新升级具体表现为,从物流生产力向信息流生产力的转型与升级,突出对信息收集、加工、处理的功能,与大数据、云计算等相关的信息服务业将得到更快发展。国际航运中心的转型升级的具体表现为,由于个性化、分布式生产取代或部分取代了批量化、集中式生产,上海国际航运中心的发展将从追求运输规模向完善运输服务转型,与航运相关的法律咨询、信息服务、投资融资等服务业快速发展。由于信息技术和数字内容的趋同化,贸易中心与航运中心将可能合并,实现设备更新、产业融合与功能提升,为集物流、信息流于一体的国际信息中心所取代。另一方面,随着全球科技创新中心目标逐步明晰,上海还将立足全球视野,合理配置科技创新资源,成为世界级创新活动的策源地,以及"大众创新、万众创业"的乐土。创新、创意和创业人士纷至沓来,世界级、国家级科技创新项目云集于此,大中型创新企业活力迸发,产学研体制灵动且富于人性化。为此,金融、信息和科技创新将成为上海国际经济中心的三大重点板块。

第九章
创新驱动与上海全球科技创新中心建设

集创新的载体、动力、资源和环境于一体的全球科技创新中心,在新产业革命中扮演了重要角色。上海建设具有全球影响力的科技创新中心,[①]是继"四个中心"之后,城市功能全面拓展与提升的新目标和新举措。上海综合实力强、科技创新水平领先、国际化程度高、金融体系完善,具有建设全球科技创新中心的渊源与优势。但与此同时,上海也面临着三大严峻挑战和发展瓶颈,尤其是创新链的碎片化,导致创新资源丰富但创新动力不足,创新人才聚集但创新活力匮乏等问题,究其原因是促进科技创新的体制机制没有理顺。2015年5月,中共上海市委十届八次会议通过《关于加快建设具有全球影响力的科技创新中心的意见》(以下简称"科创22条"),对上海建设具有全球影响力的科技创新中心作出具体部署,勾勒出科技创新中心建设时间表,吹响了科技创新制度变革的号角,是破除上海科技资源配置瓶颈的行动指南。本章围绕全球科技创新中心新内涵,探寻上海推进全球科技创新中心建设的渊源、优势、挑战与瓶颈,提出上海建设全球科技创新中

[①] 2014年5月,习近平总书记在视察上海时提出,上海要加快建设具有全球影响力的科技创新中心。本文将"具有全球影响力的科技创新中心"等同于"全球科技创新中心"表述,尽管两者的内涵略有差异。

心的理论思考与对策建议。[①]

第一节 创新驱动与全球科技创新中心发展新特征

当今世界,随着新产业革命和新技术革命的深入推进,全球科技创新活动极为活跃,全球科技创新中心(或创新集群区域)成为一类重要的创新空间。科技创新成为城市立足全球层面配置创新资源,实现智能制造和产业结构升级,摆脱2008年金融危机冲击的新路径与新使命。进入21世纪,科技创新作为一种高度开放的活动,嵌入区域和全球创新网络,根据节点城市(或区域)等级,获取全球创新资源,产生创新成果与辐射效应。区域、城市乃至国家成为创新要素集聚的载体,发展成为科技创新中心。

一、科技创新中心视域下的创新

"创新"具有三层含义:一是发现新的知识和规律,创新是科研人员或科学家以科学研究为先导的知识创新活动,构成知识创新体系;二是发明新的工具和材料,改造工艺流程,实现新技术产品化的过程,创新是技术人员或工程师以标准化为核心开展的一系列技术创新活动,构成技术创新体系;三是变革传统的生产形态和管理模式,实现新产品的商业化过程,创新是企业家在信息化背景下,运用现代科技实现价值创造的过程,企业家与企业家

[①] 本章的一个早期版本系李凌,周大鹏.制度变革引领上海全球科技创新中心建设[Z].载沈开艳主编.上海经济发展报告(2016):创新发展先行者[M].北京:社会科学文献出版社,2016:1-33;经修改后公开发表,参见李凌,李南山.上海建设全球科技创新中心的优势与挑战[J].上海市经济管理干部学院学报,2017,(6):32-40。入选本书时,内容略有增减。

精神是构成市场创新体系的重要组成部分。① 创新的三层含义之间既有联系又有区别,环环相扣,交织成一条旨在提升科技资源配置效率的"创新链"。用本书的语言,就是从知识创新体系到技术创新体系,再到模式创新体系和空间创新体系,创新活动从个体(微观)走向组织(宏观),从公益性特征为主走向营利性特征为主,从生产者边界走向消费者边界。在创新实践过程中,由于创新的主体和载体都在不断发生变化,从科学家到工程师和技术人员,再到企业家和消费者,所以创新活动是供给推动和需求拉动共同作用的结果。此外,创新还受到创新环境的影响,在创新链的不同环节上,政府可以通过作出制度选择,改变创新激励规则,从而引导和设计创新,培育全球竞争优势。② 更为重要的是,科技创新中心视域下,一个鼓励创新的市场环境往往需要政府管理模式做出相应的制度调整与变革。

二、全球科技创新中心发展新特征

2001年,联合国开发计划署(UNDP)在《2001年人类发展报告》中公布了全球46个国际技术创新中心名单(见表9-1),引起广泛关注。该名单依据的是《连线》(Wired Magazine)杂志根据被评估地区在四项指标上的综合表现。这四项指标分别与弗里曼(C. Freeman)提出的创新系统的4要素之间存在着对应关系:一是人们的创业意愿,即创新动力/主体;二是提供专门知识、促进经济稳定的知名公司和跨国公司的数量,即创新载体;三是当地高校和科研机构开发新技术和培育技术工人的能力,即创新资源;四是风险资本把创意转化为商业模式的能力,即创新环境。这46个国际技术创新中心主要集中在发达国家和地区,大致可分为五类:9个是发达国家的大都市、26个是发达国家新兴地区、5个是发达国家老工业基地、4个是发展中

---

① "创新"的三层含义参考了陈宪(2015)一文,但具体内涵略有不同,详见陈宪.科技创新中心建设呼唤企业家精神[N].解放日报,2015-01-08,(10).
② 阿特金森·伊泽尔.创新经济学[M].王瑞军,译.北京:科学技术文献出版社,2014:10-19.

国家的中高新技术密集区,还有 2 个是特殊地区(见表 9-2)。其中,美国就有 13 个之多,覆盖到农业、传统制造业、现代服务业、高新技术产业等各个领域。

表 9-1 国际技术创新中心评分(2001 年)

序号	城市或地区	所在国和地区	A	B	C	D	合计评分
1	阿尔伯克基	美 国	4	3	3	2	12
2	奥 卢	芬 兰	3	2	3	2	10
3	奥斯丁	美 国	3	4	4	2	13
4	巴登—符腾堡	德 国	3	3	2	2	10
5	巴伐利亚	德 国	3	3	2	3	11
6	巴 黎	法 国	3	2	2	2	10
7	班加罗尔	印 度	3	4	3	2	13
8	波士顿	美 国	4	3	4	4	15
9	东 京	日 本	3	2	3	3	11
10	都柏林	爱尔兰	3	3	3	3	12
11	弗吉尼亚	美 国	3	3	2	2	10
12	弗兰德斯	比利时	4	2	3	2	11
13	盖扎莱	突尼斯	1	1	1	1	4
14	格拉斯哥—爱丁堡	英 国	3	3	1	1	8
15	硅 谷	美 国	4	4	4	4	16
16	豪 登	南 非	1	1	1	1	4
17	赫尔辛基	芬 兰	3	4	4	3	14
18	吉隆坡	马来西亚	2	3	1	2	8
19	剑 桥	英 国	4	3	3	2	12
20	京 都	日 本	4	1	3	3	11
21	旧金山	美 国	3	3	3	4	13

续 表

序号	城市或地区	所在国和地区	A	B	C	D	合计评分
22	坎皮纳斯	巴西	4	3	1	0	8
23	昆士兰	澳大利亚	2	3	2	2	9
24	伦敦	英国	4	3	3	4	14
25	罗利—达勒姆—查伯尔希尔	美国	4	4	3	3	14
26	洛杉矶	美国	3	3	2	3	11
27	马尔默—哥本哈根	瑞典、丹麦	3	3	2	3	11
28	蒙特利尔	加拿大	3	4	2	3	12
29	墨尔本	澳大利亚	3	2	3	2	10
30	纽约	美国	3	3	3	3	12
31	仁川	韩国	2	2	2	2	8
32	萨克森	德国	3	2	1	2	8
33	圣保罗	巴西	1	3	3	2	9
34	圣菲	美国	3	2	2	1	8
35	斯德哥尔摩—基斯塔	瑞典	3	4	4	4	15
36	索菲亚·安蒂波利斯	法国	2	3	2	1	8
37	中国台北	中国台湾	4	3	3	3	13
38	泰晤士河谷	英国	3	3	2	2	10
39	特隆赫姆	挪威	2	1	2	1	6
40	西雅图	美国	3	4	3	2	12
41	中国香港	中国	3	2	2	2	9
42	新加坡	新加坡	1	2	2	2	7
43	中国台湾新竹	中国台湾	3	1	4	3	11
44	盐湖城	美国	3	2	2	1	8

续 表

序号	城市或地区	所在国和地区	A	B	C	D	合计评分
45	以色列	以色列	4	4	4	3	15
46	芝加哥	美 国	3	2	2	2	9

注：A 代表地区高等院校和研究机构培训熟练工作人员或创造新技术的能力；B 代表能带来专门知识和经济稳定的老牌公司和跨国公司的影响；C 代表人们创办新企业的积极性；D 代表获得风险资本以确保好点子成功进入市场的可能性。得分最高分为 4 分，最低分为 1 分。

资料来源：根据 The United Nations Development Program，Human Development Report 2001 整理而得。

表 9-2 国际技术创新中心分类（2001 年）

分 类	城 市	分 类	城 市
发达国家的大都市	巴 黎	发达国家和地区新兴地区	京 都
	东 京		旧金山
	伦 敦		昆士兰
	纽 约		罗利—达勒姆—查伯尔希尔
	赫尔辛基		
	洛杉矶		马尔默—哥本哈根
	蒙特利尔		圣 菲
	墨尔本		斯德哥尔摩—基斯塔
	西雅图		索菲亚·安蒂波利斯
发达国家和地区新兴地区	奥 卢		特隆赫姆
	奥斯汀		盐湖城
	波士顿		以色列
	都柏林		吉隆坡
	弗吉尼亚		仁 川
	弗兰德斯		中国台北
	格拉斯哥—爱丁堡		圣保罗
	硅 谷		中国香港
	豪 登		新加坡

续 表

分 类	城 市	分 类	城 市
发达国家老工业基地	巴登—符腾堡	发展中国家和地区中高新技术密集区	班加罗尔
	巴伐利亚		盖扎莱
	萨克森		坎皮纳斯
	泰晤士河谷		中国台湾新竹
	芝加哥	特殊地区	阿尔伯克基
			剑 桥

资料来源：《上海形成国际技术创新中心城市的战略研究》课题组，转引自屠启宇，张剑涛，等.全球视野下的科技创新中心城市建设[M].上海：上海社会科学院出版社，2015：1.

当今世界，随着新产业革命和新技术革命的深入推进，全球科技创新活动异常活跃。作为一类重要的创新载体，全球科技创新中心（或称创新集群区域）嵌入地区和全球创新网络，获取创新资源、形成创新成果、产生辐射效应。科技创新成为后金融危机时期欧美各国回归制造业，实现产业升级和迈向智能制造，从而摆脱外生冲击的新路径与新使命。在此背景下，全球科技创新中心建设呈现六大新特征：

一是科技创新人才多样。人才是推动全球科技创新中心建立和发展的核心资源，包括科学家、工程师、科技智库专家、用户界面设计师和企业家等。互联网背景下，技术人才在流量空间内集聚的同时，也带来了技术移民占比的不断提高，移民中介机构为创新者提供高质量的支持服务，完善的社区配套服务为创新者提供品质生活保障。二是全球资本可达。资金是推动全球科技创新中心发展的重要资源，通畅的融资渠道为潜在的科技创新带来充沛的资金支持。充分利用多层次的资本市场，包括风险投资基金和天使基金等，有助于实现从思想到产品的飞跃。三是依托产学研集群。基础科学发展在全球科技创新中心建设中扮演着创新资源的角色。美国的斯坦福大学就为硅谷输送了大量创新人才，也造就了著名的"斯坦福—硅谷"产学研模式。灵动的产学研设计是连接"知识—技术—市场"创新链的重要手段,有助于提高科技成果转化效率。四是构建非正规创新网络。企业之间的非正规网络为加快创新要素流动创造了条件,企业之间通过行业协会、企业联盟、共性技术平台①等非行政力量缔结在一起,共同分享信息、技术、人力资源和创新理念。五是贴近市场需求。市场需求是全球科技创新中心发展的驱动力量,能否得到市场认可也是检验创新成果的重要标准。技术筛选、产品升级是否符合市场需求,决定着科技创新的方向。六是科技服务体系完备。完备的科技服务体系是构建"热带雨林"式创新生态的必要条件,包括项目发现、团队构建、技术交易、企业孵化、创业培训、知识产权保护、后续投融资等全方位支持的服务内容体系,培育开放性、多样性和竞争性的创新组织。

第二节　上海建设全球科技创新中心的渊源与优势

国际金融危机之后,欧美发达经济体向制造业强势回归。以集创新动力、载体、资源和环境于一体的全球科技创新中心,在新产业革命中扮演了重要的节点角色。作为全国人口首位城市,上海的综合实力强,科技创新水平领先,国际化程度高,金融系统体系完善,构成建设全球科技创新中心的基础与优势。然而,上海也面临着艰难的挑战与瓶颈,比如,过高的生活成本、人口老龄化严重、白领文化以及碎片化的创新链等,以至于出现了"创新资源丰富但创新动力不足""创新人才云集但创新活力匮乏"的悖论。究其根源,是促进创新的各项体制机制没有理顺。为此,上海建设全球科技创新

---

① 例如,苹果公司通过 IOS 系统将全球用户与 APP 制造商连接在同一个平台上。根据应用商店研究公司 Distimo 和 Appsfire 的统计,截至 2015 年 2 月,全球 APP 软件数量已突破 140 万款,相似功能的 APP 制造商借助苹果终端设备采集用户需求,实现网络创新。

中心首当聚焦体制机制建设,集全市之合力,推动科技资源配置的制度变革。上海"科创22条"吹响了制度变革的号角,其后续效果和连锁反应正逐步显现。

一、科技创新是中国之强国策

中国是世界四大文明古国之一,中国古代的科学技术在世界科学技术史上带有浓墨重彩的一笔。在天文学、农业技术、医学、数学、建筑等领域都为人类文明作出了杰出贡献。其中,造纸术、指南针、火药、活字印刷术四大发明等为世人所乐道。李约瑟在《中国科学技术史》中记载道:"中国人的发明就多了,这些发明在公元1世纪到18世纪期间先后传到了欧洲和其他地区,包括:(1) 龙骨车;(2) 石碾和水力在石碾上的应用;(3) 水排;(4) 风扇车和簸扬机;(5) 活塞风箱;(6) 平放织机和提花机……(23) 火药以及和它有关的一些技术;(24) 罗盘针;(25) 纸、印刷术和活字印刷术;(26) 瓷器。我写到这里用了句点,因为26个字母都已经用完了,可是还有许多例子,甚至还有重要的例子可以列举。"[①]李约瑟进一步指出,在16世纪以前,中国在科技和经济发展水平上一直保持世界领先水平,但之后便迅速全面衰落。除了制度变迁外,科技落后是解释"李约瑟之谜"的重要视角。[②]

中华人民共和国成立之后,科技进步成为推动我国社会主义建设和经济增长的有力武器。在共和国艰难的发展初期,建设者们依旧以极大的热情投入科研工作,创造了"两弹一星[③]"的辉煌业绩,缩小了同欧美大国之间科技进步的差距(见表9-3)。

---

① 李约瑟.中国科学技术史(第一卷)[M].香港:中华书局,1975:546-547.
② 王冬,孔庆峰.资源禀赋、制度变迁与中国科技兴衰——李约瑟之谜的科技加速进步假说[J].科学学研究,2013,(3):321-329.
③ 指原子弹、氢弹和人造地球卫星。

表 9-3 主要核国家从原子弹到氢弹研制时间对比

核国家	第一颗原子弹	第一颗氢弹	时间间隔
中　国	1964 年 10 月	1967 年 6 月	2 年 8 个月
美　国	1945 年 7 月	1952 年 11 月	7 年 4 个月
苏　联	1949 年 9 月	1953 年 8 月	3 年 10 个月
英　国	1952 年 10 月	1957 年 9 月	4 年 5 个月
法　国	1960 年 2 月	1968 年 8 月	8 年 6 个月

资料来源：青海省原子城纪念馆提供。

1992 年春邓小平在南方讲话中指出，"科学技术是第一生产力""高科技的作用，从经济发展来讲是生产力，从军事角度来讲是威慑力，从政治上来说是影响力，从社会发展而论是推动力"。[①]

进入 21 世纪，国家发展高度关注创新问题。2006 年《国家中长期科学和技术发展规划纲要（2006—2020 年）》正式出台，明确提出"自主创新"内涵：自主创新就是从增强国家创新能力出发，加强原始创新、集成创新和在引进先进技术基础上的消化吸收再创新。2007 年党的十七大更是进一步明确，将"提高自主创新能力、建设创新性国家作为国家发展战略的核心"。2012 年党的十八大报告再次强调，"坚持走中国特色自主创新道路，以全球视野谋划和推动创新，提高原始创新、集成创新和引进消化吸收再创新能力，更加注重协同创新。深化科技体制改革，加快建设国家创新体系，着力构建以企业为主体、市场为导向、产学研相结合的技术创新体系。完善知识创新体系，实施国家科技重大专项，实施知识产权战略"，将全社会智慧和力量凝聚到创新发展上。2017 年党的十九大进一步指出，"创新是引领发展的第一动力，是建设现代化经济体系的战略支撑"。"加强国家创新体系建设，强化战略科技力量"，需要"深化科技体制改革，建立以企业为主体、市场

---

① 孙汉文.现代科学技术概论[M].北京：中国经济出版社,1999：24.

为导向、产学研深度融合的技术创新体系,加强对中小企业创新的支持,促进科技成果转化"。

2014年5月,中共中央总书记习近平在视察上海时指出,科技创新已经成为当今世界提高综合国力的关键支撑,成为社会生产方式和生活方式变革进步的强大引领。上海要"努力在推进科技创新、实施创新驱动发展战略方面走在全国前头、走到世界前列,加快向具有全球影响力的科技创新中心进军……要牢牢把握科技进步大方向,瞄准世界科技前沿领域和顶尖水平,力争在基础科技领域有大的创新,在关键核心技术领域取得大的突破;要牢牢把握产业革命大趋势,围绕产业链部署创新链,把科技创新真正落到产业发展上;要牢牢把握集聚人才大举措,加强科研院所和高等院校创新条件建设,完善知识产权运用和保护机制,让各类人才的创新智慧竞相进发"。原上海市委书记韩正在2015年1月市政协"解放思想深化改革开放,着力建设科技创新中心"的专题会议上指出:"上海要建设具有竞争力的创新中心城市。要形成大众创业、万众创新的局面,创新的活力在于改革,创新的动力在于市场。"

2015年5月25日,为全面落实中央关于上海要加快向具有全球影响力的科技创新中心进军的新要求,认真贯彻《中共中央、国务院关于深化体制机制改革加快实施创新驱动发展战略的若干意见》,适应全球科技竞争和经济发展新趋势,立足国家战略推进创新发展,中共上海市委、上海市人民政府公布了"科创22条"。一年间,科技创新中心实现了从概念提出、蓝图设计再到具体推进的跨越,上海正逐渐在全球有影响力的科技创新中心中重新定位自己的坐标。

二、上海具备建设全球科技创新中心的条件与优势

建设全球科技创新中心为什么选择上海?科技创新中心建设的上海优势可能体现如下。

第一,上海是全国首位城市,①经济腹地广阔。人口规模与科技创新正相关,从《连线》发布的46个国际技术创新中心来看,世界上科技创新最活跃的地区一般都集中在硅谷、洛杉矶、纽约等人口稠密且快速增长的大城市。2015年上海市常住人口达到2 415.27万人,②如果把区域一体化程度较高的经济腹地长三角地区也计算在内,那么将辐射到接近2亿人口,这部分人口的年人均可支配收入在3万—5万元之间,从而为科技创新提供了充足的人口规模、智力储备和市场规模,人口集聚一方面有助于降低企业的劳动力成本,另一方面也为新产品开辟了广阔的市场空间。

第二,上海综合实力相对较强。作为崛起中的全球城市,上海在综合实力、基础设施、产业结构、对外开放、社会发展等方面已经取得长足的发展(见表9-4),上海证券交易所、黄金交易所、期货交易所、技术交易所等市场体系相对完备,"四个中心"建设框架初步形成。

表9-4 上海社会经济发展基本情况

分类	具体指标	2015年	排名和占比情况
综合实力	人均GDP	10.31万元(1.54万美元)	仅次于天津和北京
	金融(含外汇)市场交易额	1 462.73万亿元	全国第一
	进出口额	4 202.11亿美元	仅次于广东和江苏
	服务贸易进出口额	1 966.72亿美元	全国第一
基础设施	港口货物吞吐量	71 739.64万吨	世界第二,仅次于宁波—舟山港
	集装箱吞吐量	3 653.70万国际标准箱	世界第一
	轨道交通运营里程	617.53千米	全国第一、世界领先

---

① 首位城市是在一个相对独立的地域范围内(如全国、省区等)或相对完整的城市体系中,处于首位的,亦即人口规模最大的城市。
② 数据来源:《2015年上海市国民经济和社会发展统计公报》。

续　表

分类	具 体 指 标	2015 年	排名和占比情况
产业结构	二产：三产	31.8∶67.8	结构合理
	战略性新兴产业增加值	3 746.02 亿元(15%GDP)	全国领先
对外开放	经营性外资金融机构	230 家	全国第一
	跨国公司地区总部	535 家	全国第一
	跨境人民币结算总额	12 026.40 亿元	占全国的 3%
	常驻境外人士	17 万左右	全国第一
社会发展	研发强度(R&D/GDP)	3.70%(研发投入 925 亿元)	全国领先
	高等院校、两院院士	60 余所、177 位(101＋76)	仅次于北京
	科研院所	100 多家	全国领先
	外资研发中心	396 家	全国领先
	平均期望寿命	82.75 岁	发达国家水平

数据来源:《2015 年上海市国民经济和社会发展统计公报》和《2015 年全国国民经济和社会发展统计公报》。

第三,上海科技创新水平处于全国领先地位。上海全面参与国家 16 个重大专项,具备丰富的重大项目经验。其中,先进封装光刻机、双模终端基带芯片、重组人尿激酶原(普佑克)等体现国内科技最高水平、打破国际垄断的重大创新成果和产品在上海相继涌现;光源、65 米射电望远镜、国家蛋白质科学基础设施等一批大科学装置落户上海;神舟十号载人航天工程、嫦娥三号探月工程、蛟龙号载人潜水器科考等国家战略工程,都闪烁着上海科技工作者的聪慧才智。2010—2015 年上海综合科技进步水平始终保持全国各省市前列,2015 年位列第一,获得 84.57 分,高于北京 1.14 分,与天津、广东、江苏和浙江相比,领先优势较为明显(见图 9-1)。其中,科技活动投入指数分别位居全国第一,科技进步环境指数、科技活动产出指数分别位居全国第二,高新技术产业化指数、科技促进经济社会发展指数位居全国第三。

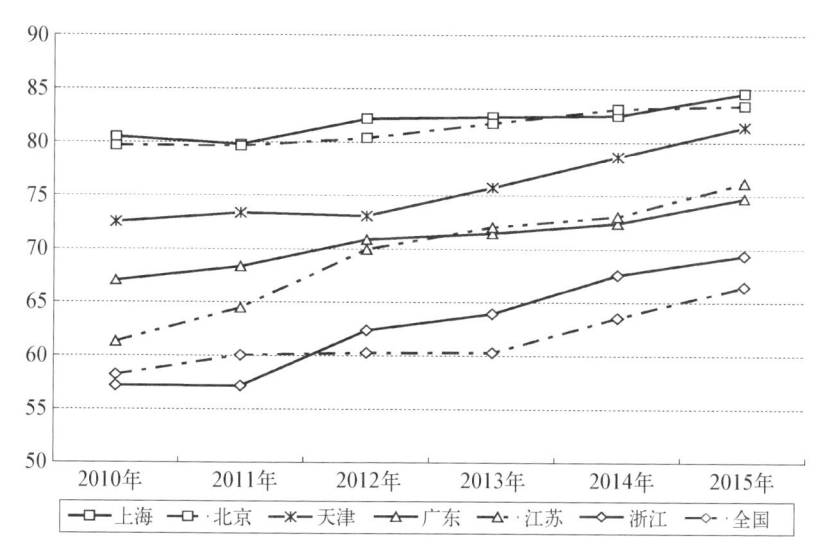

图 9-1　2010—2015 年上海及主要省市综合科技进步水平指数变化

数据来源：根据历年《全国科技进步统计监测报告》整理所得。

第四，上海的国际化水平相对较高。自 20 世纪 90 年代初浦东开发开放以来，上海就以全球市场作为自己的发展坐标。通过大量吸引外资，与国际规则接轨，朝着社会主义现代化国际大都市的目标迈进。2013 年 9 月底，中央批准设立中国(上海)自由贸易试验区之后，上海进一步确立以开放促改革的战略方针，深入推进行政体制改革，种好改革试验田，通过制度复制、效应溢出方式，向全国推广。高度国际化为上海吸纳全球创新资源、引进吸收再创新创造了条件。

第五，上海的金融市场体系较为完整。科技创新中心建设离不开"四个中心"，尤其是国际金融中心的支撑。科技创新不仅仅是研发和锻造产业链本身，还包括价值发现与实现的过程，离不开大资本的推动和衍生金融工具的作用。建设全球科技创新中心还需要特别关注，科技创新投融资渠道是否通畅，资本市场是否增强中小企业参与市场竞争的权利，以及互联网是否为新业态注入创业资本等。经过多年的发展，上海国际金融中心建设取得重大进展，从强调金融机构集聚转向促进金融市场体系的发展,从科技与金融的独立发展转向通过成立技术银行等制度创新促进两者的深度融合等,也是上海建设全球科技创新中心的题中应有之义。

第三节 上海建设全球科技创新中心面临的三大挑战

上海拥有丰富的科技创新资源,建设全球科技创新中心意愿强烈,但同美国硅谷、以色列的特拉维夫等世界一流的科技创新中心相比,在体制机制创新、市场化改革和创新文化方面,仍有较大差距。面对中央提出的上海建设全球科技创新中心目标,上海面临三大严峻挑战:高昂的生活/创业成本、人口老龄化与"白领文化",尽管这三个挑战并不必然阻碍上海的全球科技创新中心建设,但仍必须加以重视和预见。

一、挑战之一:人口红利消失与老龄化趋势

当前,上海已经进入人口老龄化加速发展期,截至2016年年底,上海户籍60岁及以上人口达到457.79万人,占户籍总人口的31.57%(见图9-2),[①]也就是说,大约平均每3个人就有1人是60岁以上老人,上海在全国范围内率先步入老龄化社会。

研究发现,上海各区县60岁及以上户籍人口在户籍总人口中的占比差异较小,而在常住人口中的占比差异则较大,这在一定程度上揭示出,大部分潜在的创新创业者——相当一部分是年轻的外来常住人口——出于规避高昂的生活成本等原因,居住或工作在上海郊区。而且上海外来人口中潜在的创新创业者占比并不高,2014年上海市委1号课题调研指出,大部

---

① 数据来源:《2017年上海统计年鉴》。

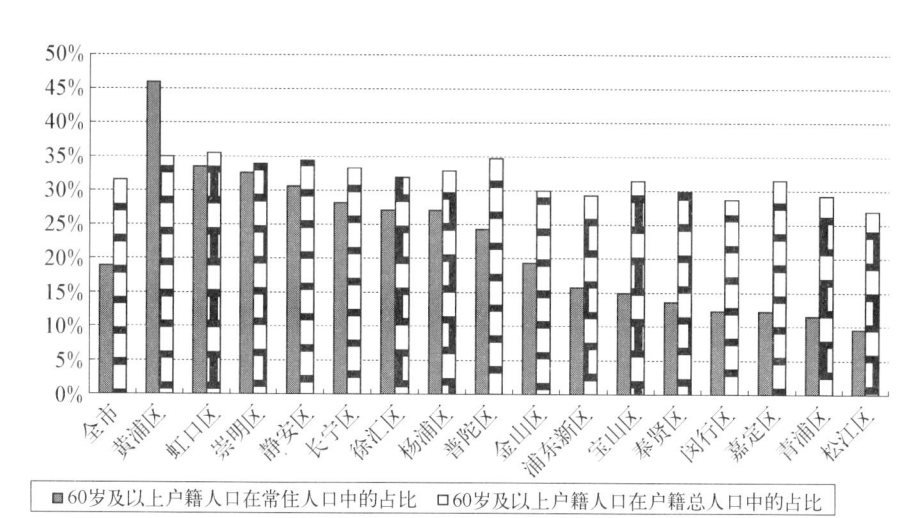

图 9-2 2016 年上海各区县 60 岁及以上户籍人口占比分布

数据来源:《2017 年上海统计年鉴》。

流动人口受教育程度较低,属于公共服务导入型,他们集聚在生活成本相对低廉的市郊,是为了分享上海较高医疗卫生和基础教育等公共服务资源。2009 年,上海社会科学院人口与发展研究所开展的关于上海本地和外来人员就业和社会保障情况的抽样调查显示,100 名上海户籍劳动力中,大专及以上学历占 44—45 名,初中及以下学历占 23—24 名;而在上海外来劳动力中,这两项指标分别为 30—31 名和 47 名。[①] 可见,人口老龄化以及外来人口受教育水平偏低,将对全球科技创新中心创建构成严峻挑战。

二、挑战之二: 高企的生活支出与创业成本

2016 年上海居民人均可支配收入达 5.43 万元,且多年来一直领跑全国。然而在购买力平价意义上,上海高昂的生活成本在国内也是首屈一指

---

① 周海旺.上海市外来与本地从业人员状况比较研究——基于 2005 年和 2009 年两次抽样调查的分析[J].人力资源研究,2010,(4):1-9.

的,如近年来高企的房价、①学费、交通费、医疗费等,一定程度上降低了上海对创业人士的吸引力。高昂的生活成本也会异化创新激励,使得原本应当给予创新者的回报,以房租、学费的形式,变相流入了少数资源掌控者的"口袋",也迫使一些好的创意不得不追求短期的利益,而逐本求末。调研还发现,一些科技从业人员在张江"打工"若干年后,便赴深圳创业,究其根源,仍然在于上海高昂的创业成本。

2014年3月4日英国著名智库《经济学人》发布的"2014年度全球生活成本"调查显示,上海已经成为中国内地生活成本最高的城市,排名第21位,超过纽约(排名第26位)和北京(排名第47位)。另一家全球知名咨询公司美世咨询(Mercer)公布的"2015年度全球城市生活成本"排名显示,上海列第6位,超过北京,上升势头强劲,在上一年度的排名中,上海仅列第10位。

然而从另一角度来看,但凡全球科技创新中心,生活成本都比较高,所以高昂的生活/创业成本也可能成为甄别高端人才的"筛选器"。这里的关键在于创新的收益是反哺、惠及与激励了创新者,还是变相地以各种"租"的形式,为土地、房屋等为创新活动提供创业条件的资产垄断者所占有。一旦激励扭曲且固化下来,就容易产生盘踞在科技创新阶层之上的食利阶层,从而遏制创新活力,阻碍创新文化形成。

三、挑战之三:企业家精神与创新文化缺失

国务院发展研究中心课题组(2015)在比较了北京、深圳和上海之后指出,上海在综合实力、资本市场交易规模和国家项目带动等方面具备优势,但在创新的市场化机制和创新文化方面相对薄弱,同时上海与国际一流创

---

① 2015年前5个月上海核心区新房均价开始进入"8万/平方米"时代,其中静安区逼近"10万/平方米"。

新中心相比仍有较大差距,具体表现在:研发投入不高,高端研发人才、创新创业人才相对不足,前沿技术创新少,产业化水平偏低,创新创业氛围不浓,风险投资规模不大,中小企业的成长性不强,创新生态网络有待增强等。徐净、王丹等认为,上海在加快建设具有全球影响力科技创新中心的过程中,需要强化创新生态环境建设,尤其是科技创新的政策环境建设。[①] 陈兴海等运用 DEA-Tobit 模型实证考察了 2012—2014 年期间 49 家上海科技创新类上市企业的科技创新效率,研究发现政府对创新资源的过度干预或将导致企业的整体创新发展水平有所下降,以及行业之间发展的不平衡。同时,市场机制可以在一定程度上增强资源之间的匹配度,缓解创新资源错配问题。[②]

第四节 上海建设全球科技创新中心的主要瓶颈

同美国硅谷、以色列特拉维夫等世界一流的科技创新中心相比,上海科技创新的发展瓶颈主要表现在:高端研发人才、创新创业人才相对不足;研发投入不高,创新能力不强,前沿技术创新少,产业化水平偏低;创新创业氛围不浓,创业活动及风险投资规模不大,小企业的成长性不强;市场导向的创新相对薄弱,创新生态网络有待增强等。[③] 其中,创新链的"碎片化"和创新激励缺失或错位尤为值得关注和研究,这是导致上海科技创新资源丰富但创新动力不足,创新人才云集但创新活力匮乏等问题的根源。因此,从创

[①] 徐净,王丹等.上海建设科技创新中心的政策和环境研究[J].科学发展,2015,(6):70-78.
[②] 陈兴海等.上海科技创新引擎企业驱动全球科技创新中心发展创新效率测度——基于 DEA-Tobit 模型的实证分析[J].科学管理研究,2016,(10):61-65.
[③] 国务院发展研究中心课题组.上海建设具有全球影响力科技创新中心的战略思路与政策取向[J].科学发展,2015,(5):59-68.

新链整合的视角来看,无论是在科技人才、资金、成果转化,还是利益分配、政策衔接、创新生态环境营造等方面,都有待健全与完善。

一、科技人才

科研人员的评价体系仅限于论文,尚未与产业领域的技术合作或技术转让挂钩。导致的后果是在某些领域形成"学术游戏",[①]如在生物医药领域,一些所谓的创新型研究,不过是将对肺癌的实验方法换作对肝癌,或是换一套数据炮制论文,真正的思想创新并不多见;[②]再加上研究的选题主要来自政府资助,往往同现实需求割裂脱节。

传统体制内的科研人员成为科研单位的附属品,束缚了人才的自由流动。比如,每位科研人员都是特定科研机构的资源,单位与单位之间的壁垒森严,科研人员之间的横向流动与跨界合作较难实现。此外,科技人才在高校、科研院所、创新企业之间的双向流通机制也不畅,在企业里获得的技术发明和专利产品不能作为晋升职称的依据,从而制约人才作用的发挥。

创新型企业缺乏高端技术人才,特别是先进制造业的高级人才奇缺。数据表明,尽管上海企业的技术工人占比超过了50%,但高级技师仅占总技术工人的0.1%左右,技师和高级技工的占比也只有1.1%和6.1%,而在发达国家,高级技工占比一般都超过35%。[③] 此外,上海对外籍高端人才的吸引面临永久居留证的升级门槛过高,申报流程长,发放数量少,来沪外国留学生毕业以后无法在上海直接就业等问题,目前上海境外人员占常住人

---

① 2017年4月20日,国际期刊《肿瘤生物学》将107篇中国作者论文集中撤稿,引起社会广泛关注。此次论文集中撤稿事件不仅严重损害了我国科技界的国际声誉,同时也反映出现行学术体制下,学术不端行为和炮制无思想论文泛起的趋势,已到了必须予以正视并进一步采取行动加以抵制的地步。
② 艾德铭.上海创新环境建设成果转化:难在哪儿,怎么突破?[N].解放日报,2015-05-14,(1).
③ 数据引自胡晓鹏."十二五"期间上海提高自主创新能力战略思路研究[Z].载潘世伟主编.建设创新驱动的世界城市——上海"十二五"发展规划思路研究[M].上海:上海人民出版社,2011:142.

口的比例不到 1%,远低于纽约(36%)、硅谷(66%)和新加坡(33%)。①

二、科技创新资金

科技型中小企业融资难问题依然比较突出。根据上海市工商联的调研,有 89.4% 的企业希望通过银行获取创新资金的支持,但很多创新型企业无法提供资产抵押,银行贷款受限。即使是有银行对中小企业、科技型企业提供资金支持,但由于其风险高,通常银行的贷款利率和企业的融资成本也比较高。

国内缺乏风险投资公司。根据清科等研究机构提供的数据,目前全国有天使投资基金 177 个,资金总额大概 150 亿元左右。其中,北京是 56 个,金额大概超过 70 亿元;上海是 26 个,金额有 24 亿元左右。上海的天使投资,无论在规模还是投资活跃度上,都不及北京。②对企业初创期和种子期的商业投入和商业孵化相对不足,普遍采用跟随国际风投的低风险策略,一定程度上拉大了金融与科技创新之间的距离,"稀释"了上海创业的吸引力。

创业型企业上市融资的股票市场(中小板、创业板)准入门槛较高。一般要求企业具有一定规模的净资产和持续盈利,由此堵塞了主业突出、有一定现金流,但连续投入较高的创新创业型企业上市。

三、成果转化

技术熟化成为"缺失的一环"。技术转移转化的关键在于技术熟化这一环节,也就是产品的"中试环节"。由于技术熟化通常需要数十倍于研发的中试成本且具有外部性。因此,企业和风投公司往往不愿在中试环节投入

---

①② 肖林.上海共性技术研发主体严重缺失[EB/OL].[2015-08-20].澎湃新闻,http://www.thepaper.cn/newsDetail_forward_1366428.

过多,导致从研发到应用再到商业化之间缺少技术熟化这一环节,由此反映出技术创新体系与(商业)模式创新体系之间的脱节。

技术创新与市场需求不匹配。目前,我国的产业规划和技术路径大多是由政府制定的,各地战略性新兴产业的选择又大体趋同。政府圈定的重点发展产业,往往成为新政策出台时人们关注的焦点。政府通过产业指导目录,鼓励企业选择前沿技术,推动新产品生产。然而,一旦新产品得不到市场的认可,"高大上"的科研成果就难以走出实验室、走上生产线,科技创新企业就会被阻挡在消费市场这道看不见的"玻璃门"之外。

四、利益分配

企业内部的创新利益分配尚不科学。企业内部的科技攻关项目,领导挂帅、论资排辈是惯例,工程技术人员的署名权往往得不到应有的尊重与认可。企业科层化的组织架构,淡化了对创新贡献的客观评价。特别是在国有企业内部,关系往往超越了正式制度,创新激励中的领导意志与平均主义造成创新知识产权模糊,阻碍了创新者的积极性,降低了创新团队的凝聚力。这些现象不仅客观存在,而且还从体制机制上腐蚀创新团体、弱化创新意志,迫使创新流于形式,变成应付各级领导汇报的表面文章。

股权激励试点工作推进阻力重重。用股权期权方式激励创新者,形成合理的收益分享机制,是国外比较成熟且行之有效的创新激励手段。然而,国内的股权激励方案却走得异常艰难。[①] 试点单位往往原则上同意,操作上却缓行甚至是反对。从政策制定到落地环节冗繁,导致上海的股权激励试点至今几乎全军覆没。[②]

---

① 俞陶然,彭德倩.股权激励为何三次"暂缓"[N].解放日报,2015 - 09 - 11,(1).
② 国有企业高层不支持是造成股权激励方案无法落地的又一重要原因。在高校方面,仅有少数研发团队获得了股权激励,如上海理工太赫兹研发团队获得了太赫兹技术研究院72%的股份,学校占股28%。目前,太赫兹技术研究院正在注册中,注册资金为3 000万元,包括300万元现金和2 700万元无形资产。

科研奖励隶属于事业单位绩效工资范围,总资金盘子不变,财政拨款和报销方式不变,激励效果难以产生。高校和科研院所的科技人员,主要依靠工资性收入,科研奖励占比有限。而且,从奖金的管理体制来看,仍隶属于事业单位财政拨款的范畴,总资金盘子不变,报销周期长,手续繁琐,奖物不奖人等问题依然存在。

五、创新政策

科技型企业在工商注册登记、股权融资和退出市场时仍缺乏便利化的政策。创客空间的工商注册登记、"一址多照"等新政策的实施效果和落地情况仍有待观察。另外,在科技型企业发生股权变更时,按照目前的工商注册规定,需要股东悉数到场,一起办理手续,这对于基于互联网发展起来的新企业而言,难度极大。

创新政策有时相互打架,缺乏统一清晰的创新管理法规。例如,为激励科研机构推进知识产权保护和技术转让,国家和上海市级层面都有明文规定。然而,在实践中据某些企业反映,一些陈旧的法规仍在沿用,这无疑会削弱新法律法规的创新激励导向作用。①

国内研发费用加计扣除的政策支持力度不足。上海针对本土企业在海外的投资收入、红利和管理金收益进行征税,对企业在技术引进、消化吸收、技术输出方面产生的成果却没有明确的税收优惠。对跨国企业在境外开展技术创新、品牌创建、市场拓展、上市和高层次的管理人才培训也没有特别的资金资助。

---

① 比如,在国家层面,1996 年的《促进科技成果转化法》规定:利用职务科技成果作价投资的,科研人员从该项科技成果形成的股份或出资比例中,提取不低于 20% 的比例。2015 年 8 月 29 日《促进科技成果转化法修正案》将这一比例提高到不低于 50%,加大了对科技成果转化激励的力度。在上海市层面,2007 年出台的《上海市发明创造的权利归属与职务奖酬实施办法》明确规定了发明人的权利;2013 年上海市高级人民法院制定了《职务发明创造发明人或设计人奖励、报酬纠纷审理指引》,强调科研机构技术转让规定的重要性,新的政策对科技创新做出了更大范围的鼓励与激励。

六、创新生态环境

"容错机制"缺失。科技创新充满着不确定性,创新失败往往会消磨企业的创新意志,但企业家精神的本质恰恰是冒险和不畏失败。上海在创新文化方面处于弱势,鼓励创新的"容错机制"有待建立与完善。日益高企的商务成本不利于上海创新文化的培育。目前,上海有创业苗圃71家、市级孵化器107家、加速器13个,形成了覆盖全市所有区县的孵化器网络。[①] 然而,要营造"大众创业、万众创新"的氛围,关键不是要大兴土木拓展场地,而是要优化完善现有的创业服务模式,丰富创新服务体系,构建一批低成本、便利化、开放式的众创空间,以线下服务线上、以孵化促进投资、以创新带动创业、以文化引领发展。

总之,上海科技创新动力不足的根源,主要在于市场环境不完善和制度安排不到位,致使科技创新资源的配置难以达到最优,尤其是该由市场配置资源的领域政府介入过深,从而导致科技创新资源配置机制扭曲。[②] 从理论上来讲,科技创新成果的知识产权具有私有属性,创新成果的商品化和产业化主要应由市场机制发挥作用,政府的主要作用是加强对知识产权的保护。如果政府过度干预科技成果的市场转化,不仅会导致科技创新资源配置效率低下,而且还会扭曲创新收益的分配。在科技创新的公共品领域,如科学研究、技术转化、应用试验、小试和中试等环节,由于创新的外部性较大,存在大量的沉没成本,使得很少有企业愿意参与这个阶段的科技创新,市场失灵问题经常发生,这就需要政府利用制度安排来加以推动和规范,以降低科技创新的外部成本。应当看到,政府和市场是两种性质不同但又紧密联系的资源配置手段。在科技创新领域,两种力量如果不能相互协调,就极易阻碍创新过程,扭曲创新收益分配,甚至撕裂创新链,破坏创新环境,造成"有研发无技术、有技术无试验、有试验无业态、有业态无产业"的科技创新"碎

---

① 数据来自上海市科技创业中心。
② 李凌.激发科技创新市场活力,应明确负面和正面清单[N].解放日报,2015-06-30,(11).

片化"问题。为此,上海要建设全球科技创新中心,核心是要解决体制机制问题,要破除制约创新的一切制度藩篱,推进简政放权,突出市场在科技资源配置中的决定性作用,更好地发挥政府在优化创新环境方面的作用。

第五节　制度变革引领上海全球科技创新中心建设

2015 年 5 月,中共上海市委十届八次会议通过"科创 22 条",对建设全球科技创新中心作出目标规划与具体部署,吹响上海科技创新制度变革的号角,成为破除科技创新资源配置障碍的行动指南。围绕"科创 22 条",上海又陆续出台了人才改革、众创空间、国企科技创新、科技金融、财政支持、成果转移转化、外资银行、知识产权等多项配套政策,初步形成了"1+9+操作细则"的科技创新中心建设政策体系框架,形成了具有可操作性的政策导向和推进计划。上海建设全球科技创新中心是一项系统工程,既需要"自上而下"的顶层设计与体制创新,也需要全社会达成共识、齐力推进。当前,上海"科创 22 条"掀起了新一轮科技创新中心建设与体制机制改革高潮,其后续效果和连锁反应正在逐步显现。

一、科技创新中心建设中政府与市场关系再思考

首先,要正确好处理市场与政府的关系。从理论上来讲,科技创新的主体是科学家、工程师和企业家,尤其是企业家,具有连接创新供给与潜在需求的重要作用。在"冲击—调整"模式下,新技术、新业态、新产业具有突破既有的政府管制冲动,倒逼政府作出制度变革。[①] 然而在实践中,明确政府

---

① 李凌.平台经济发展与政府管制模式变革[J].经济学家,2015,(7): 27-34.

和市场的边界却充满着挑战。政府和市场之间的关系是动态变化且相互影响的,在政府和市场之间还存在着广阔的中间地带,可由中介组织(如行业协会等)发挥作用。欧美发达国家新一轮产业革命和科技创新实践,大多是由政府主导的,国际金融危机冲击也致使政府干预主义复兴。中国从来都不缺乏政府管理的经验,上海科技创新中心建设缺的是"自下而上"的草根精神和首创实践,政府的善治意愿和干预冲动,客观上阻止了市场决定性作用的发挥,有时甚至还会"帮倒忙"。从制度变革的角度来看,应该尽快形成"市场准入负面清单"和政府的"权力清单",树立"法无授权不可为"的理念与规范,对于上海推进全球科技创新中心建设尤为重要。因此,从这个意义上来讲,上海建设全球科技创新中心是一场以科技创新为核心的全面创新,[①]同时也是面向未来的一场深刻变革。

其次,要营造具有创新激励功能的体制环境。在推动上海建设科技创新中心的制度安排中,一方面需要政府加大对"高精尖"科研项目的投入力度,包括引入代表科技进步方向的大型设备和大科学装置,为科研机构、高校和企业的科研团队提供中试服务,引导产学研合作,建立共性技术研发服务平台和信息发布平台,支持交叉学科的前沿研究和跨国合作研究,以及共享研究成果等;另一方面,更需要营造具有创新激励功能的体制环境,让一切创新主体和创新要素充分活跃起来,充分体现科学家、工程师和企业家的贡献与价值,形成推进科技创新的强大合力。创新激励的体制环境不仅是政府通过简单设立资金奖励或实施专利保护来纠正市场失灵,还涉及诸多要素投入与平台建设,包括基础教育投入、社会保障投入和促进技术发展的平台建设等。不能用研发支出或专利数量等单一指标来评价创新机制的优劣,而应当从社会全局的角度来看待创新,基于创新活动对整个社会福祉的影响进行评价。

---

① 杜德斌.对加快建成具有全球影响力科技创新中心的思考[J].红旗文稿,2015,(12):25-27.

再次，要全面深化改革与坚持对外开放。上海建设科技创新中心的目标愿景和总体思路一定程度上体现了政府简政放权的意愿。原上海市委书记韩正也曾明确表示，"创新不是'管'出来的，而是'放'出来的"。然而在实际推进过程中，仍不可避免地发现种种"管"的迹象，而且越到基层，传统的政府管制思维就越强，在产业规划、空间布局、资金分配等方面还存在着"管人、管钱、管项目"的做法，导致部门之间和地区之间的割裂和低效率的重复投入。为此，需要利用互联网，进一步开放和整合政府掌握的信息和资源，包括在操作层面及时废除不恰当的政策等，破除"管"的思维定势，调整既得利益格局。应当看到，"实施意见"并不是越多越好，而是要起到有效的引导作用。另外，上海各地区各部门需要因地制宜地参与科技创新中心建设，中心城区和郊区的任务、使命和发展路径，也应当有所区别，从而实现协同推进、错位发展。

二、上海全球科技创新中心建设的政策突破口

从政策建议角度来看，"科创 22 条"仍有未尽之意。上海在全球科技创新中心创建过程中，应重点聚焦"科创 22 条"落地时的政策突破口，并不断加以完善。

一是加强顶层设计、协同创新，争取国家层面的项目和资金支持。重点探索跨部门管理体制、整合创新链。建议上海科技创新中心推进小组协调各部委的创新支持政策，彼此相互衔接，对科技创新中心建设进度进行跟踪评估和经验总结。同时，将上海科技创新中心创建中的重大任务，如国家科学中心建设、打造功能性承载区等，列入国家"十三五"专项规划，争取国家层面的资金扶持和地方配套。

二是重点聚焦增强科技人员激励的政策突破口，坚持推进科研经费、人事管理制度改革，释放科技创新活力。建议采用渐进式和增量改革措施，引入规范的合同管理理念，把科研管理的重点从财政经费报销转移到对科研

成果质量的考核上来。同时，将理工类和社科类研究进行分类管理，结合国家高端智库建设方案和《促进科技成果转化法修正案》，大幅提高创新团队科研人员在项目经费支出和科技成果股份中的比例。建议进一步推进科研奖励机制改革，基于科技创新可能存在的诸多不确定性，探索弹性管理方法；加快推进将科技创新成果及社会评价纳入职称评定标准等。

三是重点聚焦促进科技型中小企业发展的政策突破口，在完善企业登记、注册、股权变更、金融支持等方面的同时，为企业退出预留政策空间。建议加快推进科技银行建设，探索轻资产无抵押、无担保、小额度、短周期的融资模式，特别是在研发设计、信息服务和文化创意领域。争取"一行三会"的政策支持，探索建立"科技创新板"，设置转板机制，实现全球科技创新中心与国际金融中心的联动发展。此外，要形成"热带雨林"式的资金支持模式，扩大风投、私募和天使基金的投资规模，为"大众创新、万众创业"提供有力的金融支持。

四是重点聚焦推动科研成果转化的体制机制突破口，发挥技术交易的中介功能，探索技术投融资机制。积极引导和鼓励有条件的国有资本平台注资或控股技术交易中心，集技术孵化、展示、评估、交易、转让、专利匹配等功能于一体。运用大数据方法，提高科技成果转化率和专利使用效率。借鉴国际经验，加强对"沉睡专利""流氓专利""失效专利"的治理创新。同时，成立技术银行，运用权益介入的方式，提升交易规模与能级，致力于技术资产的融通与增值，完善技术资产管理体系等。

第十章
创新驱动与上海知识产权交易中心建设

产权制度是社会主义市场经济的基石,知识产权制度是激励创新的重要保障。知识产权交易中心建设是上海全球科技创新中心建设的关键环节,也是黏合知识创新体系与技术创新体系,进而辐射到模式创新体系与空间创新体系的重要抓手。"十三五"期间,上海将按照专业化、市场化、国际化标准,组建知识产权交易中心,旨在发展并完善知识产权交易体制机制,推动创新与科技成果转化效率,加强知识产权运用与保护。目前,上海已具备发展知识产权交易中心的条件与资源,但管理体制相对分散,交易规模与能级尚处于起步阶段,知识产权保护力度有待进一步增强。为此,亟须整合现有资源,引入企业化运作模式,持续提升上海知识产权交易中心的规模与能级。

第一节 知识产权交易中心是上海科技创新中心建设的重要组成部分

随着科技的发展,为了更好地保护产权人的利益,知识产权制度应运而生。知识产权交易中心建设是上海全球科技创新中心建设的关键环节,加强知识产权运用和保护是确保持续创新的基础。

一、知识产权和知识产权交易中心

当今社会,知识为生产力和经济增长的重要引擎。知识产权,也作"知识所属权",体现权利人对其所创作的智力劳动成果所享有的财产权利。知识产权作为制度创新的法律文明,通过激发人们的知识创新活动,从而促进社会经济的不断发展,成为继物力、财力和人才之后的又一种新的经营资源,被人们称为"第四经营资源"。但凡社会进步与繁荣发展的国家,无不是知识产权制度健全与完善的国家。对这些国家而言,知识产权既是发展战略的选择,也是综合国力的体现。

知识产权交易是指技术供需双方对知识产权对应物的所有权、使用权和收益权进行转移的契约行为。知识产权交易中心是各类技术交易关系的总和,为知识产权交易各方提供信息发布、确权评估、挂牌上市、转让报价、交易鉴证、结算清算、托管登记、项目融资、项目推介、政策咨询等提供相关服务等,从而实现知识产权从实验室到商品的有效转化。根据知识产权的非实物形态特质、交易性质与功能属性,知识产权交易中心的可交易范围和内容,应以专有技术和专利交易为主,同时还包括商标权、著作权版权,并可逐步拓展到特许权和文化产品等无形资产(见表10-1)。

表 10-1 知识产权交易中心可交易范围与内容

可交易范围	具 体 内 容
专有技术	不为外界所知,在生产经营活动中应采用了的,享有法律保护的,可以带来经济效益的各种技术和诀窍
专利权	国家专利主管机关依法授予发明创造专利申请人对其发明创造在法定期限内所享有的专有权利,包括发明专利权、实用新型专利权和外观设计专利权

续　表

可交易范围	具　体　内　容
商标权	专门在某类指定的商品或产品上使用特定的名称或图案的权利
著作权版权	制作者对其创作的文学、科学和艺术作品依法享有的某些特殊权利
特许权	企业在某一地区经营或销售某种特定商品的权利或是一家企业接受另一家企业使用其商标、商号、技术秘密等的权利
文化产品	影视作品、软件产品、管理信息系统等

二、知识产权交易中心与上海科技创新中心建设

2014年5月,习近平总书记对上海提出了"加快向具有全球影响力的科技创新中心进军"的新要求、新定位,同时提出了三个"牢牢把握",除了要牢牢把握科技进步大方向和要牢牢把握产业革命大趋势,还要牢牢把握集聚人才大举措,加强科研院所和高等院校创新条件建设,完善知识产权运用和保护机制,让各类人才的创新智慧竞相迸发。

2015年5月,上海在关于加快建设科技创新中心的22条意见中,将知识产权制度视作激励创新的基本保障。2016年3月,上海出台《关于加强知识产权运用和保护支撑科技创新中心建设的实施意见》,提出要"探索知识产权金融创新,整合现有资源,按照专业化、市场化、国际化原则组建上海知识产权交易中心"。可以看到,知识产权战略贯穿于上海科技创新中心建设全过程,"积极营造良好的知识产权法治环境、市场环境、文化环境,加强知识产权运用和保护,对于推进全球科技创新中心建设,具有极其重要的支撑作用"。

2016年年底,中央全面深化改革领导小组第三十次会议审议通过了《关于开展知识产权综合管理改革试点总体方案》,对深化知识产权领域改革作出重要战略部署,为突破知识产权体制机制障碍、更好发挥知识产权制度激励创新的保障作用提供了行动指南。

第二节　上海知识产权交易现状与组建知识产权交易中心可行性分析

一、全国布局与上海的定位

目前,我国高度重视知识产权在国家创新体系中的积极作用,正在规划建立"1＋2＋20＋N"的专利运营平台体系:包括在北京建立全国专利运营公共服务平台;在西安建立军民融合专利运营平台,在珠海建立面向投资的专利运营平台;并通过股权投资重点扶持20家知识产权运营机构,示范带动全国知识产权运营服务机构快速发展。财政部于2014年投入4亿元,2015年投入6亿元来支持知识产权的运营。

从2016年4月发布的《2015年全国专利实力状况报告》看,广东位居专利综合实力排名首位,表现出强劲的科技成果转化与应用能力;北京的知识创造能力技压群芳,体现了其科技教育资源丰富的特点;江苏的企业创新能力和创新环境良好,其良好创新环境激发了企业的创新活力;相较而言,上海知识获取能力强,开放性、国际化程度高,在流通、交易领域存在极强的先天优势,在专利综合实力排名中位列第6位。组建知识产权交易中心,积极开展与发达国家现有技术交易网络的对接,形成以知识产权交易中心为龙头,创新创业承载地,各种交易基金相关联的多层次资本市场三者相互关联的创新创业生态系统,将从根本上改变上海的创新创业环境,有助于发挥上海开放性、国际化程度高的优势,更好地集聚在沪高校、科研机构、大型企业的研发人才、研发资源,促进国内外科技创新主体的互动和知识外溢,推动科技与金融双轮驱动,更好地发挥上海在全球创新网络中的重要枢纽功能。

二、上海知识产权交易现状与存在的问题

上海的知识产权交易市场在连接知识产权供求、控制交易风险、活跃交易主体、完善科技服务体系等方面,迈出了开拓性的步伐。然而,相比于国外比较成熟的知识产权交易市场,上海知识产权交易市场处于发展的初级阶段,还面临着一些突出问题。

一是知识产权交易市场碎片化现象比较严重,分别由不同职能部门分管,市场分割问题比较突出。在机构建制上,既有体制内的事业单位,也有体制内和体制外的企业,但以事业单位居多;覆盖各种不同的科技领域和业务范围,既有综合型的,也有专业型的(见表10-2)。据不完全统计,隶属于市国资委的上海联合产权交易所下属的上海联合知识产权交易中心、隶属于市教委的上海市教育委员会科技发展中心,以及由市科委负责指导的国家技术转移东部中心等,都具有一定的代表性。除此以外,还有基于中国科学院上海生命科学研究院知识产权与技术转移中心发展而来的上海盛知华知识产权服务有限公司,以及由工信部负责指导面向集成电路设计行业以提升我国电子信息产业知识产权水平为目标的上海硅知识产权交易中心有限公司等。

表10-2 上海主要知识产权交易市场简介

指导单位	机 构 名 称	机构属性	覆盖业务/领域
市国资委	上海联合知识产权交易中心(隶属于上海联合产权交易所)	事业编	技术/专利;商标/品牌;著作/影视
市教委	上海市教委科技发展中心	事业编	高校技术市场
市科委	国家技术转移东部中心(已合并上海市技术交易所)	国 企	技术/专利
中国科学院上海生命科学研究院	上海盛知华知识产权服务有限公司	企 业	生化领域的知识产权
工信部	上海硅知识产权交易中心有限公司	企 业	电子信息产业的知识产权

资料来源:作者整理。

二是知识产权交易市场不活跃,主要原因在于技术/专利供给与企业需求之间不匹配。"高大上"的科研成果难以走出实验室、走上生产线,是一个带有全局性的普遍性的问题。据统计,2014 年,上海联合产权交易所实现技术交易 103 项,交易金额 11.31 亿元,分别不足交易总量的 5% 和 1%。[1] 与此形成鲜明反差的是,从 2015 年 1 月 1 日至 11 月 22 日,上海经认定登记的技术合同 18 683 项,成交额 488.83 亿元。[2] 这反映出技术交易需求与现有技术交易服务供给之间存在严重缺口和脱节,尤其是从科技发明到实现产业化的整个链条存在缺失环节,科技成果转化难已成为我国实施科技创新战略的重大障碍。知识产权交易市场交易不活跃的现象亟待扭转。

三是知识产权交易市场能级不高,体制内的平台大多以提供信息撮合交易为主,盈利模式主要是固定费率或按交易溢价比例提成。与国际主流的知识产权交易平台相比,上海知识产权交易平台的获利模式可谓乏善可陈,主要致力于借助信息化手段,开展协议评估、信息撮合与网上竞价等业务,优点是风险可控,缺点是把技术/专利视作普通的产权进行交易,忽视了技术/专利的成长性,以及离不开资金持续介入的特殊性。这样一来,技术/专利就是"死"的,而不是"活"的。国际上目前普遍采用的,基于许可、出售知识产权,成立衍生公司、实行股权融资的获益方式并不多见,知识产权质押融资发展比较迟缓,第三方评估无法解决技术定价难题,这些也都是造成知识产权交易,尤其是技术交易规模较小的重要原因。

四是知识产权交易制度设计过于封闭,单个知识产权与相关知识产权的互动性差,垃圾专利占比较高。实际上,一个零散的技术方案其实用价值并不大,它必须与若干相关技术方案打包才可能有产业化意义。然而,在目前的知识产权的交易撮合机制中,一方面,以供待需,操作上易行,但导致单

---

[1] 任荃.破解制约创新环境建设难题[N].文汇报,2015-05-26,(4).
[2] 数据来自上海联合产权交易所。

个专利的需求量极小;另一方面,科研激励上也存在的偏差,导致本是一项完整的发明被拆成若干小项,然后将每一小项单独进行专利申请,以获取更多的资助和更多的专利。① 尽管上海的专利申请量和授权量不少,但大多是一些不以创新为目的的"沉睡专利"和"流氓专利",以及超过专利保护年限的"失效专利";②而且半数以上的发明专利维持时间不到10年,这极大降低了专利技术被拓展应用、形成新产业的潜力,③也严重制约着上海科技创新中心建设。

此外,专利费过低,各种创业基金条块分割严重、缺乏合力,科技中介服务机构发展相对滞后数量不足,知识产权保护的法制力度和社会氛围尚有待加强等,也都是阻碍上海知识产权交易市场发展、制约上海科技创新中心建设的瓶颈问题。为此,上海组建新的知识产权交易中心,就显得既十分紧迫,也颇为必要。

三、组建上海知识产权交易中心的可行性

上海创设与全球科技创新中心目标相适应的知识产权交易中心意义深远,不仅有助于有效对接技术供求、扩大技术交易规模,也有助于实现技术交易标准化,将科技创新从理念到产业化的过程全覆盖;不仅有助于形成基于原创性技术的产学研新模式,充分挖掘科技创新的支撑、引领和示范作用,也有助于构建多层次的资本市场,改变上海创新创业的市场环境,对接"科创22条",立足全球视野配置科技创新要素资源。

随着全球科技创新中心建设的不断深入,从存量上看,上海知识产权供求资源丰富,潜在市场规模大,知识产权人才汇集;从流量上看,知识产权交

---

① 马忠法.完善现有专利资助政策,为提高高校专利技术转化率创造条件[J].中国高校科技与产业化,2009,(3):70-73.
② 王玉柱.专利存量市场化困境及上海科技创新中心建设的突破口[J].科学发展,2017,(4):15-20.
③ 曹祎遐.专利实施:上海创新的"标尺"[J].上海经济,2013,(5):16-17.

易日趋活跃。近年来，一些国企和民企开始涉足知识产权交易领域，足以表明现有的以依托市国资委、市科委和市教委的知识产权交易平台无法满足日益增长的交易需求，交易手段和盈利模式也有待拓展。因此，为避免出现传统交易平台各自为政的弊端和体制缺陷，在建制上，知识产权交易中心不宜沿用以往的事业单位编制，而应当借助市场的力量，采取企业形式，激发体制活力。

由于知识产权交易既有相当的竞争性，又具有一定的公益性，而且需要大量的前期资金投入，包括信息化的基础设施建设。如果采用民营企业建制，固然可以另起炉灶，在知识产权交易中心建设初期筹措到大量资金，但是在投入运营之后，在利益的驱使下，或许难以确保交易的规范性和交易平台的权威性。为此，研究认为，知识产权交易的竞争性和公益性特点，决定了采用多元股权的混合所有制企业建制是比较合适的，这样既能为前期投入提供大量资金，整合现有资源，也能为平台交易提供政府信任背书，实施公开、公平的交易规则，保障交易流程的透明化和规范化。

2017年1月，为落实上海"十三五"规划中提出的亚太知识产权中心城市建设目标，上海成立知识产权交易中心，旨在进一步整合分散的交易资源，完善知识产权交易体制机制，推动创新与科技成果转化效率，加强知识产权运用与保护，这标志着上海向具有全球影响力的科技创新中心又迈出了坚实一步。

第三节　国外知识产权交易中心的主要模式与经验启示

随着知识经济的到来，知识资产逐渐取代传统的实物资产而成为企业核心竞争力所在，要求企业应该将融资重点从实物资产转向知识资产，由此产生了知识产权交易的广泛需求。知识产权交易中心的兴起顺应了知识产权交易需求的出现,成为开展知识产权交易与管理的重要平台与抓手,而且随着交易规模的不断扩大,在金融资本的催化下,产生了全新的融资途径与知识产权交易模式。[①]

一、国外知识产权交易中心运作的四种模式

组建知识产权交易中心的首要任务,在于提高知识产权制度的整体运行效率,打通知识产权创造、运用、保护、管理、服务全链条,有效促进各类资源向创新者集聚。从世界范围来看,根据标的物标准化的不同模式,可以把知识产权交易中心分为能级逐次提升的四种类型。

第一种是信息平台模式。知识产权交易中心的主要职能,是促进交易双方信息匹配,提供从发明创造到商业化的"一站式服务",包括信息发布、知识产权认证、技术推广、商业化补助、会场展示、教育培训等。美国波士顿的YET2,以及韩国知识产权交易所、新加坡知识产权交易市场、中国香港技术交易所等,大多采取这种模式,其特点是依靠政府支持,风险较小,提供的服务属于交易中心的底层功能,尚未实现知识产权的证券化。

第二种是合同许可模式。权利人许可授权专利需求方使用知识产权的标的物,但不转让标的物所有权。交易中心和权利人就许可费或知识产权应用提成(债权)达成分成协议。权利人还能对知识产权进一步加以改良或应用,或通过技术银行的专利池机制,持续发酵知识产权,尤其是防御性技术的潜在价值。

第三种是衍生公司模式。交易中心向权利人或合作伙伴提供投资资金,共同成立新公司,并获取相应股份。这种模式往往与高校的技术转移中

[①] 本节内容引自李凌.建亚太知识产权交易中心,上海怎么破"规模与风险"魔咒[EB/OL].上观新闻,https://www.jfdaily.com/news/detail?id=47547;另一版本参见李凌.破解知识产权交易规模与风险的"魔咒"[N].解放日报,2017-03-28,(10).

心联系密切，新成立的公司还可以到三板或创业板上市融资。

第四种是权益融资模式。权利人将标的物独占许可给交易中心，通过交易中心或其下属的公司，设计形成标准化的知识产权单位许可权，以合同约定的价格在一级市场上吸引投资者（风投），过程与首次公开募股有些类似，同时允许多余额度的单位许可权在二级市场进行交易，交易中心负责构建一级和二级市场，并及时向社会公布单位许可权的使用情况。美国的芝加哥国际知识产权交易所公司（IPXI）就属于此类，不过目前已经倒闭，因为在享有高收益的同时，这种模式也面临着极高的风险。

需要强调的是，对于实物资产而言，信息平台模式与合同许可模式有助于缓解交易中的信息不对称，增强交易的灵活性，但对于知识产权标的物而言，却难以奏效。主要原因在于，专利、商标、版权、技术秘密、集成电路布图设计等知识产权，一般都具有保密性、垄断性和价值的不确定性等特点，其价值往往只能在交易中被发现，难以进行第三方评估，这使得知识产权的交易特质与实物资产截然不同，仅仅停留在供求信息匹配层面的交易中心，难以形成知识产权交易的规模经济。同时在另一方面，衍生公司模式和权益融资模式离不开一个国家或地区与之相匹配的金融开放制度，有时还会因为面临过度的风险而遭到诟病。因此，如何在规模、能级和风险的权衡中，推进知识产权交易中心建设，是全世界科技创新面临的一项共同难题。

二、国外知识产权交易中心运作的主要经验

一是知识产权的内涵丰富，要把技术/专利交易与商标/版权等其他知识产权的交易区分开来。

二是知识产权交易的最优方式是投资，要根据交易标的的特性选择知识产权平台的运作模式。具体而言，信息平台模式只适合于非技术/专利类知识产权的交易。对于技术/专利类知识产权，由成果转化机构评估新技术后，可由其下属的基金或者风投公司投入"种子基金"，并吸引社会、银行、政

府资金跟投,形成风险共担机制,增加技术评估的可信度。

三是知识产权交易平台的运营不是简单的第三方机构,而是要作为利益相关方直接介入知识产权的价值创造过程(评估、实施、转让、许可、质押融资等一系列活动)。另外,成立专利池公司、加入反专利流氓机构(RPX)等,都是不错的选择。

四是组建知识产权交易平台,需要引入市场化理念,不是简单依靠行政手段整合资源就能实现的。北交所的案例表明,组建知识产权交易平台,是体制机制的变革,而不是资源的简单整合。

五是积极拓展知识产权交易平台新功能,以需定供。例如,Ocean Tomo 300 patent index 是由 300 家知识资产最密集的企业的市值整合成的指数,推出 10 年来,比注重有形资产的标普 500 指数更好地拟合了美国经济,因而被广泛用于知识产权与金融领域,确保了该公司在知识产权价值评估上的权威性。

三、对上海组建知识产权交易中心的几点启示

从国际上知识产权交易中心运作的四种模式来看,上海要想破解知识产权交易中"规模与风险"的魔咒,既要充分借鉴国际经验,避免冒进扩张或低水平重复建设;也要积极通过资本运作,提升知识产权交易中心的交易规模与能级。

第一,上海知识产权交易中心的模式选择,应从信息平台模式为主,转向合同许可模式与衍生公司模式为主。上海有着丰富的智力资源,知识产权交易中心不仅要起到撮合交易的平台作用,而且还要发挥科技创新的需求引导作用,把高校和科研院所的智力供给与企业的技术创新需求对接起来。在交易模式中,应当嵌入知识产权许可、技术银行、公司注册便利化和金融开放的制度设计,依托交易中心培育各类科技中介服务机构,同时将部分科技管理的行政审批和技术认定权限下放到知识产权交易中心,不断提

升交易中心的交易能级。

第二,上海知识产权交易中心的功能定位,应由核心功能与延伸功能两大类组成,实现"科技＋金融"的双驱动战略。核心功能主要包括成果信息发布、价格发现、交易转让、大数据分析与再研发以及成果转化管理等,旨在通过知识产权交易机制创新与流程再造,促进科技成果产业化,并为多元化股权投资等延伸功能预留接口。延伸功能主要包括股权投资、质押融资、技术孵化、专利保险、知识产权论坛和人才培养等,旨在扩大交易中心的辐射力,促进众创、众包、众扶、众筹等新模式的发展,为"大众创业、万众创新"提供科技服务支撑。

第三,上海知识产权交易中心的运营建制,应以多元股权下的混合所有制为宜,适时探索并逐步过渡到PPP模式。知识产权交易既有相当的竞争性,又具有一定的公益性,还需要依靠大量的前期资金投入,包括信息化的基础设施建设。因此,交易中心采用多元股权的混合所有制企业建制可能是比较合适的,这样既能整合现有资源,为前期投入提供大量资金,也能为交易中心提供来自国家的信用背书,有助于实施公开、公平的交易规则,保障交易流程的透明化和规范化,发挥知识产权交易的溢出效应。另外,在条件成熟时,吸引一定比例的民间资本介入,可在一定程度上缓解资金投入压力,增强交易中心运营活力。这方面可以借鉴新加坡知识产权交易中心的建设经验。

第四,上海知识产权交易中心的建设目标,应秉持国际化、市场化和专业化的发展方向。突出国际化,推进创新主体运用国际知识产权规则的能力建设,立足亚洲配置知识产权资源,充分利用人民币国际化的契机,形成资本项目下的可自由交换平台,实现股权跨国并购的可自由兑换等。体现市场化,完善知识产权投融资政策,简化知识产权质押融资流程,探索开展知识产权证券化业务,释放交易中心网络"互联互通"的广泛有效性。坚持专业化,提高知识产权的创造质量,在为知识产权标的物"插上金融翅膀"的同时,做好交易风险防范与管控。

此外,上海组建知识产权交易中心,也离不开知识产权运用和保护综合改革。交易中心应致力于覆盖知识产权创造、交易、运用、保护管理等层面的运用和保护,对接国家的"1+2+20+N"知识产权运营服务体系,落实《关于完善产权保护制度依法保护产权的意见》。同时,还要充分发挥知识产权法院、知识产权仲裁院,知识产权维权援助中心等机构的作用,完善知识产权民事、刑事、行政案件"三审合一",探索跨地区知识产权案件异地审理机制。

总之,单纯依靠政府支持下的少数科研机构和事业单位承担知识产权转化主力的模式,已经难以适应今天更加快速、更加复杂、更加综合的创新态势,必须建立系统化的创新体系,在激烈的国际创新竞争中不断培育整体优势、提升交易能级,努力把上海建设成为"创新要素集聚、保护制度完备、服务体系健全、高端人才汇聚"的亚太知识产权中心城市。

第四节　上海知识产权交易中心能级提升的关键举措

从目前上海知识产权交易市场的功能定位来看,主要还停留在国外第一种模式上,后面三种模式鲜有涉及,相匹配的体制机制也都还没有建立起来。为了进一步提升上海知识产权交易中心能级,需要从核心功能与非核心功能两个方面加以统筹设计。

一、核心功能升级:机制设计与相关举措

知识产权交易中心的核心功能,主要是通过知识产权交易机制创新,促进科技成果产业化。通过交易体系和规则设计,逐步形成与完善科技成果

信息发布、价格发现、交易转让、深度开发等核心功能,并为基于知识产权交易的多元化股权投资等非核心功能预留衔接口。

(一)知识产权信息发布功能

致力于前沿技术的推介与展示,推动技术产权交易供求信息发布与匹配。包括:(1)引入大数据分析指引和科技成果转化公示机制。知识产权交易中心通过积累大量有效交易数据,运用大数据分析的手段,把握科技创新的分布与趋势,分析科技创新的行业走势与地区分布等,为技术转让和制定创新政策提供趋势指引和决策依据。同时,按期公示高校和科研院所科技成果转移转化数据和年度统计分析报告,以需定供,鼓励高校和科研院所进场交易,积极参与成果转化。(2)公示豁免权机制。作为国有无形资产转移承接单位,知识产权交易中心应为技术交易提供信用背书,通过在知识产权交易中心公示和挂牌竞价的国有技术(无形资产)交易具备法律效力,所形成的价格具有豁免权,避免高校和国有资产负责人因责任风险而降低对技术和国有无形资产转让的积极性。

(二)知识产权价格发现功能

致力于成为培育市场定价机制的平台,构建完善的技术产权价值评估体系。完善市场化的协议转让与竞价交易机制。知识产权交易中心通过对市场各参与者和要素的集聚,形成规模化的市场和交易数据,给予技术转让以价格指引。转让的市场化定价分为协议转让与竞价交易两种机制。高校和科研院所研发团队根据企业需求定向研发的科技成果,及其科研人员以技术顾问形式为企业服务的也应采取协议转让方式确定价格。在只有一个受让方的情况下,采取协议转让方式,由转让方和受让方共同决定转让价格。在具有两个或两个以上的受让方的情况下,采取竞价机制,由多个受让方公布其交易方案和交易价格,受让方再从这些方案和价格当中选择更合适的受让方,由此实现交易价格与真实价值相一致,体现其价格发现功能。

(三) 知识产权交易转让功能

致力于成为增加交易活跃度的平台；推出标准化服务，对接国际技术交易市场，拟分为线上"O2O"和线下连锁化经营（满足个性化需求）两部分。实行核准备案代理机制，技术转让过程所形成的评估报告和交易方案必须经过市财政局或市国资委及其授权管理单位的审批备案。知识产权交易中心可事先对具有相关资质的评估机构、交易机构等会员单位进行严格把关，基于对会员单位的代理工作的监督管控，起到对国有无形资产转移的源头控制作用，同时建立简化备案前期手续的绿色通道，为企业节省时间成本。

（四）知识产权深度开发功能

致力于成为助推科技成果加速实现产业化的有力保障，协助技术转移机构搭建知识产权的再研发平台。形成面向企业需求的高校和科研院所定向研发模式，集聚上海高校和科研院所研发资源，面向企业进行需求化导向的定制交易，通过需求信息登记、供需匹配、线下撮合、洽谈签约、附加服务、验收付款的业务流程，直接购买、技术入股、专家顾问等多种交易形式，为科技成果产业化转化的所有环节提供各项服务，助力产学研真正落地发展。形成优质技术的深度开发机制。筛选一批优质可转化的国有无形资产，由知识产权交易中心牵头进行技术深度开发，避免资源闲置和浪费，使其能转化为社会和经济效益，实现增值。

二、非核心功能延伸：机制设计与相关举措

知识产权交易中心的非核心功能，是要为"大众创业、万众创新"提供科技服务支撑，包括知识产权证券化的金融支撑和捐客文化支撑，具体对应到促进科技成果转化的质押融资、股权并购、人才培育和管理服务四种非核心功能。其中，一是要突出国际化，比如结合人民币国际化的契机，形成资本项目下的可自由交换平台，实现股权跨国并购的可自由兑换等。二是要充分发挥社会力量，增强创新创业政策集聚、捐客文化和交易平台网络"互联

互通"的广泛有效性。

(一) 知识产权质押融资功能

基于交易过程中形成的不同预期,设计各种交易基金相关联的标准化金融产品。重点探索以专利权为主要内容开展知识产权信托交易试点,开展知识产权证券化业务,使知识产权交易中心成为"推动科技与金融紧密结合"战略的承载机构。以"科创22条"为指导,构建技术交易资本化证券化的实现路径和运营机制。专注于服务技术交易创新链的整合,具体体现在:通过创新型技术价值的评估模式,为科技创新主体提供资金支持;度身定制金融服务方案,满足技术创新在各个发展阶段的需求;提供全球化合作平台,为国内企业向海外市场的发展搭建桥梁。[①] 突破制度性和功能性瓶颈,促进多元化、多样化的科技成果交易模式发展。推进政府投入与社会资本相结合、产业资本与金融资本相结合、直接融资与间接融资相结合。做大做强政府引导基金和创投基金,进一步加大政策性贷款担保力度,解决技术创新过程中融资难问题。

(二) 知识产权股权并购功能

基于技术交易与转让,采用股权并购等方式,确保在技术转移过程中具有持续的研发能力。在技术创新的全产业链条上实现技术到团队再到股权并购的发展模式。在三板市场以外上海知识产权交易中心具有产业创新起步阶段初级股权设置监管的权限,为非上市的科技企业,提供股权交易服务。服务内容主要包括:针对科技创新主体的特点提供专业化深度信息披露。为创新主体股权交易及并购提供尽职调查。为高等院校、科研院所、院所转制企业以及高新技术企业开展股权激励提供咨询服务,协助股权激励单位研究制订科学、合理的股权与分红激励方案等。需要注意,此功能应在市场能级较高,风控技术较为完善的环境下方能开启。

---

① 张蕊.科技金融——搭建金融助推科技的多米诺骨牌[J].华东科技,2012,(9):32-33.

(三) 知识产权人才培育功能

致力于成为"大众创新、万众创业"的重要组成部分。革新科技研发模式,鼓励多方参与的开放式合作研发机制。围绕核心功能拓展,培育科技专业人才,如创业者企业家(创客)、技术/专利经纪人(捐客)等。技术交易市场的发展壮大离不开技术交易创新链中技术经纪人和中介组织的参与。一方面建立科技中介的人才培养体系,搭建创新人才平台;另一方面,上海知识产权交易中心应该与人力资源和社会保障部合作实施技术交易中介组织和个人的职业化认定制度,依托知识产权交易中心平台进行科技中介专业人才的注册认定。同时要构建技术交易中介人才的收入保障机制,理顺技术交易过程中供需双方和中介经纪人的收入分配体系。

(四) 知识产权管理服务功能

致力于成为贯彻政府科技政策、落实资金支持、专利管理和政策引导的服务平台。实行高校科研院所专利托管池机制。针对高校和科研院所闲置的大量专利,由知识产权交易中心建立专利池进行托管和交易,根据专利的不同用处分门别类,组合打包,推荐给需求企业促进交易。同时,进入专利池进行托管的专利缴纳年费时能享受优惠。实行海内外优质项目推荐机制。针对企业对于无形资产和技术升级方面的需求,借助平台资源渠道和供给库,通过知识产权交易中心的优质中介类会员,为意向企业提供收购过程中的各类咨询服务和政策引导。

专栏 10-1　　以色列的伊萨姆(Yissum)公司

伊萨姆是全球顶级的技术转移公司,成立于 1964 年,组建目的是保护希伯来大学的知识产权,并实现其商业价值。依托希伯来大学的科研力量,伊萨姆拥有 2 600 项发明的 9 300 件专利,获得了 800 项技术许可,利用技术许可组建了 110 多家公司,其中包括 Mobileye、Collplant、QLight 和 BriefCam 等颇有影响力的企业。这些专利与许可为希伯来公司每年带来超过 20 亿美元的销售额。

1. 伊萨姆的技术转移方式

伊萨姆通过技术许可、组建公司、合作研究等多种方式来为希伯来大学发明、产品和技术创造价值。

首先,在技术许可方面,伊萨姆会根据不同的知识产权属性颁发不同的许可证,并采取不同的许可方式。在专利权许可方面,对于一些初创公司,伊萨姆会索取一定的股权来替代一部分许可证费用;在版权许可方面,伊萨姆也会采取多种付款方式,如销售额分成等;最后是以研究为目的的许可证,伊萨姆规定,这种许可证的持有人需要为发明人提供进行研究的资金支持。

其次,在组建公司方面,伊萨姆必须综合考虑现在付出的努力和资源,以及其在未来获得的潜在回报。比如,技术的成熟度、研究者领导新兴公司进行拼搏的能力、技术的应用程度以及筹集资金的能力来决定是否建立一家新的公司。

再次,在组建合资企业方面,伊萨姆一直与企业保持着长期合作关系。伊萨姆一般需要考察整个技术发明,合资公司未来的经营范围、估算预期收益和潜在的风险后,再决定是否成立一家合资企业。在具体的合作过程中,伊萨姆以许可的形式转让专利和专有技术给合资企业,并且提供专业知识和技术支持;投资资金是由企业合作伙伴提供,合作伙伴一般也提供专业的管理技能。所有合作伙伴按照之前的双方之前的约定,在合资企业中获得相应的股份。

最后,在合作研究方面,伊萨姆促使商业伙伴和希伯来大学研究人员之间形成合作研究的伙伴关系。这种伙伴关系可能仅仅只是一个单一的业务伙伴,也可以是一个多边联盟。每种伙伴关系都是针对特定的发明者、发明/技术、合作者和希伯来大学的特殊要求专门制定的。

2. 伊萨姆技术转移的流程

第一步,研究和发现。有一个好的想法,并开始设想把自己的想法发展成为一种新的技术或改进现有的技术；如果这个想法未来可以变成一个实用的具体发明，发明者需要在论文发表、会议、海报、提交毕业论文之前和伊萨姆联系。

第二步，发明通告。研究人员一方面可以联系许可证的发放人员，把自己的观点告诉伊萨姆；研究人员也可以提交一份希伯来大学正规的申请，通过这份文件，研究者根据学校的规定通告伊萨姆自己的发明。

第三步，伊萨姆对发明进行评估。伊萨姆每月召开的专利委员会对发明进行评估。委员会一般主要考虑发明的合法性、市场需求等方面来决定是否基于许可证或申报专利。并且把自己的评估结果告知研究者。

第四步，申请专利。首先需要花费几百美元提交一个临时申请；大概需要一年时间花费1.2万美元申请国际专利；再需要一年半的时间，花费几万美元申请特定国家的单独专利。一般而言，所提交的申请都由专业专利审查员进行审查，最终要么被拒绝，要么进行纠正或几个检查周期后被允许，这一过程可能需要3—5年时间。

第五步，市场营销。伊萨姆许可证工作人员会联系那些对发明感兴趣的公司，并且积极推销这些技术给这些公司；伊萨姆市场部人员会对发明进行市场分析，不仅给潜在的许可证持有者，也为发明者提供商业化策略。

第六步，颁发许可证。专利许可是伊萨姆和商业合作伙伴之间的合同。伊萨姆授权被许可人进行开发、制作、使用或销售该发明。许可收入是由被许可人支付给伊萨姆，并且根据规定，该项收入在发明家(40％)、实验室(20％)和大学(40％)之间进行分配，其中一部分用来支持进一步的研究。

资料来源：根据伊萨姆官网资料整理，详见 http://www.yissum.co.il/。

第十一章
创新驱动与上海科技创新团队激励

创新团队是高新技术产业化领域内,依托一定的平台和项目,进行持续创新活动的人才群体,同时也是推动科技进步和构建技术创新体系的主力军。本章通过对代表性高新技术企业面对面的调研访谈,指出上海科技创新团队在内部激励、市场激励和政策激励方面存在的不足。研究认为,进一步完善科技企业创新团队的激励政策,既符合上海城市发展主线的内在要求,有助于激发企业的创新活力;又是一项复杂的系统工程,需要根据实际情况作出灵活调整。加快上海科技创新团队激励政策的相关举措,应从企业内部激励、市场激励和政策激励三个方面加以突破和创新;对国有科技企业而言,特别要与企业治理结构改革结合起来,聚焦资金、人才、管理、薪酬激励及配套环境建设等方面,进一步完善科技创新体系,重塑科技创新团队的激励机制,形成一批创新人才集聚、创新机制灵活、创新绩效明显的创新团队。

第一节 创新团队是上海创新驱动高质量发展的基本单元

作为一类以科技创新为目标的企业组织,创新团队既具有一般团队的共性,具有正式群体、学习机制和协同效应的特性,其建设、成长与运营离不开特定的企业文化、组织结构和管理方式;与此同时,创新团队又具有一般团队所不具有的个性,即十分明确地以科技创新为团队目标,需要实现创新的任务与功能。上海的实践表明,高素质的创新团队已经成为加快推进高新技术产业化所不可或缺的重要力量,是掌握未来产业发展主动权的核心所在。为此,上海增强科技创新团队激励政策设计,对于夯实技术创新体系的人力资本基础,实现创新驱动高质量发展具有意义重大。

一、创新团队的内涵

根据科技知识生产场所的不同,创新团队可分为两类:一类是高校和科研机构中的科技创新团队,致力于重大的基础性理论前沿的突破;另一类是企业内部的科技创新团队,致力于科技知识的应用与市场需求导向的产品研发等。由于这两类创新团队在组织构架、运作机制和激励政策方面存在着较大的差异性,因此,这里讨论的创新团队,主要是指后一种,即企业内部的科技创新团队,这类创新团队距离目标市场更近,同时,也是上海高新技术产业成果转化的重点领域。

陆琪、张义春等研究指出,创新团队是以领军人物或团队带队人为核心,以科研骨干为主体,以团队协作为基础,专业人才和科研辅助人员相配套,有特定的创新目标和任务指向,依托一定平台和项目,进行持续创新活动的人才群体。实践表明,创新团队是获取和整合创新资源的有效组织形式,是科技创新和科技攻关的重要载体,也是科学技术研究成果转化为产业应用的有力推动者。

首先,从团队结构上来看,创新团队是以领军人物为核心的人才集合体。创新团队是由多数人共同组成的一个人才集合体,这一人才集合体可分为三个层次:一是核心层,即团队的领军人物,扮演着组织领导者和创新驱动着的关键角色。就高新技术产业化创新团队而言,其团队领军人物需要有战略家、科学家、创业家的素质,具有长远的战略眼光、深厚的科研能力和权威影响力,能够主导关键技术攻关,并善于团结与协调团队成员。二是骨干层。骨干层人员是在领军人物领导下,实施创新活动的中坚力量。这一群体与团队领军人物的关系比较紧密,通常具有较高的组织管理能力、科研能力和自主创新能力,掌握核心技术、关键技术和共性技术,在团队中承担具体实施创新活动、支撑团队创新功能发挥的重要作用。三是拓展层。拓展层人员是在核心层与骨干层指导下,担当创新活动辅助、日常技术管理和基层行政管理工作的人员。需要指出的是,创新团队的核心层、骨干层和拓展层之间存在相互依存、密切互动的关系。其中,核心层处于支配地位,是掌控骨干层和拓展层、战略把握创新方向、配置和撬动相关创新资源的核心主体。创新团队各层次成员在专业知识结构、年龄结构甚至性格结构上具有一定的异质性,从而构成一个完整的团队。团队成员在领军人物的带领下,齐心协力、分工协作,发挥协同效应,奔往共同目标。

其次,从团队目标来看,创新团队是以创新为价值追求的事业共同体。共同的奋斗目标是一支团队的灵魂所系,是团队成员志同道合、上下凝聚的思想基础,也是团队存续的精神动力。一般而言,进行开创性的研发活动,通过创新链的系统集成,实行实现创新的市场价值,是创新团队持之以恒的目标和价值追求。在这一共同奋斗目标的感召下,创新团队成员能够走到一起,组成事业共同体,为实现团队整体目标作出贡献。对高新技术产业化创新提升来说实现创新的市场价值和社会价值,就是要通过关键性的知识创新、技术创新和重大成果转换,突破产业核心技术门槛,占领产业链的制高点。

再次,从团队存在方式来看,创新团队是以研发项目为依托的组织单元体。创新团队开展创新活动,必须具有一定的组织形式和物质基础。从实践中看,创新团队一般通过项目组的形式获取资源和各种保障条件,开创日常创新活动。同时,项目也是团队孵化处长的"载体"。通过研发项目的"实战"洗礼,能够使创新团队提高创新能力,增进团队成员之间的磨合,促进新产品的研制及新技术、新工艺的突破,增强团队对企业发展的推动力。鉴于项目对创新团队的支撑发挥作用,各级政府在推进创新团队建设的过程中,往往选择以项目为抓手,积极实施涉及产业结构调整和经济社会发展的关键技术攻关。一些地方政府在进行创新团队筛选和认定的过程中,将是否具有重大研发项目经历作为评价标准之一。[①]

二、上海高新技术产业化领域科技创新团队建设基本情况

相关资料显示,上海自2009年全面加快推进高新技术产业化以来,科技创新团队作为高新技术产业化重点项目的具体承担主体,得到了健康快速的发展。考虑到上海目前还没有正式的创新团队认定标准和名录,为此,本书仅以申报参与上海高新技术产业化九大重点领域项目的项目团队作为创新团队的认定对象。截至2010年,上海高新技术创新团队已达1 070家(见表11-1),团队从事的研发项目总投资达到了1 757.55亿元。

表11-1 上海高新技术产业化领域创新团队的行业分布

产业领域	团队数量	占比(%)
新能源	132	12.3
民用航空制造业	16	1.5
先进重大装备	107	10.0
生物医药	204	19.1
电子信息制造业	175	16.4
新能源汽车	100	9.3
海洋工程装备	30	2.8
新材料	95	8.9
软件和信息服务业	211	19.7
合计	1 070	100.0

资料来源:陆琪,张义春等.上海高新技术产业化领域创新团队建设研究[J].科学发展,2012,(5):40.

---

① 陆琪,张义春等.上海高新技术产业化领域创新团队建设研究[J].科学发展,2012,(5):39-47.

第二节　上海科技创新团队激励存在的主要问题及原因分析

2013年上半年,通过对上海代表性科技企业开展走访座谈和线上线下的问卷调查,了解企业科技创新团队建设状况,尤其是内部激励、市场激励和政策激励的状况。访谈的对象一般是创新团队的负责人或业务骨干;线下问卷调查在访谈后进行,线上调查问卷以电子版形式发送给被调查者,基本覆盖制造业(新能源、生物医药、电子信息、装备制造等行业)的不同所有制企业。调研发现,尽管上海高新技术产业化创新团队建设取得了一定成效,但从不同所有制企业创新团队的建设与运行情况来看,由于市场环境、体制机制、企业内部管理水平等因素的影响,国有企业特别是从原来事业体制改制而来的国有企业以及非上市民营企业,同股份制企业和上市企业相比,创新团队建设相对滞后和激励政策相对不足。对于阻碍科技创新团队发展的问题,大致可归纳为企业内部激励、市场激励和政策激励三大方面。

一、内部激励不充分及原因分析

(一) 创新团队科研经费不足

科技创新活动具有高风险、高投入、周期长等特点。因此,在高新技术成果实现产业化获得利润回报以前,创新团队的一切运作都需要消耗大量的资金。科技创新团队的科研经费主要有两个来源:一是企业自筹;二是政府资助。大部分被访企业表示,企业自筹费用占比在80%以上,中小型企业难以维持每年持续高昂的科技创新团队科研经费,一些大型集团企业的控股子公司也存在科研成果属于母公司,但科研经费支出却得不到母公司资助的情况。

（二）创新团队后备人才匮乏

创新团队的核心资源是优秀的创新人才。上海高新技术产业化创新团队在领军人物、骨干人才、外围辅助人员等层面都存在一定程度的缺口，导致创新团队的可持续发展能力受到影响。问卷调查结果显示，股份制企业科技创新团队内部激励的主要问题，集中暴露为领军人才、科研骨干匮乏；国有企业的问题在于创新团队人才的流动性比较大，一些新进人员往往将国有企业更有助于解决落户问题而作为就业的首选，一旦拿到上海户口就准备跳槽。实地调研中，有企业反映，缺乏掌握核心技术的领军人才是目前创新团队建设面临的最大难题，而且这一问题在短期内不易解决。

（三）内部管理水平参差不齐

创新团队规模对团队创新绩效的影响，团队规模过大或过小都不利于创新。规模过大的团队对于内部管理水平的要求比较高，如果管理制度不健全、治理结构不完善，往往容易造成团队目标不明、创新支持水平低、成员满意度及参与度不佳等诸多问题。同时，创新团队管理理念也存在偏差，有些国有企业将创新团队视作企业的一个职能机构，或等同于技术研发中心，创新任务过于宽泛，导致创新团队的工作缺乏针对性；也有一些国有企业尽管建立起了创新激励制度，却未能达到激励效果，这些企业往往缺乏一套对团队成员工作进行系统和科学的评估办法，使激励制度流于形式，未能调动起团队创新的积极性。

（四）薪酬激励措施力度缺乏

由于受到工资总额管理规定等体制性因素的制约，部分国有企业创新团队的薪酬福利水平不高、薪酬激励政策难以有效落实，从某种意义上来讲，创新难以在一个"吃大锅饭"的环境中萌发。首先，国有企业创新团队的薪酬普遍偏低，创新团队成员与非成员之间的收入差异不大（年薪5万元以内）；创新团队内部核心成员与非核心成员的收入差异不大（年薪10万元以内）；创新发明奖励项目多但力度小。为了优化薪酬激励体系，也不少企业拟采用股权激励方式,但在实际操作过程中,还存在许多障碍。根据现行规定,国有企业中明确可以实施股权激励的主要是上市公司,非上市国有企业及由科研院所转制而来的企业等体制内机构实施股权激励却存在着较大的制度限制。而且即使是在 2014 年证监会颁布《关于上市公司实施员工持股计划试点的指导意见》,重启停滞了多年的员工持股计划之后,真正通过实行员工持股等股权激励方案,调动员工创新积极性的国企案例并不多见,员工持股的象征意义大于实际意义。

二、市场激励不到位及原因分析

(一) 知识产权保护氛围不佳

知识产权制度是激励创新创造的制度基础之一,尊重知识产权和保护知识产权对于高新技术产业化创新团队的成长十分重要。但由于法制缺失以及执法不严,尤其是知识产权司法、行政保护较弱,企业维权投入成本较大,导致知识产权侵权行为在国内十分普遍。调研中,不少国有和外资高新技术企业反映,阻碍其团队发展的主要因素是产品及技术侵权。根据《上海知识产权白皮书》公布的数据,仅 2013 年,上海公安系统侦就破各类侵权假冒案件 2 589 起,增幅高达 76.7%,法院系统受理的各类知识产权案件 6 656 件,同比增长 25%。[①] 知识产权保护氛围不佳,重挫企业从事创新活动的积极性。

(二) 新产品的销售渠道不畅

新产品销售渠道不畅是金融危机之后出现的影响到创新环节的一个新问题,其背后反映的可能是研发设计与市场需求之间的脱节,关键在于企业未能及时对市场需求的变化形成及时而准确的判断,使得生产出来的新产品不能满足市场的需要,进而负向激励创新活动。同时,新产品销售渠道不

---

① 数据来源:上海市知识产权局。

畅也反映出企业内部创新团队与市场销售人员在信息共享方面的缺陷,这种现象在国有企业还比较普遍。

(三)专利转化缺乏市场中介

一般而言,从实验室到新技术的商品化通常要经历4个阶段,分别是第一阶段的科学发现、基础研究,第二阶段的原理样机或应用试验、应用开发研究,第三阶段的中试或转化为生产性技术及应用转化服务,第四阶段的产业化和商品化。就四个阶段所分布的科研院校与创新型企业而言,第一阶段和第二阶段主要由高校和科研院所的科技创新团队承担,第四阶段也分布着大量的企业科技创新团队。而对于第三阶段国外有两种模式:一是由政府提供公共服务加以填补第三阶段的空缺,形成围绕重点产业和项目、技术链和关键共性技术建设研发中试基地和相关科研环境,以开放的方式组织多学科的合作研发;二是由市场中介提供相关服务填补第三阶段的空缺,围绕企业和用户的需要建立服务环境,包括以创新团队名义的企业融资活动和风险投资活动等,形成稳定的科技服务创新支撑力量。目前这两种模式在上海都不尽完善,影响到创新成果的推广与市场化应用。

三、政策激励不解渴及原因分析

(一)政府资金支持力度有限

政府资金主要体现在两方面:一是创新团队科研经费投入,一些先进重大装备、海洋工程装备等装备类高新技术产业化企业亟须政府大规模的资金支持。二是创新团队人才经费投入不足。目前,上海虽然已经有了以团队为对象的人才奖励投入,但投入力度还不大。上海市高新技术产业化人才团队奖励专项资金的总盘子仅有5 000万元,最高奖励额度为50万元。与此相比,江苏省对入选"江苏省科技创新团队"的每个团队,3年内给予300万—800万元的人才经费资助,支持力度相对较大。此外,广东省对创新团队的政策激励力度也比较大,还在有条件的单位推行人才资本产权激励试点。①

(二) 成员配套保障亟待改善

一方面,非国有企业科技创新团队成员的落户问题突出。调研中一些企业反映,最近几年创新团队成员进沪取得户籍似乎变得愈发困难,尤其是在一些年龄结构较为年轻化的高新技术行业更为明显。加上深圳等城市相继出台了高技能人才落户的便利化条件,一场没有硝烟的"人才争夺战"正在或即将在各一线城市之间打响;另一方面,上海较高的生活成本,尤其是居住成本,给企业创新团队的成员带来了较重的负担。有企业反映,创新团队中的工程师的收入尽管已经超过了廉租房、经适房等保障型住房的申请标准,但通过市场化途径解决住房问题的压力仍然比较大,这类群体成了不折不扣的"夹心层"。反观上海周边的苏州(昆山)、嘉兴等地,之所以能够而且敢于从上海这边把优秀的高技能人才吸引过去,形成"人才反虹吸"现象,是因为依靠对人才住房的50万—200万不等的住房补贴,以及更为简洁便利的落户政策,创新人才流失对于上海"创新驱动"十分不利,应对此给予充分重视。

第三节 外资(民营)科技企业创新团队建设的案例与启示

尽管存在一些阻碍科技创新团队发展的问题,但上海科技创新团队建设的总体水平在长三角和全国保持着领先地位,特别是在技术创新体系和区域创新体系中的团队攻关能力比较突出。然而,同发达国家(国内优秀民营企业)创新团队的创新能力相比较,上海仍存在着明显的差距,如商业模

---

① 陆琪,张义春等.上海高新技术产业化领域创新团队建设研究[J].科学发展,2012,(5):39-47.

式、在职培训和公共领域缺乏活跃的技术传递和共享交流项目，缺乏对科技创新团队各个阶段全面的保障机制和扶持政策，同时也没有享誉国际的旗舰型科技创新团队等。造成这些差距的根源，除了创新团队建设所面临的物质环境即资金投入的差别外，还包括创新团队激励软环境方面的差异。

应当看到，随着市场竞争日趋激烈、股份制的普及以及市场法制和知识产权保护力度的加大，企业对创新成果的应用与转化活动更为重视，对创新人才和创新团队的激励力度也循序增强。目前，上海科技企业在团队激励措施方面同外资企业的差距正在逐步缩小，股权激励、创新奖励、实物期权等激励手段，在一定程度上弥合了中资科技企业同外资科技企业创新团队激励方面的差距。然而，除了薪酬激励上的差异外，外资企业在营造创新团队的内部激励氛围等软环境方面，可能更胜一筹。下文以案例形式介绍一些外资（民营）科技企业在营造有利于团队创新软环境方面的具体做法，以资借鉴参考。

一、全力争夺创新团队的领军人物

调研发现，内资科技企业对于创新团队的人才流失问题深恶痛绝，但又苦于没有好的解决办法。实际上，外资科技企业所谓的"跳槽"和"挖墙脚"现象也十分普遍，而且被挖走的"墙角"还可能再被挖回去。动辄上千万甚至几亿元的高薪激励，一方面体现出国外充分流动的人才市场使得创新型人才的价值在流动中得以确立；另一方面，也表明科技型外资企业对创新型人才，特别是创新团队领军人物的重视，这不是政府部门行政规划与评选的结果，而是以要素市场价值作为回报在劳动力市场上自发形成的。

例如，在竞争几近白热化的国际电子产品市场上，福布斯辞世之后，苹果的大量技术领军人物被 AMD、Facebook、PayPal（e-Bay 旗下品牌）和三星等公司高薪聘请，其中也包括相当一些之前苹果公司从其他公司挖过来的业务骨干，像 Raja Koduri、Bob Drebin、Mark Papermaster 和 Jim Keller 等人原先都为 AMD 工作,后来被苹果公司以高薪挖走,2010—2013 年,又再度陆续返回 AMD 公司(见表 11-2),在薪酬和职务方面都有所提升。①

表 11-2　2009—2013 年国外主要电子产品企业创新团队领军人物转移线路

报道时间	创新团队领军人物	职　务	离职(已工作年限)	加盟
2009 年 4 月	Bob Drebin/Raja Koduri	图形业务首席技术官	AMD	苹果
2010 年 8 月	Mark Papermaster	高级工程师	苹果	AMD
2011 年 2 月	Sarah Brody	高级设计师	苹果(7 年)	PayPal
2012 年 6 月	Chris Weeldreyer	用户界面设计经理	苹果(8 年)	Facebook
2012 年 8 月	Jim Keller	A 系处理器架构师	苹果	AMD
2012 年 10 月	Jim Mergard	芯片设计师	三星	苹果
2013 年 2 月	"三星战略和创新中心"多名技术骨干		苹果	三星
2013 年 4 月	Raja Koduri	芯片设计师	苹果(4 年)	AMD

注:根据 Anadtech 等互联网媒体的相关信息整理而成。

由于受到人才流失的影响,苹果 2011 年以来的市场业绩开始滑坡,据统计,2011 年年底到 2012 年年底,苹果 iPad 在平板市场的份额降了 8%,三星则上涨了近 8%。② 因此,科技型企业的竞争,其实质就是创新团队创新人才的竞争,相对于外资企业创新人才引进的大手笔,上海科技企业尤其是国有科技企业难有如此魄力。

二、全方位创建跨区域的创新团队

调研发现,上海科技企业创新团队的形式比较单一,大多囿于上海内

---

① 如 Mark Papermaster 现在是 AMD 的高级副总兼首席技术官;Raja Koduri 回归 AMD 之后的职位是视觉计算高级副总,比他之前在 AMD 担任的显卡部门首席技术官显然更重要,负责的业务也从原先的 AMD 硬件设计,拓展到同时监管软件和硬件系统的研发与管理。
② 李娜,刘佳.三星战苹果之道:产品全线出击,华丽市场营销[EB/OL].[2013-04-10].http://tech.ifeng.com/3g/charges/detail_2013_03/21/23341475_0.shtml.

部。实际上,创新团队不仅需要新技术,更需要新情报和新知识,从而发挥跨区域创新团队的信息整合优势。

以生物医药行业为例,[①]目前在国内,江苏省在制药行业内拥有领先优势,其龙头企业江苏恒瑞医药股份有限公司,原先只是一家不起眼的小厂(连云港制药厂),现已发展成为集科研、生产和销售为一体的大型民营医药上市企业,国家定点麻醉药品生产厂家,国内最大的抗肿瘤药物研究和生产基地,抗肿瘤药销售在国内排名第一,市场份额占比 12% 以上。江苏恒瑞曾先后被评为全国医药系统先进集体、国家重点高新技术企业、国家火炬计划新医药研究开发及产业化基地的骨干企业之一、国家高技术研究发展计划(863 计划)成果产业化基地,全国化学制剂制药行业十佳效益企业,连续 5 年上缴税收在全国化学制药行业里名列第二。

恒瑞制药拥有三个跨区域的创新团队,第一个创新团队在美国,由几十个人组成,主要任务是收集全世界药品研发的最新信息,为企业研发提供最新情报和技术路径;第二个创新团队在上海,负责联系上海有实力的研究所和高校的实验室,为项目合作提供技术支撑;第三个创新团队在连云港总部,由 600 多名科研人员组成,其中大部分是海归。

相比之下,上海生物医药的龙头企业则比较热衷于资本运作与兼并收购,在制药研发创新团队的激励与组建方面同江苏还存在着一定的差距。据统计,尽管 2012 年上海医药行业的经济总量超过了 2 000 亿元,但其中 70% 属于医药商业的销售金额,制药研发业务量仅有 625 亿元,在国内只能属于三流水平,这与上海对生物医药与健康产业的发展定位极不相称。恒瑞制药提供了跨区域面向信息整合与技术合作组建创新团队的案例,为上海生物医药企业真正成为创新主体和跨区域组建创新团队提供了示范效应。

---

① 调研信息来自上海医药行业协会。

三、营造乐于创新的团队组织机制

创新团队中最富有价值和应当珍视的是人的智慧,而优化的团队组织机制与先进的管理方式、富有感染力的企业文化都将在个人和群体之间产生一系列的正面连锁反应,将最大限度地激发整个团队的创新动能,贡献智慧。这些团队组织机制主要体现在扁平化的团队架构和多元化的团队人员配备两大方面。

首先,扁平化的团队架构。扁平化的团队架构是柔性组织管理方式的一种,它为创新团队的自组织以及信息、技能和知识(包括市场知识和用户知识)在团队内部的快速传递提供了可能,因而可以打破原有的部门界限,绕过冗长的中间管理层,最大限度地发挥创新团队知识合作的组织优势。

美国微软公司是扁平化团队组织架构的典型代表。微软的知识团队由多个小型且相对独立原作的项目组构成,每个项目组负责一个产品从计划、研发到行销的一切环节。对于跨项目的问题,由各个小组派代表共同商讨,总裁和富有凝聚力的高级管理团队引导各独立项目组,使其目标与公司的整体战略计划一致。这些团队高效运转,为微软的创新作出巨大贡献。同时,微软还鼓励研究人员充当新技术的推销者,直接向产品部门推销科技成果,同时也鼓励产品部门把用户需求和产业发展态势及时反馈给研究部门。[①] 这些促进研究成果的转移措施一定程度上影响着员工自身的职业生涯定位。为保证创新性,微软还创造性地将研究人员和业务经理置于一处,每当对一个问题的研究有所突破时,其成果就会传递给产品人员,检验是否符合微软现在产品发展的需要。如果答案是肯定的,相应的生产、市场推广活动就会展开。[②]

其次,多元化的团队人员配备。新近研究表明,与工作相关的多元化,

---

① 李开复.科技·人才·教育[N].科技日报,2004-06-18,(T00).
② 刘思齐.微软:企业研究院的最后乐土[N].中国经营报,2004-05-17.

即团队成员在组织中的工龄、受教育程度和行业经验,是影响创新团队表现不可忽视的重要变量。在信息和决策论的观点下,与工作相关的多元化可以增加团队中与具体工作任务有关的知识、技术和能力,同时也可以成为不同观点和信息的来源,这有利于增进团队创新。然而,多元化也有可能因为缺乏共识而致使团队成员产生不满,并对团队产生不认同感。为此,一个需要实业界关注的问题是,如何有效管理多元化的创新团队,使团队多元化的收益最大而损失最小。

一项有关35家台湾高科技企业67个研发创新团队的调查研究表明,团队成员工龄多元化和研发团队的创新效绩之间存在非线性关系。一是当工龄多元化不是特别大时(例如,工龄多元化仅达到平均水平),会由于产生不同的观点和想法而使创新受益,而当多元化太小或者太大时(例如,低于或者超过平均水平),工龄多元化则会抑制团队的创新。因此,对于管理者来说,在组建研发团队时,适当增加工龄多元化对创新团队作用的发挥有所助益。二是虽然高科技企业越来越多地采用导师—培训生制(例如,委派老员工指导新员工)来帮助新员工尽快熟悉组织和工作团队,但是管理者不应该将工龄差异极大的新老员工结为导师—培训生关系,以避免由于极端的工龄多元化产生的负面效应。[①]

更重要的是,委派人力资源管理部门(HR)介入(如图11-1),以各种方式培养团队精神,可以提高创新团队成员的工作积极性、技术和能力,从而将团队多元化的损失控制到最小。例如,以培养团队精神为目标的训练、工作设计、奖励、参与计划以及反馈系统等。通过人力资源管理部门培养团队精神,组织不仅可以减少不利因素,而且可以保留团队多元化产生的效益,包括创造性和创新性的成果。台湾的实证研究发现,通过人力资源管理部

[①] Nai-Wen Chi, Yin-Mei Huang and Shu-Chi Lin, A Double-Edged Sword? Exploring the Curvilinear Relationship Between Organizational Tenure Diversity and Team Innovation: The Moderating Role of Team-Oriented HR Practices [J]. Group and Organization Management, 2009,34(6): 698-726.

门培养团队精神可以在总体上规避由工龄多元化产生的负面影响。所以建议管理者应该在组建创新团队过程中同时开展以下活动：一是增加团队合作训练，如训练团队成员辨别和使用其他团队成员的贡献与观点；二是以团队为单位进行奖励，如薪水和效绩考核与团队的整体表现挂钩；三是增加团队工作的使用；四是使用反馈系统和参与计划，如及时向团队成员提供关于团队表现的反馈，或者允许团队成员自由表达他们的意见并自己作出决定等。

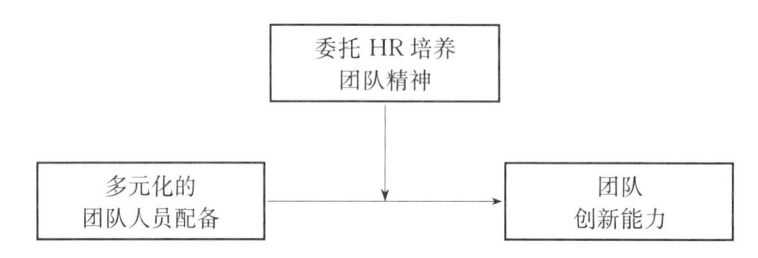

图 11-1 委托 HR 介入多元化人员配备与团队创新之间的非线性关系

四、培育浓厚、宽松、自由的创新团队氛围

内资科技企业的创新活动往往是在企业内部或在企业规定的区域内完成，普遍缺乏浓厚、宽松和自由的创新团队氛围，比较而言，外资科技企业的做法则更加灵活，富于人性化。事实上，宽松自由的创新环境并非意味着懒散与低效，一些实证结果表明，创新环境的改善，有助于释放出人的创新潜能。因此，一个更加人性化的环境，可以使员工更加高效、活力、和谐地工作，而这正是打造创新环境的目的。

比如，谷歌公司不仅给员工单独的工作空间，而且还有宽敞的休息室和会议室。办公室和走廊的墙上随处可见白板，供员工在交流时随手记下自己的想法，使得偶然的灵感也具备成为商业现实的可能。同时，随着网络科技的进步，一些公司也把创新的空间搬到网上，通过建立内部网站鼓励员工交流。在谷歌，工程师有了想法会在内部网上与同事讨论，如果达成一定共识，就会在内网上首先对想法进行投票并且排序，筛选出最有竞争力的一个设想。

也有相关调查显示，知识工作者平均有一半的时间待在自己座位以外的其他地方寻找灵感。为此，安捷伦科技公司在全球率先实施了移动办公。在上海，安捷伦有 57 个提供移动办公室的工作台，这 57 个台面以 1∶1.2 的比例对应着 68 个需要移动办公的工程师。安捷伦员工认为，移动办公不仅能够缓解疲惫感，而且还可以潜移默化地激发更多的创造力。①

再以美国硅谷为例，硅谷的各种制度、资金、技术的环境有利于新经济的发展，并以此成为模仿者学习的对象。但硅谷的创业环境中，最为根本的，是对冒险和创新的任何尝试(包括失败)的宽容，且有足够的弹性来接受失败。有了这样的氛围与条件，硅谷方才成为经济创新的策源地。

五、强化培训为创新团队注入持久活力

加强员工培训是学习的一个重要途径，而只有不断学习才能为持续的创新活动投入持久活力。美国的皮克斯公司(Pixar，皮克斯动画工作室)是一家曾经制作出像《玩具总动员》《海底总动员》《超人特工队》等热门动画影片的电影制作公司(2006 年起被迪士尼收购，成为迪士尼的全资子公司)。皮克斯的高管们投入了大量时间和精力在被创意专家邓肯(Meldrum Duncan)称为"疯狂培训"的活动中，这些活动往往出人意料。皮克斯的高管们会把员工送去上芭蕾课，鼓励他们玩乐器、学魔术、上字体设计课。在班里，老师可能会给来上课的员工一张白纸，让其中一个先在上面乱涂乱画，然后把纸递给下一个人，依次传下去，每个参与者都不断完善那幅涂鸦的内容，练习的目的就是让他们敢于在同事和老板面前暴露自己最傻的一面。"疯狂培训"还包括让外部的人参与进来并让其接受被公众否定的事实。

---

① 闫文健.革新"革"到办公室[J].IT 经理世界，2005，(3)：94-95.

"疯狂培训"让员工提高了用新的方式看待世界的能力——"这就是我对创新的看法(Meldrum Duncan)"。皮克斯的企业理念为:我们已经完成了从以创意为本转变到以人为本的这一质的飞跃。现在我们的重点不在于出好创意,而在于培养员工;我们不在创意上投资,而在员工身上投资。我们努力创造一种学习型文化,把我们的员工培养成终身学习者。

皮克斯的例子表明,无论是管理层的身体力行,还是鼓励交流、举办脑力激荡活动,团队的创新行为都没有完整的期限,也没有起点与终点。可以看到,创新来源于内在的机制性动力,只有融入团队的血液中,才能使团队具有顽强而长久的生命力。[①]

第四节 完善上海科技创新团队建设激励政策的举措和建议

完善科技企业创新团队的激励政策,既符合上海"创新驱动、转型发展"的内在要求,有助于激发企业的创新活力,又是一项复杂的系统工程,需要根据实际情况做出灵活调整。从近些年来的情况看,上海已在市、区两级政府层面出台了一系列有关高新技术产业创新团队(包括人才和项目)的推进政策,但从政策的实施效果来看,特别是和兄弟省市以及外资科技企业相比,上海在依托创新团队践行转型发展和人才开发方面,仍不够理想。其中,既有企业内部激励不足的问题,也有市场激励缺失,以及政策激励的力度和系统性不到位等问题。为此,加快上海科技创新团队激励政策的相关举措,应从企业内部激励、市场激励和政策激励三个方面加以突破和创新;对国有科技企业而言,特别要同企业治理结构改革结合起来,以资金、人才、

---

① 靳永慧等.专业技术人员创新团队建设读本[M].北京:中国人事出版社,2012:143-144.

管理、薪酬激励及配套环境建设等方面为重点，进一步完善科技创新体系，重塑科技创新团队的激励机制。

一、内部激励要打破平均主义

从企业内部来看，主要问题不是没有激励措施，而是激励在执行过程中走了样。这里有两个造成激励措施执行效果产生偏差的重要原因，一是一些合资企业在仿效和学习外资企业创新团队管理过程中，还存在着理念上的误区；二是在内资国有企业中，"关系"的重要程度通常超过了按规则办事。因此，尽管大部分团队近年来越来越重视内部管理激励，但激励的成效却不显著。

（一）委托专业的人力资源管理部门介入创新团队管理

归纳起来，激励误区主要有以下三类。误区之一是认为同样的激励可以适用于任何人。团队在实施激励措施时，忽略了对成员需求的深度分析，对所有人成员采用"一刀切"式相同的激励手段，这种平均主义导向的激励方式非但不能取得成效，有时还会产生负面作用。调研发现，上海国有及合资科技企业的创新团队成员与非成员之间的年薪差异只在 5 万元以内；创新团队内部核心成员与非核心成员的年薪差异也只在 10 万元以内。可见，创新团队的薪酬激励措施不到位是企业内部阻碍团队创新能力发挥最主要的因素，同时有大约 40% 的被访者也持有此观点，略高于科研经费投入不足、人才后备力量匮乏两个选项。结果表明，创新团队的创新溢价并没有在人力资源管理的薪酬管理体系中表现出来或被确认，创新团队内部的分工与创新激励关联度不高。

因此，建议人力资源管理部门介入创新团队管理，选用各种方式培养团队精神，提高创新团队成员的工作积极性、技术和能力，一方面可以降低团队多元化组合产生的摩擦；另一方面，也有助于深度挖掘创新团队成员各自不同的潜在需求，积极探索股权激励、股权出售、期权激励、分红奖励、绩效奖励、增值权奖励等多种分配形式,倡导运用职务晋升机制(如首席技术官等)和非货币化的福利补贴与奖励制度等,为团队成员度身定制符合实际要求的激励措施。

需要指出的是,创新团队的核心与灵魂是领军人物,应特别重视对领军人物的激励措施。除各种货币和非货币激励外,还可以包括借助外部劳动力市场的"猎头"公司机制挖掘行业领军人物为我所用;在团队运行时,充分让渡部分领导权力,赋予领军人物一定的团队成员选择权、任务分解权、激励分配权等;同时,还要确保领军人物能够完整地享受到市区两级政府给予的政策扶持与激励。

(二) 坚持按规则实施奖惩激励

误区之二是认为只要建立起激励制度就能达到激励效果。一套完整的团队规章制度,能减少决策与沟通的信息成本,而且具有相对稳定性,但是,一些创新团队在建立起激励制度后,成员非但没有受到激励,努力水平反而下降了。原因很简单,就在于推出激励制度的同时,难以辅之以系统科学的评估标准,即使有了一套切实可行的评估标准,又会由于碍于情面或长官意志等原因使得制度的执行被打折扣,特别是在体制内的国有企业,"关系"往往取代正式制度,而这一切都将最终导致激励制度在实施过程中的"平均主义",造成创新产权的模糊和分配不公,打击贡献最大的成员的积极性,降低团队成员的满意度。创新团队激励制度的制定是一项相当复杂的系统工程,成功的激励机制需要多方面和长期呵护与培育,包括按规则办事、去"关系"至上、去上级意志、明晰知识产权保护和建立健全法人治理结构等。

(三) 破除关于"创新"的形式主义

误区之三是认为在企业内部设置了创新团队、技术创新中心或创新部门就一定能有创新。调研发现,在一些国有企业或是从事业单位转制而来的公司管理层,通常存在着一种想法,即唯有挂"创新"字样的企业内设部门,方才开展研发和创新活动,于是这些企业的所谓的改革就是在原来技术部门的名称中加入"创新"两字。更令人匪夷所思的是，这种观点还认为，正是由于创新团队、技术创新中心或创新部门的日常工作就是研发和创新，所以这些创新团队成员的工资就反映了对创新的激励，至多比其他相关部门的薪酬略高一些，以体现薪酬改革的成效。这些看似荒唐的观点竟然普遍存在于国有企业的实际部门之中。研究认为，这是一种对创新近乎无知的形式主义观点，源自这类企业长期处于体制内的懈于进取以及整个社会的日趋浮躁，正在逐渐侵蚀与阻碍创新动力的形成。建议加快国企改革步伐，运用市场机制淘汰一些缺乏竞争意识的企业，同时，依托行业协会和中小企业发展服务中心等社会服务机构，开展实施"创新团队管理能效提升工程"，将高等教育和职业培训等机构的强化引导优势，渗透到企业内部形成基于行业的创新团队管理培训公共平台，为需要组建创新团队的企业提供规范化的智力支撑。

二、市场激励要遵循市场规律

从市场激励来看，最阻碍创新团队发展的并不是缺乏创新成果转化的市场中介，而是新产品的市场销售渠道受阻。尽管前者依然是创新团队市场激励不足的主要表现，但它的重要程度正因信息化背景下技术共享与合作平台的出现而逐渐弱化。始于20世纪90年代的上海科研院所改制为企业，引发技术竞争压力迅速转化成为构建技术交互平台方面的优势，加之传统计划体制下无偿转让技术的做法沿袭下来的各种渠道，使得上海对长三角地区形成辐射态势，而且江浙一带更加灵活多变的创新体制和激励机制，反倒使得江浙的科技型企业更多地享受到了上海先进技术溢出效应，在僵化的科研体制下，上海不得不面临"墙内开花墙外香"的窘境。短短10年左右的时间，周边地区科技型企业的崛起已对上海科技型企业创新产品的市场份额形成严重挑战，使得上海科技创新团队感觉到了严峻的生存压力。要走出上海科技创新团队"低技术投入——低市场收益"的恶性循环，补贴市场需求和促进产权交易是两个优选办法。

(一) 补贴市场需求

上海在拥有雄厚技术基础的同时,也面对着一个数量庞大且偏好多元的市场需求,而创新团队的智力成果最终必须接受市场需求的检验。产业政策中间有关创新激励的重点从补贴供给向补贴需求的转变,表面上看似偏离了对创新乃至创新团队的激励,但实则通过降低新产品的购置成本,缓解新产品市场销售渠道受阻的程度及其对创新团队成长带来的负面影响,因而更加紧贴创新团队发展与生存的需要;同时也有对新产品市场价格机制的形成有所助益,并鼓励创新团队从市场潜在需求的角度进行研发与创新。

(二) 促进产权交易

从目前的发展态势来看,上海应从技术交换平台、产品交易平台,逐步转向和促成各类技术和新产品的产权交易平台。需要指出,产权交易平台建设对于创新团队激励具有两层含义:一是亟须加大对创新团队知识产权的保护力度,鼓励和支持创新团队的专利申报和成果转化,主张依法(《知识产权保护法》等)办事,严惩侵权行为,这是产权交易活动的基础。但不建议任何形式的政府主导的知识产权投入补贴,要减少因评比和审批产生的寻租行为。二是基于产权交易平台,促进社会化多渠道的创新团队建设资金投入机制,可以在"上海市高新技术产业化人才团队奖励专项基金"中引入一定比例(30%—40%)的风险投资基金,重点用于扶持中小企业的创新团队或尚处于初创阶段的创新团队。

三、政策激励要营造创新环境

政策激励的重点,应置于加强创新团队成员的生活配套保障,解决创新团队成员在创业方面的后顾之忧,并在此基础上,持续推进具有传统优势的"项目+人才"模式和产学研模式,为营造适宜各类创新团队成长的外部环境提供条件。

（一）加强创新团队成员的生活配套保障

一方面，畅通创新人才办理户籍和人才类居住证的"绿色通道"，建立《上海科技创新团队重点成员名录》，对列入名录的团队成员及家属，分批分层解决其户籍以及与户籍相关的福利待遇；另一方面，将创新团队的人才住房计划纳入全市公共租赁房和经济适用房的政策框架，并支持有条件的企业和产业园区利用自用土地规范发展公共租赁住房和单位租赁房，为创新团队成员解决住房问题拓宽途径。[1]

（二）继续推广科技创新的"项目＋人才"模式

加快推进创新型领军人才、专业骨干人才及高技能人才队伍建设，鼓励在海外人才引进方面给予创新团队以一定的财税优惠政策；组织高新技术产业化领域的龙头企业赴海外开展人才引进推介活动。

（三）持续提升创新团队管理水平与成果转化效率

充分发挥产学研、高校科研团队和职业培训机构等在提升创新团队管理水平中的积极作用；鼓励创新团队在本市和全国层面开展联合研发活动；加强科技创新成果的产权保护、促进科技创新成果的流动与转化。

（四）营造诚信团队建设的良好外部环境

包括勇于创新、宽容失败、崇尚竞争、拒绝浮躁的创新文化；鼓励先进、鞭策落后、坚持不懈、合作交流的创新理念，在全社会逐步形成重视、关心、支持创新团队的浓郁氛围等。

---

[1] 陆琪,张义春等.上海高新技术产业化领域创新团队建设研究[J].科学发展,2012,(5)：39-47.

第十二章
创新驱动与上海经济的"互联网＋"

随着我国经济发展步入新常态,传统劳动密集型产业发展优势式微,粗放型经济高污染、高能耗的发展模式难以为继,基于"互联网＋"的"大众创业、万众创新"(以下简称"双创")和分享经济模式的兴起,为处于经济下行压力中的中国产业转型升级和创新驱动转向提供了丰富载体和有力支撑。十二届全国人大三次会议上,李克强总理在《政府工作报告》中首次提出"互联网＋"行动计划。这表明培育更多基于"互联网"的新兴产业和新兴业态,不仅能为中国产业转型升级提供有力支撑,也是实施创新驱动发展战略的有效途径。本章聚焦"互联网＋"行动计划下的创新驱动发展战略,[①]阐述"大众创业、万众创新"与共享发展理念在上海的实践,[②]分析分享经济的创新模式与上海的管理变革。

第一节 "互联网＋"行动计划助力
　　　　创新驱动发展战略

"互联网＋"行动计划借助信息技术手段,促进传统产业深度变革,致使

[①] 本章第一节的一个早期版本系李凌.2015"两会热点解读"——"互联网＋"行动计划助力创新驱动发展战略[J].检查风云,2015,(6):33-34。入选本书时,内容略有增减。
[②] 本章第二节的一个早期版本系李凌,张斌."大众创业、万众创新"与共享发展新理念[Z].载《供给侧改革背景下的劳动关系与就业前沿研究》[M].上海:上海大学出版社,2017:15-29。入选本书时,内容略有增减。

众多"创客"脱颖而出,同时也倒逼政府加快职能转变的步伐。

一、推动传统产业深度变革

"互联网+"行动计划旨在利用信息通信技术以及互联网平台,推动传统产业深度变革,创造一批新兴产业和新兴业态。

李克强总理在2015年《政府工作报告》中指出:"新兴产业和新兴业态是竞争高地。要实施高端装备、信息网络、集成电路、新能源、新材料、生物医药、航空发动机、燃气轮机等重大项目,把一批新兴产业培育成主导产业。制定'互联网+'行动计划,推动移动互联网、云计算、大数据、物联网等与现代制造业结合,促进电子商务、工业互联网和互联网金融健康发展,引导互联网企业拓展国际市场。国家已设立400亿元新兴产业创业投资引导基金,要整合筹措更多资金,为产业创新加油助力。"

新兴产业和新兴业态在本质上,是数字技术对传统产业能级的推动与提升。如从传统的零售和批发到电子商务模式,从传统的银行柜台交易到互联网金融模式,从传统的纸质书籍到电子期刊、在线教育模式,从传统的车站排队购票到智能交通查询和网上订票模式等,概莫如此。新兴产业和新兴业态蓬勃涌现,提高了投资的附加值与科技含量,有助于提升经济发展质量与人民生活水平。与此同时,互联网技术的应用也在一定程度上突破了产业分立界限,使得不同产业部门得以寻求交叉产品、交叉平台以及利益共享的交叉部门,催生出新的产品与服务需求,开发出更大的市场空间。

二、致使众多"创客"脱颖而出

推广"互联网+"行动计划,有助于降低大众创新的准入门槛,加快创新的速度和频率,使众多创客与创客空间脱颖而出。

首先,创客时代的生产变革不在于更改生产过程,而是解决由谁生产的问题。将以往"自上而下"的集中式生产转变为"自下而上"的分布式生产,有助于从根本上解决生产与需求之间的信息脱节和产能过剩问题。《政府工作报告》在 2015 年工作部署中提出,要"大力发展众创空间,增设国家自主创新示范区,办好国家高新区,发挥集聚创新要素的领头羊作用"。就是要借助互联网,鼓励全民创业,使"草根"创新蔚然成风、遍地开花,迎接新一轮全球产业革命。

其次,创客时代的到来也有助于中国经济降速换挡期,缓解就业压力,倡导知识立业的社会新风尚。大众创业、万众创新的重要载体是广大中小微企业,有研究表明,平均每 1 人创业大概可带动 4—5 人就业。把"草根"创新与解决就业难问题相结合,有助于在实施创新驱动发展战略的同时,解决民生问题,促进社会稳定。

截至 2017 年上半年,上海已经形成 500 多家众创空间,有不少外企和国有龙头企业也加入"双创"大潮,呈现"大象"与"蚂蚁雄兵"的共生态势。这些众创空间既是吸纳就业、培育企业的物理空间,又是为经济发展带来新动能、新引擎的创新空间。①

三、加快推进政府职能转变

贯彻落实"互联网+"行动计划,培育新兴产业、新兴业态和创客文化,还有赖于从体制机制和政策设计层面,加快简政放权改革,推动政府职能转变。互联网时代,既要发挥市场在配置资源中的决定性作用,也要更好地发挥政府的善治作用,主要表现在,大力破除体制机制障碍,综合运用经济、法律和行政调控手段,灵活应对互联网技术在创新变革中引发的各类问题。

具体而言,一是要建立跨部门的协调监管机制,在鼓励创新的原则下逐步完善和规范新的生产服务方式;二是要进一步放宽市场准入,切实保护公平竞争的营商环境,培育好"创客"滋生的土壤;三是要在技术、标准、政策等

---

① 徐蒙等."双创"带来创新发展新动能新引擎[N].解放日报,2017-09-15,(1).

多个方面实现互联网与传统行业的充分对接,推动"互联网＋金融""互联网＋交通""互联网＋医疗"等新业态发展;四是要推进公共数据开放,打破行业信息孤岛,加强信息资源的供给与传播,促进互联网时代市场体系建设的深度与广度;五是要重视信息基础设施建设,推进"互联网＋公共服务"模式,鼓励政府利用新媒体、社交网络等互联网平台建立"智慧城市"的管理和服务体系;六是要建立和完善商业信用体系,确保信息资源的有效使用和相关方权益,降低业态创新的交易成本。

专栏 12-1　　让企业成为"双创"的真正主角

在上海大量的众创空间、孵化器和加速器中,正在涌现出一批"当红明星",它们专业性强、资源丰富,初创企业身处其中,成长速度往往是"爆发式"的。这些"当红明星"的背后,不乏外资世界500强的身影,有的外资企业与地方政府、国内企业合资合作投建"双创"基地,有的则依托自身在沪的研发创新中心,孵化创业团队和项目。上海科技创新中心建设全面启动以来,外资企业积极寻找融入科技创新中心的路径,"双创"成为一个充满活力的切口。

外资企业加入"双创"大潮,是上海新近出现的特色,它们之所以能被动员起来,关键在于政府职能的转变,在于思想观念的转变。上海500多家众创空间中,开始阶段有不少政府的参与和推动,但如今,唱主角的是企业。政府职能转变,使得企业不仅作为创新创业的主体,也成为搭建"双创"平台、发现创新企业的主力军。

于是,在上海形成了一种常见模式:政府部门对众创空间进行规划,引进国内外相关行业的领军企业合作建设,最后成形的众创空间由专业企业管理、运营、提供服务,政府则退居幕后,甘当绿叶。然而,甘当绿叶并非无所作为。找准定位后,政府部门要做的,是通过深化改革,帮助企业突破创新创业路上的瓶颈和障碍;并通过营造良好环境和氛围,调动各类市场主体创新创业的积极性。

近年来,上海大力推进商事登记改革,提高创新创业活力。自2016年1月1日起,浦东新区率先实行"证照分离"改革试点"双告知"工作;去年10月,上海又率先落实"五证合一"登记制度改革;企业简易注销登记改革、企业名称登记改革等试点有序启动。在系列改革举措推动下,近年来上海各类市场主体保持快速增长趋势,截至2017年6月底,全市共有各类市场主体221.16万户,同比增长8.1%。

"双创"带动下,市场主体如雨后春笋般快速增长,政府部门如何在有效监管的同时,保持全社会创新创业的活力?对此,上海以浦东新区转变一级地方政府职能为突破口,全面系统推进"放、管、服"改革。上海正积极探索拓展综合执法改革领域和范围,以市场监管、城市管理领域为重心,进一步整合相同相近领域执法职能,形成了商务领域的综合执法体制改革方案;事中事后监管制度体系也得到了进一步完善,浦东新区形成的"六个双"监管机制创新工作方案和操作规程,目前已实现全市所有区级监管部门全覆盖。

引自徐蒙等."双创"带来创新发展新动能新引擎[N].解放日报,2017-09-15,(1),摘录时有所删减。

第二节 "大众创业、万众创新"与共享发展新理念

新兴业态的成长需要新的理念和发展模式,新发展模式的核心就是基于共享发展理念的"双创"。作为国家宏观层面的新思路和新战略,旨在以共享发展新理念指导下的"双创",构建和谐稳定的劳动关系促进共建共赢共享,从供给侧激发生产要素的创业热情,激活市场活力和创造力。

一、"双创"模式：核心理念、建设载体与主要特征

2014年,李克强总理在夏季达沃斯论坛开幕式上发表致辞,首次提出"双创"理念,目的是以改革的理念谋创新发展之路。2015年被认为是"双创"的崛起之年。从1月份初李克强总理在出席国家科学技术奖励大会上的讲话提出：让各类主体创造潜能充分激发释放出来,形成大众创业万众创新生动局面,到12月份国务院常务会议决定开展"证照分离"试点,激发"双创"活力,国家在政策层面出台多项鼓励"双创"的文件,国务院常务会议几乎每个月都有关于"双创"的议题,由此可见国家对"双创"之重视。2016年2月,国务院又出台发展众创空间的指导意见,对发展众创空间的原则、任务、政策和组织实施进行了明确。

2015年3月,国务院出台《关于发展众创空间推进大众创新创业的指导意见》指出："以营造良好创新创业生态环境为目标,以激发全社会创新创业活力为主线,以构建众创空间等创业服务平台为载体,有效整合资源,集成落实政策,完善服务模式,培育创新文化,加快形成大众创业、万众创新的生动局面。"6月,《国务院关于大力推进大众创业万众创新若干政策措施的意见》正式公布。为创业创新提供了良好的政策环境。"双创"新局面逐步成形,离不开外部政策环境、企业家精神、创新服务体系三者的有机协调统一配合,意义深远。

（一）"双创"模式的核心理念是共享发展

随着时代发展,世界已经由原子时代步入比特时代,对应的产业经济也由工业经济步入信息经济。"共享经济"由此诞生。"共享经济"一词由美国两位学者马科斯·费尔逊(Marcus Felson)和琼·斯潘思(Joe L. Spaeth)于1978年提出,他们认为共享经济的理念是一种"合作消费"的生活方式,其主要特点是个体借助第三方平台,交换物品或者知识经验,或者向个人、企

业筹集资金,这种情况下个体和群体同时成为生产者和消费者。[①] 本质上来看,共享经济是一种"我为人人,人人为我"的良性互动经济模式。而"双创"则是这种良性互动经济模式的一种加速器与推动力。

共享理念的产生需要借助互联网载体,通过广泛的信息共享带来信息消费新业态的产生,通过海量数据的共享带来大数据应用新技术的发展。共享理念是一种在基础硬件发展完善基础上产生的高级形式,目的是为基础硬件的使用更加高效。"双创"通过调动人的积极性,激发人的创造力,在组织生产方式上的众包、众筹等形式助推共享。可以说在"双创"下,不管是传统行业还是朝阳行业,在新技术的应用之下,共享理念正在一步步变为现实。

共享理念造就共享发展。共享发展的现实发展路径为"创业→孵化器→风投"。"双创"需要发挥众人智慧的平台,而孵化器是一个很好的舞台。小微企业在孵化器中进行白手起家的创业,在孵化器运营方的推动下,从最初为初创企业提供厂房房屋并收取租金的 1.0 版本,升级到为小微企业提供政策咨询服务的 2.0 版本,再到为小微企业进行风险投资及引入各类基金的 3.0 版本。从中可以看出,"双创"的根基在于共享发展,共享发展可借助金融服务腾飞。

(二)"双创"模式的建设载体是众创空间

"双创"是市场经济在资源配置中起决定性作用的具体体现,而众创空间是"双创"的主要载体和形式。根据国家发展目标,到 2020 年,在创客空间上要形成专业的创业服务平台,培育一批天使投资人和专业投资机构,孵化出一批创新型的小微企业,带动就业。[②] 众创空间承载着"双创"的重大使命,为国家经济的发展担当着重任。

过去,我国经济发展走过的也是传统经济发展模式走过的老路。从工

---

① 王喜文.大众创业、万众创新与共享经济[J].中国党政干部论坛,2015,(11):12-15.
② 摘自国务院办公厅《关于发展众创空间推进大众创新创业的指导意见》,2015 年 3 月。

业化到信息化,产业组织方式也从工厂里的机器化大生产演变成块状蜂窝的私人创意集群。众创空间并没有统一的定义,但主要是指为个人及小微企业提供空间便利、成本低廉、要素齐全、透明开放的综合型服务平台。在这一平台上,创客们可以尽情点燃自己脑中的创意火苗,并利用平台提供的资源将创意变为现实。在"双创"背景之下,人人可以借助互联网这个技术中介,最终实现人与人、人与物、物与物之间的互联,这种规律和特点也体现了共享的发展理念。互联网时代,信息生产力改变生产方式,从集中生产转向分布式生产。生产组织方式的变革是共享理念转化为现实的途径。

在互联网、3D等新技术的帮助下,传统产业、夕阳产业将重焕生机。2015年是"互联网+"元年,"互联网+制造业""互联网+服务业"等全面开花。技术的带动,让"双创"插上腾飞的翅膀。"互联网+服务业"体现的是人与人之间的服务互联,而"互联网+制造业"体现的是人与物及物与物之间的连接。"互联网+制造业"让高端装备制造行业进行更新升级,是打造产业结构升级版的现实基础。

(三)"双创"模式的主要特征是空间集聚

首先,在地域分布上,"双创"主体主要集中在大城市。截至2014年,移动互联网相关创业公司主要集中在北京、上海、深圳、杭州、广州和成都,六大"双创"城市孵化的创业公司总量约3 200家,占全国比重的81%。[1] 并且六大城市创业方向各不相同,北京以文娱及教育为主,上海以金融和游戏为主,深圳专注硬件打造,杭州成为电商沃土,广州偏向文娱社交,成都偏重打造休闲和消费生活。根据阿里研究院的报告,创业者创业基地的选择主要从创业的外部生态环境、行政环境、投资机构的数量、人才储备量以及相关政策方面进行考量。从地域来看,沿海地带"双创"比较繁荣,内陆地区渐渐赶上。众创空间、孵化器等成为"双创"的重要平台。

---

[1] 阿里研究院,阿里百川,36氪,友盟."移动互联网+"中国双创生态研究报告[R].2015.

其次,在行业布局上,不同类型的城市产业分布不同。在一二线城市新兴产业偏向旅游、导航、商务办公、金融理财和教育学习等实用和应用类产业;三线及以下城市则主要以音乐、视频、游戏、摄影等娱乐应用为主。[①] 由此可见,我国的互联网创业仍然主要集中在一线城市和之外的沿海主要城市,这里有立体式资源的聚集、有创业孵化器的生态、有地方政府的机制创新、有财税金融的支持、有创业投资的平台和潜力。

此外,也可以通过对创业主体、创业服务、创业平台、创业理念和创业领域的比较,总结当前大众创业创新与过去创业的特点及表现的差异性(见表12-1)。

表 12-1 当前大众创业创新与过去创业之比较

类　别	过去特点	当前特点	当前的具体表现
创业主体	小　众	大　众	众多草根群体投身创业,创业创新成为一种价值导向和生活方式
创业服务	政府主导	市场发力	一大批市场化新型机构迅速成长,创业投资、互联网金融等服务迅速发展,服务质量和效率快速提高
创业平台	内部组织	开放协调	互联网、开源技术平台发展,有效聚集了各类创业服务机构和创业人员
创业理念	供给导向	需求导向	社交网络把创业者的奇思妙想与用户的需求进行有机结合,用户体验成为创业创新出发点
创业领域	传统产业	新兴产业	新成员大都集中在互联网、智能制造等新兴产业、服务业,以及传统产业与新兴产业的跨界融合处

资料来源:作者编制。

二、上海和杭州"双创"态势对比分析

根据阿里研究院的报告,长三角地区的创业热情和热度比较高,其中尤

---

① 阿里研究院,阿里百川,36氪,友盟:"移动互联网+"中国双创生态研究报告[R].2015.

其以上海和杭州为中心。我们选取两个城市在"双创"中的样本典型进行分析,从中可以得出一些有益的启示。

(一)上海:"一号课题"聚焦科技孵化器

上海近期着力打造全球科技创新中心,引领经济转型升级的驱动力。在"双创"背景下,上海大力实施创新驱动战略,打造具有全球影响力的科技创新中心,这也是2015年上海市委确定的"一号课题"。"双创"背景下,我们选取比较典型的浦东科技企业孵化器作为研究科技创新中心建设一个突破口。

根据上海浦东新区科学技术委员会的统计,2015年年底,新区孵化器和众创空间达66家,相比2013年增幅164%,市级以上科技企业孵化器和新型孵化器52家,其中国家级8家,获得区级创新型孵化器认定的34家,涉及互联网、电子信息、智能硬件、生物医药等领域;孵化总面积近65万平方米,相比2013年增幅85%。孵化器布局也由张江园区占绝对比重渐渐扩展至临港、陆家嘴、川沙镇等地区。2015年张江园区孵化器39家,占比由2013年的72%降低至59%。优质孵化器也渐渐显现,其中,2015年12月,由莘泽创业投资管理股份公司运营的上海张江移动互联网孵化器,成为全国第一家登陆新三板挂牌的孵化器管理公司。①

在孵化器的发展上,浦东新区力推"三化"建设:民营孵化器展现市场化、专业孵化器推进产业集群化以及国际化孵化器的探索。2015年,民营孵化器达33家,占比达50%,获得风险投资10.8亿元,占比46.5%。另外,新区90%的孵化器都有自己偏重的方向,聚集了一大批机器人、医疗等相关企业。新区在国际化上形成了"走出去""引进来"以及"离岸孵化"三种模式。② 因此,总体来看,浦东新区孵化器的规模呈爆发式增长,布局也渐趋合

---

① 张晓强,徐占忱.为何把"双创"上升到发展新引擎的战略高度——关于大众创业万众创新的理论思考[J].中国经济导刊,2015,(36):28-30.
② 谢群慧.科技企业孵化器的浦东探索[J].浦东开发,2016,(6):8-11.

理,优秀孵化器不断涌现。

(二) 杭州:"一号工程"创建特色小镇

作为紧邻上海的杭州市,2015 年也频频发力。在"双创"背景下,2014 年杭州实施了以加快发展信息经济、大力推进智慧应用为主要内容的"一号工程"。据统计,2014 年杭州信息经济产业实现增加值 1 660 亿元,同比增长 20%,特别是软件产业、电子商务等新兴产业保持快速发展势头。[①] 杭州寄希望打造成万亿级的信息产业群。

2015 年 1 月,浙江省委省政府提出创建特色小镇战略。从此,特色小镇在全省遍地开花,杭州也出现了梦想小镇、云栖小镇、基金小镇、医药小镇等一批特色小镇,引起了全国的关注。特色小镇不是行政区划单元上的一个镇,也非产业园的一个区,而是融合产业、文化、旅游、社区功能的创业创新发展平台。

杭州特色小镇融合了国家的"双创"政策,结合了浙江本土的块状经济产业,跟上了信息经济的步伐,因此,杭州特色小镇展现出自己的独特魅力。首先是环境优美,也即"颜值高"。小镇环境优美,企业落户于小镇,小镇位于环境优美的 3A 级以上景区,让工作和自然融为一体。其次,特色小镇要有特色,找准定位。杭州每个小镇都聚焦自己的主业,不搞"同业竞争",也不搞"百镇一面"。即使大的行业趋同,但也要差异化发展,错位发展。例如,云栖小镇和梦想小镇都聚焦信息经济产业,但前者主要指向大数据、云计算,后者主攻互联网创业和风险投资。

以杭州为代表的特色小镇,反映的是浙江省在"双创"时代找准定位,发展符合自身实际的高端创新行业,这种特色现象既立足实际,又超脱实际,具有很强的前瞻性,是一种小而专、小而美的发展模式。

(三) 上海和杭州"双创"比较优势分析

在"双创"的背景之下,从上海的科技孵化器到杭州的特色小镇,无处不

---

① 张鸿铭.努力打造大众创业万众创新的乐园[J].浙江经济,2015,(8): 6-7.

体现出根据地方实际情况选择转型升级方向。上海产业发展基础扎实,科研实力雄厚,具备由资本驱动向资本—创新双驱动转型的条件。全球科技创新中心的建设以"创新"作为牛鼻子,带动整坐城市乃至整个长三角地区的创新升级。实践证明,全球科技创新中心的建设,倒逼政府转变了职能,提升了就业,促进了创新,提升了整个城市的软硬件。相比之下,杭州依据自己的地域特色,在传统电商的基础上,发展信息经济产业,并且衍生出各具特色的小镇。杭州的特色小镇以信息经济为依托,把大数据、云技术、电商等做大做强,也是具有杭州特色风格的"双创"。

在未来,创业的发展趋势随着国家政策的变更、科技的发展、金融的介入必将会上升到一个新的发展阶段。未来的创业创新会围绕着平台、数据以及金融三者相互交织而展开,引领创业者进入新时代。

第一,互联网技术的应用将继续突破产业分立界限,使得不同产业部门得以寻求交叉产品、交叉平台以及利益共享的交叉部门,催生出新的产品与服务需求,开发出更大的市场空间。

第二,平台经济的发展,使得资源不仅在物理空间集聚,而且还可以在流量空间以令人难以想象的远超物理空间集聚的速度聚集起来,为"双创"提供新的发展空间。在可以预见的未来,新业态的发展不仅需要面对多边市场,而且还要应对来自监管方面的挑战,这都需要以互联网思维和共享理念来加以谋划。

第三,大数据、云计算对"双创"的吸引力越来越强。新科技革命浪潮下,数据、信息愈加成为一个国家、地区、行业和公司制胜的武器,成为推动全要素生产率提升的信息生产力。数据共享也让政府能够精准扶持相关产业,助推"双创"蓬勃发展。

第四,"双创"也离不开天使基金、风投、技术银行等现代金融技术和手段的支撑。科技与金融的深度融合,将使得各行各业的创新,都离不开金融服务的创新,同时也对金融监管,尤其是互联网金融的监管提出了新的挑战。

三、"双创"模式开启劳动关系新时代

"大智兴邦,不过集众思","双创"鼓舞着全国人民投身于干事创业的热情之中。进入移动互联网时代,劳动者借助互联网、大数据、云计算等信息流,与传统产业进行对接,不仅改变了产品(包括信息产品、精神产品)的生产方式,而且也开启了互联网时代劳动关系的新时代。由"众创"引申开去,出现了"众包""众筹""众扶""众享"等一系列新业态、新服务,为构建和谐稳定的劳动关系赋予了新内涵。

(一)"双创"活动劳动关系的认定

从劳动关系的定义出发,一般需要由两方构成,一方是符合法定劳动年龄、具有劳动能力的自然人,即劳动者;另一方则是接受劳动者提供劳动的企业、个体经济组织、社会团体、民办非企业单位等组织,即用人单位。[①] 创业者往往以用人单位的身份出现,与劳动者签订劳动合同,缔结劳动关系。

然而在互联网时代,大众创业、万众创新催生出大量新业态、新服务,对劳动关系的认定和权责利的划分等,都产生了一些新变化,尤其是在"互联网+"领域,相当一部分"双创"活动借助互联网实现,打破了传统的"一对一"的劳动者与用人单位之间的劳动关系。围绕专门从事信息匹配的平台企业,形成了双边或多边市场结构,以及"一对多""多对一"甚至"多对多"的复杂联系,其中一些联系并不具备劳动关系的特质。

一是要将劳动关系和劳务关系区别开来。劳动关系相对比较稳定,而劳务关系中多为一次性、临时性或者替代性的工作,一般以完成特定工作为目的;另一方面,劳动关系中劳动者除了定期得到劳动报酬外,还享有劳动法律法规所规定的各项待遇,如社会保险待遇等,而劳务关系一般只涉及劳动报酬问题,劳动报酬都是一次性或分期支付,而无社会保险等其他待遇。

---

① 宋子丹."互联网+"时代下的劳动关系[J].中国工人,2016,(2):62-64.

从保护劳动者的角度出发,"双创"活动应按照《劳动合同法》的有关规定,更多地建立劳动关系,签订劳动合同,而不只是劳务关系。

二是要将劳动关系和雇佣关系区别开来。雇佣关系是指受雇人向雇用人提供劳务,雇用人支付相应报酬形成权利义务关系,既可以是书面的,也可以是口头的。只要当事人双方意思自治,约定内容不违反法律的强行性规定,不违反公序良俗,国家就不应予以干预,其权利义务的调整主要参照《民法通则》等民事法律规范。相比之下,劳动关系则受到《劳动合同法》等劳动法规的规范,比如劳动法对工作时间、最低工资、休息制度、工伤保险等。"双创"活动既可能产生劳动关系,也可能产生雇佣关系。

(二)"互联网+"企业的劳动关系问题

"互联网+"业态下,企业与从业者劳动关系法律问题备受关注,其中对劳动关系的研究正在逐步升温。当前,"互联网+"企业从业者众多,但大部分没有劳动合同,"互联网+"企业或将会成为从业者劳动权利受侵害的"重灾区",或者用劳务关系、雇佣关系来替代或模糊劳动关系。为此,政府应当加强监管,保护从业者利益。①

一般而言,"互联网+"企业劳动关系的认定,可能需要考虑以下几个方面:是否签订劳动合同、是否缴纳社会保险,以及平台和个人的收益分成等。其中,收益分成是"互联网+"企业劳动关系认定方面,有别于传统企业最主要的特质。

在大众创业、万众创新的热潮中,劳动者与用人单位一旦建立了劳动关系,就应当及时签订书面劳动合同,制定岗位职责、工作方式、薪资待遇以及《劳动合同法》规定的其他必备条款,明确双方的权利义务。签订书面劳动合同,不仅是法律强制性规定,也是"互联网+"企业的自身需要,正是因为"互联网+"企业的特殊性,不能完全套用传统行业中劳动关系的惯例,劳动

---

① 徐虎."互联网+"模式下企业与从业者劳动关系[J].中国工人,2016,(2):58-61.

合同便显得尤为必要。①

另一方面,一味地强调保护从业者利益,要求捆绑劳动合同、社会保险,也可能导致企业成本上升,合作者的收入锐减,甚至是无法正常经营、存续和发展。如何充分运用共享发展的理念,设计出基于"众包""众筹""众扶""众享"的新的用工制度和法律规范,成为摆在"互联网＋"企业以及现有劳动法律制度面前的新挑战。

四、深化行政体制改革助推"双创"

大力推进供给侧结构性改革,目的就是为了消除经济发展中无效供给、低端供给,提供有效供给和高端供给。大众创业、万众创新为服务供给侧结构性改革提供了脚注和基础。为此,推动"双创"和"互联网＋"行动计划,培育新兴产业、新兴业态和创客文化,还有赖于从体制机制和政策设计层面,加快简政放权改革,推动政府职能转变。互联网时代,既要发挥市场在配置资源中的决定性作用,也要更好地发挥政府的善治作用,主要表现在,改变以往传统的管控思维,大力破除体制机制障碍,解开束缚"双创"活力进一步迸发的不利因素,综合运用经济、法律和行政调控手段,灵活应对互联网技术在创新变革中引发的各类问题。② 在经济发展新常态之下,通过供给侧结构性改革,优化创新创业环境,推动"双创"发展。

(一) 加快政府管理模式转型

一是推动政府监管模式转型。政府部门应该以"双创"为动力,抓好行政审批制度改革,行政管理效能提高和深化要素市场化改革。各部门要以制度创新为核心,放活市场,以开放心态迎接技术带来的市场变革,以此倒逼政府的改革。政府部门不要既当运动员又当裁判,需要做好监管工作,维

---

① 宋子丹."互联网＋"时代下的劳动关系[J].中国工人,2016,(2):62-64.
② 李凌.2015"两会热点解读"——"互联网＋"行动计划助力创新驱动发展战略[J].检查风云,2015,(6):33-34.

护好市场的良好创新创业环境。在政策上进行优化便捷、在资金上进行精准支持,搭建好专门的孵化器及众创空间,制定各类游戏规则,让市场在资源配置中起决定性作用,同时又有效的发挥政府的监管作用。

二是加快公共服务供给转型。政府部门面对互联网时代的"双创"环境,服务效能亟待提升。从行政审批环节的减少,到互联网时代审批新技术的运用,再到审批环节的归并,服务的高效是政府自我革命的反映之一。政府部门要转变以自我为中心的"衙门"思想,积极地为社会公众服务。同时,各部门要多做"雪中送炭"的事,而不是"锦上添花"的事。想企业之所想、急企业之所急,对符合国家政策鼓励的初创行业加强投融资支持。分行业、分部门进行"精准支持",打造众创空间2.0版本和3.0版本。

三是持续优化政府服务环境。在生态环境方面,要进一步立足自然资源、地理条件的独特优势,开展城市的立体规划,合理做好产业的布局。在社会经济环境方面,要在人才引进、居住条件、公共服务等方面多措并举,加强对现有技术人才的职业技能培训,完善职工福利,保障职工在就业、医疗、教育、住房等方面的基本需求。同时,加大公共资源共享,最大限度地盘活国家自主创新示范区、国家高新区、大学科技园、科技孵化器等创新创业资源,激励高效、院所开放科研仪器设备和科技服务,为创业者提供低成本、便利化、全要素、开放式的创业服务平台。①

(二) 促进创业创新模式发展

一是提升创业创新的专业化分工水平。根据上海孵化器前期运行的效果来看,现有的小微创业企业出现两大问题,专业性不强和增值服务少。专业性不强导致企业小而全,市场定位不准,营利方式模糊,运营难以持续。尤其是互联网等轻资产行业,更需做好市场细分及相关定位。增值服务少体现在孵化器企业专业性不足,还停留在早期收租上,缺少服务小微企业政

---

① 万钢.以改革思维打造大众创业万众创新的新引擎[J].中国中小企业,2015,(5):20-22.

策咨询和做风投等升级版本的能力。下一步,孵化器、众创空间和小微企业都要更加找准自己的市场定位,同时做精相关行业,对有关行业进行类别划分,在智能产品、医疗健康、基因抗体等行业上做到小而美、小而精、小而专。

二是实现科技与金融双轮驱动。小微企业终须变大变强,这离不开资本的助力。产业资本与金融资本的结合需要把握适度原则。在金融的支持下,"双创"企业可以借助资本,大力引进人才、开展技术研发、提升软硬件设施设备、提高企业管理水平,把企业做精做强,必要时引入战略投资者和风险投资者。

三是实现与"互联网+"的无缝对接。要在技术、标准、政策等多个方面实现互联网与传统行业的充分对接,推动"互联网+金融""互联网+交通""互联网+医疗"等新业态发展;坚持共享理念,形成创新网络,打破行业信息孤岛,加强信息资源的供给与传播,促进互联网时代市场体系建设的深度与广度。

第三节 分享经济的创新模式与管理变革

从党的十八届五中全会公报首提"分享经济",到"十三五"规划强调"积极发展分享经济",分享经济一时间成为热词,新的商业模式迅速普及开来,共享单车、共享汽车、网约车、共享停车场、共享民宿、网络借贷,甚至还可以有共享厨房、共享充电器、共享雨伞和共享知识等,都一并纳入分享经济的范畴。根据国家信息中心数据显示,2016年我国分享经济市场交易额达3.45万亿元,比2015年增长103%,参与分享经济活动的人数超过6亿人。[①]

---

① 国家信息中心分享经济研究中心.中国分享经济发展报告2017[R].2017.

一、分享经济是经济发展的新模式

分享经济也称为"共享经济[①]"。互联网赋予了分享经济更加丰富的内涵。经济学家从"分享、共享"的词源本义出发,把"协同消费""协同经济""P2P经济""C2C经济""零工经济"等统统纳入分享经济的范畴,指出分享经济的内核,是一系列基于互联网的商业模式创新和产业组织创新。[②] 不仅如此,以 Airbnb 和 Uber 为代表的商业模式,迅速在全球范围内得以扩散和复制,对已有的城市治理规则和体系,提出了不小的挑战。时至今日,分享经济正在逐步演变成为包罗万象的新经济,尽管概念边界至今仍比较模糊,但从已有的商业实践来看,大致可以分为两种。

一种是"Business-to-Person"(B2P)模式,即分享企业占有分享资产的所有权,将分享资产的使用权通过互联网出租出去,收取租金。摩拜、OFO 等共享单车就是这种模式的典型代表,出租的自行车并非分享企业的闲置资产,也与一般自行车经销商出售的自行车不同,而是分享企业精心设计的生产工具,必须满足自行车租赁对车辆使用环境的特定要求,比如自带 GPS 定位、材料更加耐磨损,以及特殊的车辆结构和车锁设计等。

另一种更有价值的模式创新是"Person-to-Person"(P2P)模式,即分享企业充当第三方交易平台,来自不同市场的潜在交易者,通过平台让渡标的物的使用权或所有权。交易标的物既可以是有形的产品,如让渡闲置房屋使用权的小猪短租;也可以是无形的服务,如提供闲置车辆使用权的滴滴出行;还可以是货币和资产,如吸收闲散资金的 P2P 网贷等。可见,分享经济的 P2P 模式是针对闲置资源再利用、再开发的一类双边市场或多边市场。与 B2P 模式不同,P2P 模式下,分享企业不占有分享资产的所有权,而是依

[①] 1984 年威茨曼提出的分享工资理论,是一种用分享制度替代工资制度的政策主张,以化解当时紧张的劳资矛盾,应对经济结构中产生的"滞涨"现象。
[②] 刘奕,夏杰长.共享经济理论与政策研究动态[J].经济学动态,2016,(4):116-125.

托互联网技术,将潜在的供给方和需求方的交易信息连结在一起,起到交易中介、减少信息不对称和提高交易效率的作用。

二、分享经济撬动供给侧结构性改革

正如20世纪80年代分享工资的出现,是为应对当时经济"滞涨"的一种新制度安排,当下分享经济的发展,也体现了不同于传统经济的新动能正在萌发,顺应新发展理念和供给侧结构性改革主线的内在要求。立足于当前宏观经济稳中求进的总基调,改革所指的供给侧结构性问题无外乎这样两个方面:一是创造出与需求升级相适应的新供给,弥补有效供给不足的问题;二是去除梗阻在供给和需求之间过高的制度成本,促进潜在供给与潜在需求对接的问题。分享经济的两种模式各有侧重,在撬动供给侧结构性改革方面大有可为。

首先,在B2P模式下,由于分享资产的所有权归属于分享企业,企业规模仍受制于生产成本。在寻求每笔交易利润最大化的动机驱使下,分享企业行为与传统租赁企业并无二致,只是借助于互联网技术,分享企业变为一个APP程序,极大地简化了租赁流程。企业的市场占有率不仅取决于企业的生产能力,而且也离不开风险投资和大资本的青睐。比如,截至2017年年初,摩拜单车刚刚完成2.15亿美元的D轮融资,ofo单车也已完成了1.3亿美元的C轮融资。所以,揭开互联网的面纱,"B2P"的分享模式仍是以投资驱动、大资本驱动为主的,其主要创新点与其说是"互联网+",不如说是基于工业化和信息化融合发展基础上的技术创新,包括新一代物联网技术的应用等。从这个意义上来讲,分享经济有助于补上新供给的"短板",实现需求结构升级牵引下的产业和产品升级,尽管这股力量目前看来还比较微弱。

其次,在P2P模式下,分享企业只充当交易平台,通过促进交易数量获利,而不拥有分享资产的所有权。平台参与者越多,发生交易的概率和数量就越大,分享企业的收益就越高。以中国版的 Airbnb——小猪短租——为例,租客越多,房东就越有可能获得订单;反过来,愿意提供闲置房屋的房东越多,租客的选择面就越广,也就越容易下单。这是"一荣俱荣、一损俱损"的双边或多边市场结构,一边市场参与者的多寡取决于另一边市场参与者的多寡,体现了平台特有的交叉网络外部性,彰显出互联网分享基因的强大力量。

因此,同样是基于互联网技术,P2P 的分享模式是以消费驱动为主的,主要的创新点是互联网对传统业态的技术应用于改造升级,新业态压缩掉原先价值传递的部分,保留甚至放大价值创造的部分。从这个意义上来讲,分享经济更有助于"降成本",以更加低廉的交易成本连结供给与需求。尽管两种分享模式不仅在撬动供给侧结构性改革的方式上有所差异,而且 P2P 模式中的交叉网络外部性,是 B2P 模式所不具备的,这是两种模式更深层次的差异所在。不过,两种模式也可相互融合、转化,比如,当共享单车的使用者达到一定数量时,就可以向平台上加载一系列增值服务(如即时广告等),拓展出新的市场和利润增长点,这时的 B2P 就兼有了 P2P 的特点。

需要指出,分享经济的 B2P 模式是以一定的技术创新为支撑的,但如果 B2P 模式所使用或引发的技术创新不足以产生颠覆性的影响,那么这种商业模式创新的价值就很可能被打上问号,并难以同"互联网租赁"区分开来。以风靡一时的共享单车为例,其本质还是自行车的"互联网租赁"。根据上海市交通委的信息,截至 2017 年 7 月底,上海的共享单车企业数量共有 13 家,共计投放共享单车 145.76 万辆,注册用户 2 257.61 万、活跃用户 1 512.2 万,日均使用数 699.18 万人次,其中,OFO 和摩拜两家企业的投放车辆、注册用户、活跃用户、日均使用数 4 项指标均位列前两位,合计占市场总份额 80%以上。[①] 然而随着"共享单车"投放数量的增加,以及竞争者的悉数到

---

① 上海市公安局专题调研组.共享单车行业发展对上海道路交通的影响及对策建议[J].上海法学研究,2017,(6): 36-38.

场,共享单车所引发的乱停乱放、违规行驶、车辆破损、有碍市容、安全隐患及市场恶性竞争等问题也日渐暴露出来。2017年8月,交通运输部发布《关于鼓励和规范互联网租赁自行车发展的指导意见》,8月18日,上海市交通委员会开始对各家共享单车的投放数量进行管控,管控的基础是共享单车日常运营产生的大数据。此后一年左右,一些共享单车企业开始退出市场,市场上也少有新进入者,到2018年年中,上海市场上已剩下摩拜、OFO、哈罗单车、赳赳等6—7家共享单车企业,大约是一年前的一半左右。

三、分享经济需要共享、共建、共治

人们在体验"互联网+"和分享经济带来便利化的同时,也产生了一系列新问题,比如网约车司机准入管理混乱而发生的刑事案件,[①]互联网平台利用大数据的"杀熟"行为,以及野蛮生长的P2P网贷、给城市治理带来诸多问题的共享单车、昙花一现的共享雨伞、共享睡眠仓、存在食品安全隐患的共享厨房、始终游走于法律边缘的短租房屋等,[②]也都相继成为社会各界关注的焦点。

诚然,分享经济还远非完美。即使是在分享模式发展相对完备、人口整体素质相对较高的发达国家,分享经济也存在着缺陷,需要构建政府、企业、用户和社会组织的共建、共治机制。有研究显示,尽管Airbnb炙手可热,但用户的预定行为会随着买卖双方身份信息的公开而存在明显的种族歧视;Uber的出现一定程度上稀释了汽车牌照作为一种资产的价值,使得持有执照者利益受损等。实际上,这些问题在国内分享经济中或多或少也都存在,只是表现形式不同而已。分享经济在化解传统矛盾的同时,也会催生出新的矛盾与问题。在我国,分享经济的标准化程度更低,大多数分享经济的体验者和产品或服务的提供者之间,总是存在着信息不对称,甚至还会将一些

---

① 如2018年5月发生在河南郑州的以及2016年1月发生在上海莘庄的网约车乘客遇害事件等。
② 唐亚汇,李凌.分享经济:理论辨析、模式比较与规制思路[J].经济学家,2017,(12):42-49.

特殊人群排斥在共享之外，比如老年人往往不善于使用互联网，难以享用共享产品和服务等。

因此，分享经济在增进社会总福利的同时，不可避免地会造成另一部分社会成员福利的损失。卡尔多—希克斯法则认为，只要社会净福利在增加，分享经济就有发展的理由。即便如此，分享经济也不能"野蛮生长""肆意妄为"。否则，分享经济引发的失序、安全、隐私、歧视和不平等等问题，也将被互联网迅速放大，反过来抵消或者吞噬分享经济产生的创新红利，从而陷入"创新的困境"。

"解铃还须系铃人"。对分享经济的治理也要引入互联网思维，充分发挥大数据的作用，倡导共享、共建与共治。以共享单车遭遇的各种乱象为例，一个或许可行的整治的思路是，利用大数据对用户骑车行为进行跟踪管理，采用信用评分的方式限制违规者的使用权限。实际上，摩拜和OFO在推行之初都有类似的机制设计，但企业有营利的冲动，这样的机制难以得到严格执行，能否考虑由社会第三方组织来执行，比如成立"共享单车"的行业协会，缔约攻守同盟和行业规范，将各家"共享单车"遇到的问题纳入统一的专业管理，每家"共享单车"公司的义务是向行业协会提供大数据，并根据交易量缴纳一定的管理费用，同时享有联合用户评议行业协会的权利，从而形成企业、用户和社会组织之间的权利制衡模式与共建共治机制。目前，上海已经形成了由市交通委、市公安局和市城管执法局三方共管的模式，通过"总量控制"与"合法登记"双管齐下的方式，对共享单车进行管理，充分发挥共享单车在解决"最后一千米"上的出行优势，促进共享单车健康规范地发展。此外，荷兰、丹麦等一些单车国家的实践表明，共享经济在客观上要求政府进一步提高城市治理水平，对城市形态作出相应的调整，包括引导骑行者文明使用和停放，规定共享单车的停放点，甚至开辟专用车道等。因此，发展分享经济，不仅需要共享，还需要共建和共治，唯有如此，分享经济才能行稳致远。

第十三章
创新驱动与上海文化创意产业发展

在城市发展转型中,产业园区是一类重要的创新空间,文化创意产业园区又是其中一类特别重要的创新载体,将科技与文化糅合在一起,成为观察和研究创新驱动高质量发展的显著性地标。目前,在上海文化创意产业发展过程中,科技全面介入文化创意的体制机制尚未理顺,文化创意产业园区发展过度依赖土地租金的问题有待转型。通过对美国硅谷、英国伦敦文化创意工作室和中国台湾文化创意产业及其园区发展的观察与比较,着力在精准规划细化产业分类、开放式创新、中小创意企业集群、全产业链盈利模式、科技文化跨界人才培育,以及公共服务体系构建等方面,提出了关于上海文化创意产业高质量发展的理论思考与政策建议。[①]

第一节 科技创新与文化创意产业融合发展的时空契合

随着知识经济的兴起与互联网技术的普及,产业融合向纵深发展,创新

---

① 本章的一个早期版本系李凌.科技在上海文化创意产业发展中的作用及国际经验借鉴[Z].载沈开艳主编.上海经济发展报告(2015):建设具有全球影响力的科技创新中心[M].北京:社会科学文献出版社,2015:236-257。入选本书时,内容略有增减。

创意成为驱动经济发展的主导力量。文化创意产业是一种"源自个人创意、技巧及才华,通过知识产权的开发和运用,具有创造财富和就业潜力的行业",[①]为国家和城市的创新转型带来了新活力与新资源。进入21世纪之后,欧美发达国家相继出现了信息技术、网络技术、仿真技术、体感技术、虚拟现实技术与文化创意产业的深度融合趋势。[②] 科技创新成为文化创意产业核心竞争力的源泉,提升文化创意产业附加值,贯穿文化创意产业发展始终。在我国,由于受政策、人才、资源、技术等多方面因素的制约,科技全面介入文化创意产业的发展格局尚未形成,文化创意产业园区过度依靠"土地租金"的短期开发模式,不仅人为地改变和阻挠了文化创意产业园区自身的升级路径,同时也在一定程度上抑制了文化创意产业在科技创新方面的长期投入,致使科技与文化的融合出现断层。为此,从科技创新促进文化创意产业发展的内在机理出发,充分借鉴欧美等发达地区文化创意产业发展实践,对于探索与实现中国特色文化创意产业的高端化,以及新常态下中国经济的创新驱动具有深远意义。

一、科技创新贯穿文化创意产业发展的各个阶段

互联网时代,科技创新多层次渗透和全方位介入文化创意产业。在提高创意者科技素养,拓展科技思维的同时,为创意的产品化、产业化提供相关技术支撑和市场支撑。[③] 为此,科技创新遍及和贯穿文化创意产品从生产、传播到消费的每一阶段,丰富文化创意产品的内涵与外延,提升创意的产品转化率。[④]

[①] 参照1998年《英国创意产业路径文件》对创意产业的定义。
[②] 谈国新,郝挺雷.科技创新视角下我国文化产业向全球价值链高端跃升的路径[J].华中师范大学学报(人文社会科学版),2015,(2):54-61.
[③] 曹京明,王国华.论科技在文化创意产业中的作用[J].科技信息,2007,(22):112-113.
[④] 胡晓鹏.技术创新与文化创意:发展中国家经济崛起的思考[J].科学学研究,2006,(1):125-129.

（一）创意设计阶段

创意是大脑思维活动的创新成果，受到所处时代技术发展水平的激发与观念意识的限制。科技在创意的萌生、设计与制作阶段，强化了文化创意产业"内容为王"的导向，新技术促使内容创意设计产品的可视化、多样化，赋予文化产品新维度、新特征，增强文化创意产品的渲染力、表现力。比如，身临其境的 IMAX 3D 电影、奇妙幻化的网络游戏、炫彩华丽的舞台特效等，都离不开多媒体技术、虚拟现实技术、计算机图形与仿真技术等的发展与应用，科技对文化创意产业提供核心技术支撑，让创意落地。

（二）创意传播阶段

创意需要设计，更需要推广与传播。互联网时代，科技创新拓宽了文化创意产品的营销推广渠道，形成附着在文化创意产业周边的以创意传播为核心业务的新兴业态。除了传统营销方式外，借助微博、微信、手机 APP、搜索引擎、播客等方式，新媒体营销、自媒体营销、大数据营销等方式大行其道，扩大受众覆盖面，压缩营销推广成本，提升文化创意设计理念的传播效率。此外，科技创新还有助于强化传播过程中对创意的知识产权保护，通过对内容加密、阻止非法注册、用户身份识别等技术，有效实现对版权、著作权、研发专利等的合法保护。

（三）创意消费阶段

科技应用还将改变产品受众的消费习惯，加深消费者对创意的理解，体验式地融入创意消费。例如，从十几年前的唱片、卡带，到之后的 WALKMAN、DISKMAN，再到现如今的 MP3、智能手机和平板电脑等，人们在欣赏聆听歌曲时，数字技术和信息技术不仅改变了音乐的支持载体，同时也使音乐的创作更加平民化、自由化和普及化，音频制作方面的科技进步取消了特定人群（音乐工作者）的文化特权，更多的音乐爱好者加入到音乐生产的队伍之中，音乐生产方式的改变潜移默化地带来了社会关系网络的转型，悄无声息地改变着一个地区的文化地图，而这主要取决于科技进步的力量。

二、文化创意产业园区是科技与文化创意融合发展的创新空间

文化创意产业的发展离不开企业群体的地理集聚与互动,以及良好的科技创新基础设施和发展环境。创意企业只有充分运用区域内的信息基础设施和网络化的创新文化氛围,不断整合从研发到售后的服务资源,设计出来的创意产品才能更加贴近消费者的个性化需求。[1] 为此,园区是文化创意企业集聚的空间载体,反映出文化创意产业网络组织的生产运行模式[2]与知识外溢价值创造模式[3]的空间集结。用迈克·波特(Michael E. Porter)对企业集群的定义来理解,就是"企业之间地理意义上的集聚与相互关联,具备以文化和创新为基础的高度专业化、网络化组织模式,以及信息流动性强和风险转移等特征"。[4] 文化创意产业园区以健全的法律制度框架、完善的金融信贷机制、灵活的创业投资基金、互惠的社会网络关系、轻松的创意创新氛围,以及对创意、知识和艺术价值的尊重与保护,在保持与城市风格相一致的舒适配套环境中,为文化创意产业发展吸引人才、提供资金和高效的组织管理协调机制等。

美国的"硅谷"和英国的伦敦艺术工作室都是典型的文化创意企业集聚区。一些国内城市如北京、上海、深圳、西安、杭州等,也紧密依托高新技术产业集聚区,相继将文化创意产业确立为发展重点,并效仿"硅谷指数[5]",推出"中关村指数"和"张江指数",用以衡量创新的投入与产出效果。文化创意产业园区的国内外实践经验表明,利用现有基础设施和配套相对完善的

---

[1] 杜万坤,王育宝.科技创新与科技园区文化创意产业发展研究[J].科学学与科学技术管理,2008,(3):41-46,63.
[2] 刘奕,夏杰长.全球价值链下服务业集聚区的嵌入与升级——创意产业的案例分析[J].中国工业经济,2009,(12):56-65.
[3] 毛磊.演化博弈视角下创意产业集群企业创新竞合机制分析[J].科技进步与对策,2010,(4):104-106.
[4] M. E. Potter, Cluster and the New Economic Competition [J]. Havard Business Review, 1998, 76: 77-90.
[5] "硅谷指数"发布于1995年,每年发布一次,旨在反映硅谷创新经济发展的健康程度。

园区作为文化创意产业发展的空间载体,是加速文化科技融合、实现文化创意产业腾飞的有效途径。

第二节　上海文化创意产业发展：现状与问题

从文化创意产业的发展规律看,上海已初步跨越了"产业为王"的阶段,需要转向"内容为王"的新阶段,转型的关键在于大幅提升创意内容的科技含量,促进社会福祉而不只是产值增加。但就目前而言,在传统管制体制和路径依赖的作用下,科技尚未全面介入文化创意发展,使得文化创意产业的转型升级变得步履蹒跚。

一、打造具有国际影响力的文化创意产业中心

上海是国内较早推进文化创意产业发展的城市之一,2010年荣获联合国教科文组织颁布的"设计之都"称号,在文化创意产业产值增长、行业分类、企业集聚、园区分布、资源条件和政策规划等方面,都取得了先行先试的经验与成效。2004—2014年,上海文化创意产业增加值从不足500亿元发展到接近3 000亿元,占全市GDP的比重从6%上升到12%,并拥有150万左右从业人员。[①] 产值规模暂列全国城市第一位,预计到"十三五"期末,增加值规模占全市国内生产总值的比重将超过15%。基本建成现代文化创意产业重镇;到2030年,本市文化创意产业增加值占全市国内生产总值比重达18%左右,基本建成具有国际影响力的文

[①] 根据上海市文化创意产业推进领导小组办公室编制的《2013年上海文化创意产业发展报告》显示,2012年年底上海拥有129.16万文化创意产业从业人员。

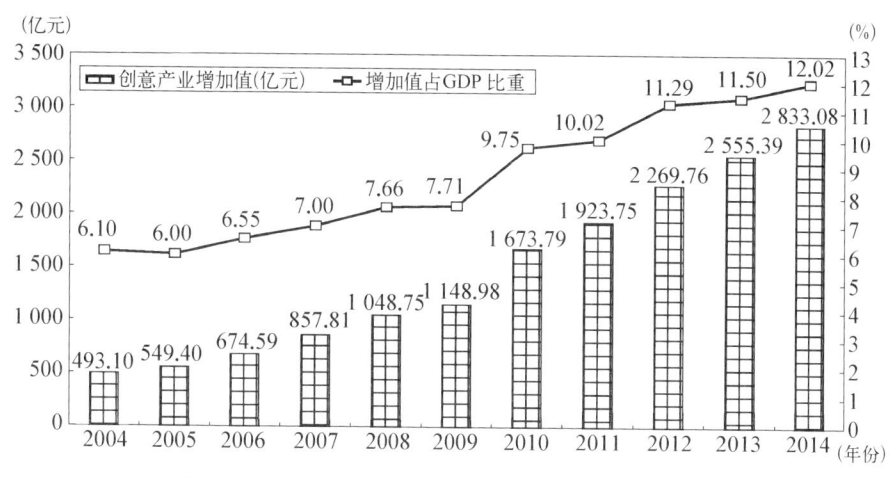

图 13-1　2004—2014 年上海文化创意产业增长情况

资料来源：各年度上海创意产业发展报告及《创意产业"十一五"规划》《2012 文化创意产业发展报告》，其中 2009 年及之前数据为五大重点产业的旧有统计口径，2010—2012 年数据为新的十大领域分类数据。数据转引自王慧敏等.创意设计之都：全球概览与上海战略[M].上海社会科学院出版社，2014：170；2013—2014 年数据来自上海市文化创意产业推进领导小组办公室，《2014 年上海市文化创意产业发展报告（白皮书）》《2015 年上海市文化创意产业发展报告（白皮书）》。

化创意产业中心；到 2035 年，全面建成具有国际影响力的文化创意产业中心。①

上海在全国开创了文化产业园区建设与历史建筑保护相结合的发展模式，目前约有 2/3 以上的创意产业集聚区和文化产业园区是按照土地性质、产权关系、建筑结构"三个不变"的操作办法，通过对老厂房、老大楼、老仓库进行改造，使之满足文化创意工作场所的需要。截至 2013 年年底，上海共有经授牌的文化产业园区 52 家（见表 13-1），创意产业集聚区 87 家（含 15 家示范集聚区），分布在上海的每个区县，由此形成了"一轴（延安路城市发展轴）、两河（黄浦江和苏州河文化创意产业集聚带）、多圈（区域文化创意产业集聚地）"的文化创意产业空间格局。

---

① 引自 2017 年 12 月 20 日上海市文化创意产业推进领导小组办公室发布的《关于加快本市文化创意产业创新发展的若干意见》，http://www.shccio.com/ztzc/1493.jhtml，简称《上海文创 50 条》。

表 13-1　上海(52家)文化产业园区及文化设施区县分布

区　县	文化产业园区	文　化　设　施
浦东新区	张江文化产业园 动漫谷文化创意产业基地 金桥网络文化产业基地 国家对外文化贸易基地 新场民间技艺文化创意基地 上海证大喜玛拉雅中心	东方艺术中心
黄浦区	田子坊文化产业园 8号桥 卓维700	上海大剧院
徐汇区	上海数字娱乐中心 商街Loft时尚生活文化产业园 越界-X2创意空间 越界文化产业园 2577创意大院 电子艺术创意产业基地	上海宋庆龄故居
长宁区	上海新十钢(红坊)创意产业集居区 德必·易园 上海多媒体产业园 周家桥文化创意产业园	刘海粟美术馆
静安区	现代戏剧谷	静安寺
普陀区	上海天地软件园 谈家28-文化·信息商务港 M50莫干山路创意园 SHANGHAI TOP桃浦文化创意产业园	上海纺织博物馆
闸北区	上海多媒体谷 上海名仕街时尚文化产业园 新华文化创新科技园	上海铁路博物馆
虹口区	中国出版蓝桥创意产业园 国家音乐产业基地(虹口制作中心) 上海明珠文化创意产业园	鲁迅故居
杨浦区	创智天地 五角场800艺术区 尚街Loft上海婚纱艺术产业园	渔人码头

续　表

区　县	文化产业园区	文化设施
闵行区	上海众欣文化产业园 中国(上海)网络视听产业基地 七宝古镇	七宝老街
宝山区	上海动漫衍生产业园 M50 半岛文化创意产业园	吴淞炮台湾湿地森林公园
嘉定区	东方慧谷 南翔智地 中广国际广告文化创意产业园	古猗园
金山区	枫泾文化创意产业园区 廊下乐农文化创意产业园	金山城市沙滩
松江区	上海仓城影视文化产业园 叁零·SHANGHAI 文化创意产业园 泰晤士小镇	兴圣教寺塔
青浦区	上海青浦现代印刷产业园区 中国·梦谷——上海西虹桥文化产业园 迎祥文化产业园 尚之坊时尚文化创意园	朱家角古镇
奉贤区	南上海艺术创意产业园	碧海金沙水上乐园
崇明县	江南三民文化村	东平国家森林公园

注：2009 年 4 月，第一批认定 15 家上海文化产业园区。到 2011 年 12 月，第二批认定 37 家上海文化产业园区，详细概况参见《上海品牌发展报告·2012》[M].上海社会科学院出版社，2013：162—168。同时，来自上海市经信委的数据表明，截至 2012 年年底，上海经认定的创意产业集聚区为 87 家，总建筑面积 336 万平方米，入驻企业 9 298 家，从业人员达 20 万余人，营业收入 1 104 亿元，同比增加 23%，总税收超过 70 亿元，同比增长 21%。由于相当一部分创意产业集聚区和文化产业园区是重复的，故不赘述。上海创意产业集聚区的区县分布参见《上海品牌发展报告·2012》[M].上海社会科学院出版社，2013：134—137。

资料来源：东方文创网资料整理而成。

2008 年以来，在市府和各委办局层面陆续出台了一系列对于文化创意产业的扶持政策：在发展规划修订方面，有上海市经信委 2011 年发布的《上海市文化创意产业发展"十二五"规划》、2017 年发布的《上海创意与设计产业发展"十三五"规划》；在空间布局优化方面，有上海市经信委 2011 年发布的《关于促进上海市创意设计业发展的若干意见》、上海市委、市政府2017年印发的《关于加快本市文化创意产业创新发展的若干意见》；在知识产权保护方面，有上海市知识产权局2008年发布的《上海市创意设计登记备案服务指南（试行）》；在财政资助与分类指导方面，有上海市文化创意产业推进领导小组办公室、上海市财政局2014年联合发布的《上海市促进文化创意产业发展财政扶持资金实施办法》；在促进科技与文化的融合发展方面，有上海市文化创意产业推进领导小组办公室2012年发布的《上海推进文化和科技融合发展三年行动计划（2012—2015年）》、2016年发布的《上海市文化创意产业发展三年行动计划（2016—2018年）》，以及2017年年底发布的《关于加快本市文化创意产业创新发展的若干意见》等，为推进上海文化创意产业的健康发展，促进工业设计振兴、提升技术服务创新能力提供政策支持。

二、聚焦质量：上海文化创意产业发展面临的主要问题

从文化创意产业的劳动生产率、产业结构，文化创意产业园区的收入来源结构，以及产业规划资源分配权力四个方面，衡量上海文化创意产业发展质量，分析上海文化创意产业发展面临的主要问题。

（一）产值增长迅速但劳动生产率不高

上海文化创意产业总量增长态势迅猛，但在人均层面，行业劳动生产率却不高，2012年上海文化创意产业的平均劳动生产率只有17.57万元，不仅低于同期第三产业劳动生产率（19.49万元），也低于第二产业劳动生产率（17.75万元），[①]只接近台湾地区文化创意产业2007年时劳动生产率的一半。这表明上海文化创意产业的科技含量还不高，科技创新对文化创意产业的渗透能力有限。

---

① 数据来源：《2013年上海统计年鉴》。

(二) 产业结构呈现两极发展固化态势

从 2012 年上海文化创意产业增加值的构成来看,增长较快的是咨询服务业(19.7%)、广告及会展服务业(16.0%)、艺术业(15.4%);增长较慢的有媒体业(-4.7%)、时尚创意业(4.4%)和网络信息业(5.8%)。体现创意内容的多媒体设计、时尚设计、工业设计等行业增速处于中游。进一步从十大重点领域总产出的结构占比来看,排在前三位的依次是建筑设计(16.1%)、软件与计算机服务业(14.8%)和广告及会展服务业(11.5),后 3 位依次是媒体业(5.6%)、网络信息业(2.8%)和艺术业(2.6%);从增加值的结构占比来看,前三位依次是软件与计算机服务业(17.4%)、建筑设计(13.3%)和咨询服务业(11.3%),后四位依次是媒体业(6.3%)、时尚创意业(6.3%)、网络信息业(4.2%)和艺术业(3.0%)。

表 13-2 2012 年上海文化创意产业分行业总产出、增加值及其增长和结构情况

	产值规模(亿元)		增幅(%)	结构占比(%)	
	总产出	增加值		总产出	增加值
文化创意服务业	6 803.14	1 973.07	11.0	88.4	86.9
一、媒体业	433.39	143.82	-4.7	5.6	6.3
二、艺术业	201.05	67.25	15.4	2.6	3.0
三、工业设计	527.29	196.54	15.3	6.9	8.7
四、建筑设计	1 235.63	301.93	11.8	16.1	13.3
五、时尚创意业	768.46	143.52	4.4	10.0	6.3
六、网络信息业	216.33	96.46	5.8	2.8	4.2
七、软件与计算机服务业	1 138.65	395.33	10.4	14.8	17.4
八、咨询服务业	789.40	256.97	19.7	10.3	11.3
九、广告及会展服务	887.09	214.67	16.0	11.5	9.5
十、休闲娱乐服务	605.84	156.58	10.6	7.9	6.9
文化创意相关产业	892.23	296.69	9.4	11.6	13.1
总 计	7 695.36	2 269.76	10.8	100.0	100.0

数据来源:上海市统计局。

尽管有细微差别,但总产出与增加值的行业排名基本保持一致,即总产出占比排名靠前的行业,其增加值占比排名也相对靠前,反之亦然。这表明上海文化创意产业内部结构呈现固化趋势,除建筑设计和软件与计算机服务业占比较高外,科技因素对工业设计、时尚创意设计等行业的驱动作用相对较为有限,"内容为王"导向尚不够突出。

(三) 产业园区生态过度依赖土地租金

文化创意产业园区发展过度依赖土地要素。一方面,资本通过土地开发获取地租利润,政府通过引入项目获得税收;另一方面,在相对低风险、稳收益的"租金模式"中,园区经营也陷入惰性与僵化。根据对沪上98家挂牌的文化创意园区的面上数据分析,一是在区位分布上,近8成的园区分布在租金相对较高的中心城区(包括黄浦等九个区);二是从土地性质及用途来看,大部分园区为国有划拨工业用地,占79%,国有出让用地占17%;三是从营利模式与品牌化运作来看,几乎所有的园区都依靠租金收入,个别园区通过提供增值服务、股份置换等方式获取盈利;四是从租金差异水平来看,中心城区和郊县的园区租金单价可相差5—6倍。[①]

(四) 产业规划资源分配行政力量主导

政府的支持给上海文化创意产业的发展带来了政策红利,使得文化创意产业的增加值在全市国内生产总值的占比不断提升,文化创意产业的发展目标明确且可以操作。然而在另一方面,产业政策与资源分布的行政化安排,对于正转向高端化的上海文化创意产业而言,将导致大量文化创意资源集中在政府部门的掌控之中,从而难以摆脱"自上而下"的体制惯性,同时也难以激活"自下而上"的市场能动性。具体表现在以下几个方面:一是政出多门,各类政策之间资源重复配置;二是对现行政策效果的跟踪评估尚不多见,只计"投入"不计"产出";三是相对重视对创意项目(活动)和创新园区

---

① 孙洁.创意产业空间集聚的演化:升级趋势与固化、耗散——来自上海百家园区的观察[J].社会科学,2014,(11):50-58.

的资助,而相对轻视对创意企业和脑力劳动者的激励;四是在政策执行过程中,容易产生凭借各种"关系"获取政府资源的通道与寻租空间;五是文化产业园区的发展脱离既有基础,①而是更多受到行政力量的推动与牵引,园区内创新型企业的集群化发展态势未能形成;六是部门间的利益嫌隙又制约着园区的进一步发展,造成文化创意资源耗散。这些问题正在蚕食上海包括东部沿海地区文化创意产业健康发展的体制机制,也有违简政放权的改革目标。

第三节　科技创新与文化创意融合发展的国际经验与启示

我国政府在产业规划层面大力主张科技创新与文化创意的融合发展。与此不同的是,从美国、英国和中国台湾地区文化创意产业发展导向来看——实际上,硅谷完全可以称为文化创意产业园区,尽管它作为世界半导体产业中心的声誉足以超越了文化创意产业中心——在 *The Index of Silicon Valley*、*Creative Industries Economic Estimates* 或《台湾文化创意产业发展年报》等行业发展的纲领性文件中,既没有过度渲染政府干预的正当性与必要性,也没有刻意着墨于科技与文化融合的重要性与可行性,但对于这些文化创意产业的先行者而言,通过科技创新增强文化创意产业的核心竞争力,应当是不言自明的。

一、美国硅谷:开放式创新

美国硅谷以世界半导体产业中心、开放网络、工作流动性、创业公司、专

---

① 比如,杨浦区的纺织业曾一度是上海的支柱产业,上海在"腾龙换鸟"发展文化创意产业的过程中,并没有把注意力集中在对产业内容即纺织业的升级改造上,而是过多地关注产业转移后留下的空间遗产,使材料科学的技术进步(如纳米技术等)失去了用武之地,也使上海的城区转型减少了一只重要的"抓手"。

业化与劳动分工等享誉全球。硅谷联合投资公司2014年发布的"硅谷指数"（Silicon Valley Indexes），充分展示了硅谷的开放式创新特征。首先，在1854平方英里范围内，硅谷创造了142.3万就业岗位，人均年度收入10.7万美元。其次，硅谷从业人员的教育年限显著高于加州和美国的平均水平，本科及以上学位获得者占比高达46%，这一比例在加州和美国分别为31%和29%；而且硅谷的非美国出生的居住者的比例（36%）也明显高于加州（27%）和全美（13%）的平均水平。再次，硅谷大约有51%的人口使用的日常语言不是美语，同样也高于加州（44%）和全美（21%）平均水平。

高智力的科技工作者以及更加开放的创新氛围为推动硅谷文化创意产业的发展提供了适宜的环境，文化创意产业在硅谷产业结构中的就业占比，从1996年第二季度的20%增加至2006年第二季度的24%（见图13-2）。[①] 文化创意产业成为硅谷发展相对较快，并具有一定区域带动作用的支柱产业。

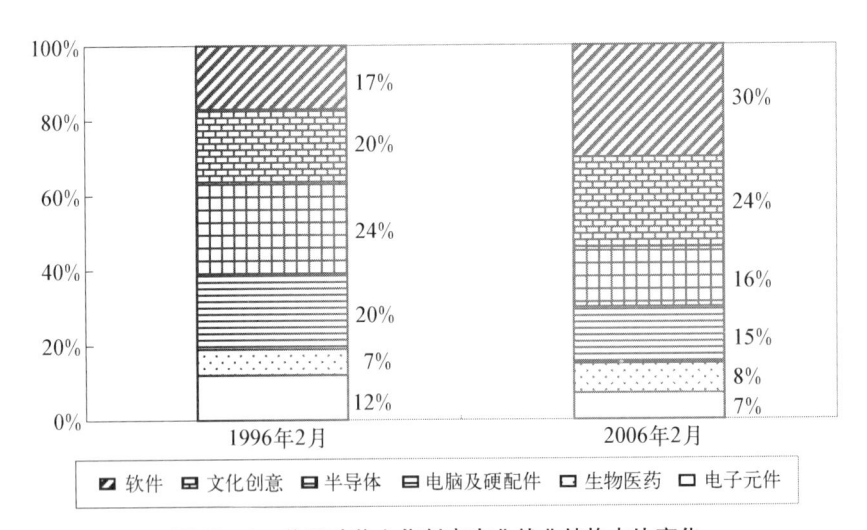

图13-2　美国硅谷文化创意产业就业结构占比变化

数据来源：The Index of Silicon Valley 2008。

---

① 数据来源：The Index of Silicon Valley，2008：21。由于统计口径改变，此后年度的"硅谷创新"指数的分产业统计的就业栏目中，不再单列文化创意产业（Creative and Innovation Services）。

从分行业就业增长的角度来看,到 2013 年第二季度,硅谷的就业增长率在过去的一年中实现了 3.4% 的增长率,为近 10 年来的最高增幅。其中,创新和信息产品与服务业的从业人员规模自 2007 年以来基本保持在 30 万到 35 万的区间内,呈稳定增长态势,受金融危机的冲击与影响不大,2012—2013 年的增幅达到 2.1%(见表 13-3)。

表 13-3 硅谷分行业就业增长情况　　　　　　　单位:%

分行业	2011 年第二季度至 2012 年第二季度	2012 年第二季度至 2013 年第二季度
社区基础设施与服务	+3.0	+2.9
创新和信息产品与服务	+3.4	+2.1
商业设施与服务	−3.8	+6.4
其他制造业	−4.4	−3.1
总计	+2.8	+3.4

数据来源:The Index of Silicon Valley,2014。

二、英国伦敦:创意企业集群

英国伦敦可谓是"创意产业"的发祥地,整座城市的文化气息孕育在 300 多个世界级的博物馆和艺术画廊之中,无处不散发着浓厚的历史情节,在科技成果的转化下,伦敦的文化创意元素再度迸发出艺术生活的现代气息与青春活力。正如艾伦·斯考特(Allen J. Scott)"创意场域"理论指出的,"创意场域是生产和工作集聚结构中文化、惯例和制度的一种表达,主要由基础设施和地方大学、研究机构、设计中心等社会间接资本组成",[①]有知识和技术所驱动的各种创意活动空间,并进行高密集的互动与交流。在英国,有大量类似从"工作室"机制演化而来的产业集群,集群内部因空间位置

---

① A. J. Scott, The Culture Economy of Cities [J]. International Journal of Urban and Regional Research, 1997, 21(2): 323-339.

毗邻，企业与企业之间依托产业链、人际关系等经济网络和社会网络传递知识、信息以及一切可能与创意有关的元素，进而互相依赖产生协同作用。例如，伦敦的 SOHO（电影/媒体和音乐的后期制作）和伦敦的东岸（艺术设计）。[1] 统计数据表明，伦敦的电视产业聚集于威斯敏斯特（Westminster）和汉默斯密（Hammersmith），大多数围绕在 BBC 周围，雇员人数占英国的 55%；电影产业与音乐出版产业的雇员人数分别占英国的 70% 以上与 75%。[2] 实际上，这些集群和伦敦其他创意产业集群（广告、出版、服装和时尚）是相互依赖的。《创意产业：伦敦的核心业务》（GLA Economics，2002）报告指出，尽管存在多样性，但这些创意产业都在以一种非常相似的方法运作：具有很高的产出和雇佣增长率，以及在伦敦集群的强烈倾向，并且这些产业依靠一种特殊类型的人力要素——创意和脑力劳动——的强大供给。

2014 年 1 月 *Creative Industries Economic Estimates* 所载数据表明，英国创意产业产值从 2008 年的 617 亿英镑增加到 2012 年的 714 亿英镑，占 GDP 的比重也相应地从 4.71% 增加到 5.16%（见表 13-4）。2012 年英国创意产业的劳动生产率达到 4.24 万英镑，[3] 相当于同期上海的 2.4 倍。[4]

表 13-4　英国创意产业分行业增长及其结构变化情况

分　行　业	产值增加值(GVA)		占　比		年均增幅 (2008—2012)
	2008 年	2012 年	2008 年	2012 年	
广告与营销	8 347	10 229	13.5%	14.3%	6.6%
建筑	3 565	3 491	5.8%	4.9%	0.7%

---

[1] 田媛,高长春.创意产业集群运营模式国际比较分析——以上海和伦敦为例[J].科技进步与对策,2012,(6):31-35.
[2] [英]彼得·斯旺.创新经济学[M].上海:格致出版社/上海人民出版社,2013:122.
[3] 2012 年英国创意产业从业人员 16.84 万人，按照 1 英镑＝9.8 元人民币进行换算。
[4] 在数据可获得的前提下，这里进行的是国家(英国)与城市(上海)文化创意产业劳动生产率的比较，可以预计，伦敦文化创意产业的劳动生产率可能更高。

续 表

分 行 业	产值增加值(GVA)		占 比		年均增幅(2008—2012)
	2008年	2012年	2008年	2012年	
手工艺品	195	248	0.3%	0.3%	6.8%
产品设计、图像设计与时尚设计	1 856	2 491	3.0%	3.5%	8.0%
电影、电视、录像与摄影	8 801	9 752	14.2%	13.7%	4.2%
IT、软件和电脑服务	26 018	30 904	42.1%	43.3%	4.5%
出版	9 255	9 706	15.0%	13.6%	1.3%
博物馆、画廊与图书馆	—	—	—	—	—
音乐、表演和视觉艺术	3 740	4 574	6.1%	6.4%	5.7%
创意产业总计	61 784	71 395	100.0%	100.0%	3.9%
英国GDP占比	4.71%	5.16%	—	—	—

数据来源：Creative Industries Economic Estimates 2014。

三、中国台湾：科技人才延揽

中国台湾地区也是全球文化创意产业发展的佼佼者，它在融入东方文化元素的同时，也将旅游、媒体、文教及消费有机地结合起来，而且经过《挑战2008》和《创意台湾》两轮产业规划，台湾社会展现出自由、开放、包容、多元、活泼的社会氛围，吸引着世界各地的文化创意企业与艺术家纷至沓来，以试图在台湾获取创作的灵感。与此同时，台湾当局也相继出台一系列人才培养和延揽政策，不失时机地迎合创意人才的长期发展需求，主要体现在两大方面。一是鼓励高等院校开设文化类课程或进行创意开发和创作实验，协助大专院校充实人才及设备，促进产学合作研究及培训计划，构建文化创意人才培育和产学合作基地；二是实施《文化创意产业人才国际进修交流与延揽来台计划作业要点》，通过"种子人才"等培育计划，促进文化创意人才的全球延揽、进修与交流。①

据统计,2012年台湾文化创意产业营业额达7 574.2亿新台币,占GDP的5.39%,并拥有一支17.28万的创意人才队伍(见表13-5)。从台湾文化创意产业内部结构来看,占比较高的领域,2008—2012年的复合增长率未必高,如工艺产业(15.69%)、广播电视产业(19.41%)、出版产业(17.10%)和广告产业(21.51%),复合增长率均在5%以下;而占比较低的领域,2008—2012年的复合增长率也未必低,如文化资产应用及展演设施产业(0.15%)、设计品牌时尚产业(0.05%)、电影产业(3.07%),年复合增长率均超过10%(见表13-5)。反映了产业发展相对均衡与匀质,这与上海文化创意产业内部结构的两极固化态势截然不同。

来自《全球设计观察》(*Global Design Watch 2010*)报告显示,2010年中国台湾地区的全球创意竞争力排名是第13位,不仅比此前2007年的排名第18位上升了5位,而且在亚洲地区的排名仅次于日本(第2位)与新加坡(第11位),高于中国香港(第20位)和中国大陆(第36位)。尤为令人印象深刻的是,台湾工艺产业近年来与设计、时尚、科技等领域展开了跨界结合,显现出其发展的多元可能性。尤其是在利用本地材质及使用具有生态友善特性的工艺上,体现了高度的环保意识和节能理念。比如,2009年国际性红点(RedDot)设计大赛概念组家具类大奖的获得者,就是一位台湾大同大学工业设计学系的毕业生,她的获奖作品是一把"会呼吸的椅子",创意成分在于当人坐下时,椅子就会按照人体的轮廓"转型"成为单人沙发,科技含量在于椅子的材质采用的是热可塑高密度泡棉,在专业的结构空间计算下,椅子会根据坐着的体重、坐姿而"自动调整"。

---

① 李凌.沪台创意产业发展比较研究:差异、原因及对策[J].台湾研究集刊,2013,(6):59-68.

表 13-5 2008—2012 年中国台湾文化创意产业及其构成的营业额增长情况

(单位：亿元/%/万人)

重点领域	2008年	2009年	2010年	2011年	2012年	CAGR	2012年结构 占比	2012年结构 外销比例
视觉艺术产业	45.4	36.4	41.0	43.9	54.6	4.75%	0.81%	2.49%
音乐及表演艺术产业	86.5	77.5	90.6	100.6	111.8	6.62%	1.66%	0.74%
文化资产应用及展演设施产业	5.7	6.8	4.6	11.7	10.1	15.34%	0.15%	0.64%
工艺产业	916.1	956.4	1 423.3	1 390.1	1 057.7	3.66%	15.69%	23.68%
电影产业	137.3	133.2	149.7	200.1	206.9	10.80%	3.07%	1.37%
广播电视产业	1 082.1	1 111.9	1 240.8	1 279.6	1 308.0	4.85%	19.41%	1.42%
出版产业	1 104.9	1 041.5	1 147.1	1 150.9	1 152.9	1.07%	17.10%	2.43%
广告产业	1 261.6	1 121.2	1 356.8	1 442.4	1 449.6	3.53%	21.51%	0.71%
流行音乐及文化内容产业	190.2	176.7	186.0	195.9	192.0	0.24%	2.85%	5.88%
产品设计产业	460.7	475.9	563.6	558.0	544.6	4.27%	8.08%	54.38%
视觉传达设计产业	22.3	27.5	36.4	27.4	16.7	-6.94%	0.25%	10.72%
设计品牌时尚产业	1.4	1.6	2.1	2.9	3.2	22.19%	0.05%	8.14%
建筑设计产业	681.1	568.1	641.8	640.2	632.1	-1.85%	9.38%	1.43%
文化创意产业总计	6 783.4	6 488.4	7 661.3	7 842.6	7 574.4	2.8%	100.0%	9.36%
GDP占比	5.38%	5.20%	5.65%	5.74%	5.39%	—	—	—
从业人员	17.0	16.5	17.1	17.3	17.3	—	—	—

注：年复合增长率(CAGR)，统计年度为2008—2012年。
资料来源：台湾"财政部"财政资讯中心，2013年11月。

第四节　科技创新助推上海文化创意产业发展若干建议

通过国际经验比较,结合上海未来科技与文化深度融合的内在规律与发展趋势,提出科技创新助推上海文化创意产业发展的若干建议。

一、精准规划细化产业分类

从文化创意产业发祥地英国,以及中国台湾地区的产业分类统计来看,文化创意产业发展的核心是创意,而不只是产值。这意味着目前我国文化创意产业的发展理念和关注重点,需要从产量增长向劳动生产率提升转变,应充分体现科技成果作为文化创意产业的"源头活水"的作用与激励。近年来,上海、北京等地都对文化创意产业分类口径调整进行了有益尝试,但仍有进一步改进的空间来突出文化创意产业发展的创意成分、发展重点和地域特色。以上海为例,建议细化和缩小现有分类范围,如在软件与计算机服务类别中聚焦动漫设计等数字休闲娱乐业;在艺术门类中突出视觉艺术、音乐与表演艺术、文化演出等;把工业设计门类细分为工业产品设计、时尚设计等。同时剔除现有分类中比较笼统和含糊的统计项目,对文化创意相关产业作出进一步明确。增设文化创意产业的周边和外围产业,其中,周边产业是指以应用文化创意产业为主的产业,比如会展服务、旅游观光等涵盖创意生活的细分产业;外围产业则是为文化创意产业铺陈、传播以及构建创意环境的产业,包括借助互联网发展起来的一系列新业态。这样做无疑会使现有文化创意产业的统计大幅缩水,但或许更有利于评估文化创意产业发展中的科技含量。

二、构建全面开放的创新空间

开放创意空间不仅体现在创新模式上，比如在企业边界进行研发活动或利用企业网络进行知识、信息的传播，以及资金和人员的流动；而且还应着力破除阻碍要素流动的体制机制，比如拓展科技从业人员的双向流动制度，鼓励有科研项目和成果的科研人员进入文化创意领域离岗创业，完善工龄计算、社保关系转移接续等政策，在科研单位、企业甚至是非营利性开源社区中实现文化与技术的融合。此外，还应该形成开放的管理体制机制，探索经济、科技、文化、规土、知识产权等不同部门之间的利益协调机制，尽快对文化创意产业园区资金盘口划拨不一和"多头管理"等问题作出调整与响应。

三、发展中小创意企业集群

针对目前文化创意产业资源分布行政主导的特点，需要适度引入"自下而上"的创意企业集群机制。国际经验表明，在一些创意园区中，企业的进驻和退出完全是市场自发选择的结果，创意管理决策者、创意生产者、创意消费者之间之所以能够形成整体合力和良性互动，是因为政府对中小创意企业的扶持。与过度依赖土地租金"杀鸡取卵"般地推动文化创意产业不同，对中小创意企业的财税金融政策倾斜，[①]有助于营造公平竞争的市场环境，防范和杜绝园区授牌与评比背后可能存在的"暗箱操作"和"关系营销"，把稀缺的文化创意资源集中于创意企业发展初期，努力培育着眼于长远的产业政策体系和创意集群网络。同时，还可以引导风投和民间资本积极参与，充分发挥市场对创意的甄选功能，借鉴英国、日本等发达国家在品牌、商标等无形资产评估、转让与交易机制建设方面的国际经验，提升文化创意产

---

① 对中小企业减免税收的理论依据是企业生命周期假说。中国台湾对于中小企业普遍采取"006688"的税收优惠政策，即开业的第1、2年免税，第3、4年征收60%的税收，第5、6年征收80%的税收。

业的整体竞争力和本土品牌优势。

四、探索全产业链盈利模式

要从根本上革除文化创意产业对土地租金的过度依赖，就必须彻底改变现有的产业营利模式。国际经验表明，文化创意产业是"无边产业[①]""活态产业"，既为生产又为生活服务。文化创意产业的发展应当向消费者回归、向市场靠拢，使创意产品更加贴近人们的生活，而不是一味地追求产业规模的扩大。这就要求创意产品的创作者、经营者必须能熟练运用设计、广告、展演、宣传等手段，借助互联网对价值链的整合功能，将富有地域文化特色的创意元素融入企业的商业运作，为顾客提供更为丰富的消费体验，由此形成全产业链的盈利模式，增强科技提升文化创意内涵的结合机会。

五、培养文化与科技跨界人才

创意人才是一类复合型创新人才，不仅需要深厚的文化素养，还需要具备一定的科学知识与动手能力。文化创意产业的演进，应以创意人才的培育、延揽、发展为目标：一是在中学和大学的教育课程设置上，着力培育文理通才，不宜过早实行文理分科；对于艺术类和科技类学生的课程设置应有意识地实现互补。二是在创意人才的培养路径上，依托产学研机制，鼓励青年科研人员和学生参与创作实践，不断创新文化创意专业的教育模式。三是在创意人才的激励机制上，适度引入风险投资基金和互联网融资渠道，为创意人才创业提供专项资金扶持。四是在文化创意人才的国际化方面，进一步完善文化创意产业的中外交流机制，促进不同类型创意人才之间的合作。

六、提供优质高效的公共服务

从政府层面推动文化创意产业的发展，就是要从对文化产业园区及创

[①] "无边产业"是厉无畏研究员在《创意改变中国》（新华出版社，2009年）中提出的一个概念。

意企业的资金干预中"退"出来,集中有限资源,为优化文化科技融合提供优质的公共服务,包括提供设计类共性技术平台、扩展互联网带宽等相关信息基础设施、制定风投与互联网金融参与文化创意产业发展的法律法规、设立文化产权交易所并完善文化产权交易规则、营造国际化、便利化、法治化的文化创意产业营商环境,为中小文化创意产业减免税收和产品展示提供机会,以及借助"设计之都"等文化科技型展会,宣传创意城市品牌及未来发展理念等,大力培育新型业态,改善服务环境,完善政策保障,在产业结构优化升级、城市核心功能增强中体现文化创意产业新作为。

参考文献

[1] APEC Secretariat Towards Knowledge-Based Economies in APEC [EB/OL]. [2013-08-05]. Singapore: APEC, 2000. http://www.voced.edu.aunode/36252.

[2] Barro R., Lee Jong-Wha. International Comparisons of Educational Attainment [J]. Journal of Monetary Economics, 1993, 32(3): 363-394.

[3] Basant R. Bangalore Cluster: Evolution, Growth and Challenges [EB/OL]. [2013-05-15]. India: India Institute of Management Ahmedabad, WP No.2006-05-02, 2006, https://core.ac.uk/download/pdf/6443598.pdf.

[4] Bosworth B., Collins S. M.. Accounting for Growth: Comparing China and India [J]. Journal of Economic Perspectives, 2008, 22(1): 45-66.

[5] Chi Nai-Wen, Huang Yin-Mei, Lin Shu-Chi. A Double-Edged Sword? Exploring the Curvilinear Relationship Between Organizational Tenure Diversity and Team Innovation: The Moderating Role of Team-Oriented HR Practices [J]. Group and Organization Management, 2009, 34(6): 698-726.

[6] De Gregorio J., Lee Jong-Wha. Growth and Adjustment in East Asia and Latin America [J]. Economia Journal, 2004, 0: 69-134.

[7] Feldman M. P.. The New Economics of Innovation, Spillovers and Agglomeration: Review of Empirical Studies [J]. Economics of Innovation and New Technology, 1999, 8(1): 5-25.

[8] Maskell P.. Towards a Knowledge-based Theory of the Geographical Cluster [J]. Industrial and Corporate Change, 2001, 10(4): 921-944.

[9] Mueller M.. Telecom Policy and Digital Convergence [M]. Hong Kong: City University of Hong Kong Press, 1997.

[10] Potter M. E.. Cluster and the New Economic Competition [J]. Havard Business

Review,1998,76:77-90.

[11] Porter M. E., Stern S.. The New Challenge to American's Prosperity: Finding from Innovation Index [M]. Harvard Business School,1999.

[12] Psacharopoulos G.. Returns to Investment in Education: A Global Update [J], World Development,1994,22(9):1325-1343.

[13] Psacharopoulos G, Patrinos H. A.. Returns to Investment in Education: A Further Update [J]. Education Economics,2004,12(2):111-134.

[14] Scott A. J.. The Culture Economy of Cities [J]. International Journal of Urban and Regional Research,1997,21(2):323-339.

[15] Storper M.. The Resurgence of Regional Economics, Ten Years Later: The Region as a Nexus of Untraded Interdependencies [J]. European Urban and Regional Studies,1995,2:191-221.

[16] "美国匹兹堡:以转型为魂" [EB/OL].[2013-04-08]. http://roll.sohu.com/20130104/n362281070.shtml.

[17] 阿里研究院,阿里百川,36氪,友盟."移动互联网+"中国双创生态研究报告[EB/OL].[2015-10-24].北京:阿里研究院,2015,http://www.aliresearch.com/blog/article/detail/id/20551.html.

[18] [美]阿特金森·伊泽尔.创新经济学[M].王瑞军,译.北京:科学技术文献出版社,2014.

[19] 艾德铭.上海创新环境建设成果转化:难在哪儿,怎么突破?[N].解放日报,2015-05-14(1).

[20] 安蓓,申铖.中央经济工作会议:推动高质量发展是当前和今后一个时期发展的根本要求[EB/OL].[2017-12-20].http://www.xinhuanet.com/politics/2017-12/20/c_1122143107.htm.

[21] 北京方迪经济发展研究院,中关村创新发展研究院.中关村指数 2017[EB/OL].[2018-04-13].http://www.bjstinfo.com.cn/module/download/downfile.jsp?classid=0&filename=8fa4de452e5741b9a660f826e2510ae4.pdf.

[22] [英]彼得·斯旺.创新经济学[M].韦倩,译.上海:格致出版社/上海人民出版社,2013.

[23] 曹京明,王国华.论科技在文化创意产业中的作用[J].科技信息,2007(22):112-113.

[24] 曹祎遐.专利实施:上海创新的"标尺"[J].上海经济,2013(5):16-17.

[25] 陈斌开,陈琳,谭安邦.理解中国消费不足:基于文献的评述[J].世界经济,2014(7):3-22.

[26] 陈德宁,沈玉芳.区域创新系统理论研究综述[J].生产力研究,2004(4):189-191.

[27] 陈劲,陈钰芬.开放创新体系与企业技术创新资源配置[J].科研管理,2006(5):1-8.

[28] 陈媞,喻金田."创新型城市的形成过程研究"[J].科技创新与生产力,2011(12):17-21.

[29] 陈伟.新指数、新思维、新趋势——世界经济论坛新的全球竞争力指数简介[J].经济研究参考,2005(82):14.

[30] 陈宪.科技创新中心建设呼唤企业家精神[N].解放日报,2015-01-08(10).

[31] 陈兴海,等.上海科技创新引擎企业驱动全球科技创新中心发展创新效率测度——基于DEA-Tobit模型的实证分析[J].科学管理研究,2016(10):61-65.

[32] 丁明磊.国家创新能力的评价指标与国际比较研究[D].大连:大连理工大学,2007.

[33] 丁明磊,陈志.美国建设国家制造业创新网络的启示及建议[J].科学管理研究,2014(5):113-116.

[34] 杜德斌.对加快建成具有全球影响力科技创新中心的思考[J].红旗文稿,2015(12):25-27.

[35] 杜万坤,王育宝.科技创新与科技园区文化创意产业发展研究[J].科学学与科学技术管理,2008(3):41-46,63.

[36] 冯鹏志.知识创新的基石:人力资本的形成及其应用[J].新视野,2002(1):27-29.

[37] 龚玉玲,杨晔.基于知识创新模式的知识体系演进特质[J].情报科学,2010(9):1367-1369.

[38] 关晓静,赵利婧.从《欧洲创新记分牌》看我国创新型国家建设面临的挑战[J].统计研究,2007(3):74-77.

[39] 郭春丽,等.推动高质量发展存在的突出问题及对策建议[R].经济要参,2018(10):7-10.

[40] 郭克莎.中国经济发展进入新常态的理论根据——中国特色社会主义政治经济学的分析视角[J].经济研究,2016(9):4-16.

[41] 郭树清.中国经济的内部平衡与外部平衡问题[J].经济研究,2007(12):4-10.

[42] 国家信息中心分享经济研究中心.中国分享经济发展报告2017[R].北京:国家信息中心,2017.

[43] 国务院发展研究中心课题组.上海建设具有全球影响力科技创新中心的战略思路

与政策取向[J].科学发展,2015(5):59-68.

[44] 胡锦涛.坚定不移沿着中国特色社会主义道路前进 为全面建成小康社会而奋斗——在中国共产党第十八次全国代表大会上的报告[M].北京:人民出版社,2012.

[45] 胡晓晶,等.资源型城市转型中旅游业地位与作用研究[J].资源与产业,2007(4):5-8.

[46] 胡晓鹏."十二五"期间上海提高自主创新能力战略思路研究[Z].载潘世伟.建设创新驱动的世界城市——上海"十二五"发展规划思路研究[M].上海:上海人民出版社,2011:131-148.

[47] 胡晓鹏.技术创新与文化创意:发展中国家经济崛起的思考[J].科学学研究,2006(1):125-129.

[48] 胡晓宇,何平均,杨璐嘉.中国农业高新技术产业风险投资 SWOT 分析及其对策[J].农村经济与科技,2012(6):63-65.

[49] 姜立杰.匹兹堡——成功的转型城市[J].前沿,2005(6):152-156.

[50] 蒋玉涛,招富刚.创新驱动过程视角下的创新型区域评价指标体系研究[J].科技管理研究,2009(7):168-169.

[51] 杰里米·里夫金.第三次产业革命[M].张体伟,孙豫宁,译.中信出版社,2012.

[52] 金彩红,黄河.西方发达国家智库的外部影响力管理及启示[J].中国党政干部论坛,2015(1):29-32.

[53] 金银哲.国内外基础研究强度的调查研究[J].中国校外教育,2011(10):14-15.

[54] 靳生玺.印度的"硅谷"班加罗尔城的 IT 成功之路[EB/OL].[2013-04-08].http://tech.163.com/04/1124/18/15VM8Q1R000915BD.html.

[55] 靳永慧,等.专业技术人员创新团队建设读本[M].北京:中国人事出版社,2012.

[56] [英]卡尔·波兰尼.巨变:当代政治与经济的起源[M].黄树民,译.北京:社会科学文献出版社,2013.

[57] [德]卡尔·马克思.资本论(第一卷)[M].中共中央马克思恩格斯列宁斯大林著作编译局,译.北京:人民出版社,2004.转引自 http://xy.eywedu.com/zibenlun/zw/mydoc012.htm.

[58] 康科.德国高科技创新战略剖析[J].中国工业评论,2015(9):44-50.

[59] 蒯大申.文化是长三角创新转型的基础[N].文汇报,2013-01-07(00B).

[60] 李兵,曹方.基于系统动力学城市创新系统运行机制研究[J].科技管理研究,2012(1):175-177.

[61] 李虹.物联网与云计算：助力战略性新兴产业的推进[M].北京：人民邮电出版社,2011.

[62] 李君如.抓住和用好我国发展的重要战略机遇期[J].国际展望,2011(2)：1-15.

[63] 李开复.科技·人才·教育[N].科技日报,2004-06-18(T00).

[64] 李凌."平台经济"视野下的业态创新与企业发展[J].国际市场,2013(8)：11-15.

[65] 李凌."效率驱动"是"创新驱动"的前奏[N].社会科学报,2013-10-24(2).

[66] 李凌.2015"两会热点解读"——"互联网＋"行动计划助力创新驱动发展战略[J].检查风云,2015(6).

[67] 李凌.不存在所谓底线增长率的问题[N].解放日报,2016-08-09(9).

[68] 李凌.产业融合、业态创新与转变经济发展方式：上海创意产业的分析[Z].载沈开艳主编.上海经济发展报告(2012)：增长动力与产业发展转型[M].北京：社会科学文献出版社,2013.

[69] 李凌.传统基金会：保守主义阵营的思想库[N].光明日报,2017-01-26(11).

[70] 李凌.创新,深圳为什么行？[N].解放日报,2015-04-02(6).

[71] 李凌.沪台创意产业发展比较研究：差异、原因及对策[J].台湾研究集刊,2013(6).

[72] 李凌.激发科技创新市场活力,应明确负面和正面清单[N].解放日报,2015-06-30(11).

[73] 李凌.科技在上海文化创意产业发展中的作用及国际经验借鉴[Z].载沈开艳主编.上海经济发展报告(2015)：建设具有全球影响力的科技创新中心[M].北京：社会科学文献出版社,2015.

[74] 李凌.两会关键词读懂2016中国宏观经济[J].检查风云,2016(7).

[75] 李凌.平台经济发展与政府管制模式变革[J].经济学家,2015(7).

[76] 李凌.平台经济模式：互联网时代的政府与市场[Z].载石良平,等.社会主义初级阶段市场模式研究——中国国家发展导向型市场经济理论与实践探索[M].上海：上海社会科学院出版社,2016.

[77] 李凌.破解知识产权交易规模与风险的"魔咒"[N].解放日报,2017-03-28(10).

[78] 李凌.以互联网思维谋划国际金融中心建设[N].解放日报,2015-03-12(11).

[79] 李凌,等.经济效率转型：从要素驱动到创新驱动[M].上海：上海人民出版社,2013.

[80] 李凌,李南山.平台经济助推企业转型发展[J].上海国资,2013(6).

[81] 李凌,李南山.上海建设全球科技创新中心的优势与挑战[J].上海市经济管理干部学院学报,2017(6).

[82] 李凌,张斌."大众创业、万众创新"与共享发展新理念[Z].载何建华,杨伟良,杨鹏飞.供给侧改革背景下的劳动关系与就业前沿研究[M].上海:上海大学出版社,2017.

[83] 李凌,周大鹏.制度变革引领上海全球科技创新中心建设[Z].载沈开艳主编.上海经济发展报告(2016):创新发展先行者[M].北京:社会科学文献出版社,2016.

[84] 李娜,刘佳.三星战苹果之道:产品全线出击,华丽市场营销[EB/OL].[2013-04-10].http://tech.ifeng.com/3g/charges/detail_2013_03/21/23341475_0.shtml.

[85] 李思名.全球化、经济转型和香港城市形态的转化[J].地理学报,1997(S1).

[86] 李晓江.创新空间与空间创新——北京、天津等项目实践的若干思考[EB/OL].[2015-07-16].http://www.planning.org.cn/report/view?id=48.

[87] [英]李约瑟.中国科学技术史(第一卷)[M].香港:中华书局,1975.

[88] 李振营.美国钢都匹兹堡兴衰初探[J].泉州师范学院学报(社会科学),2007(9).

[89] 李正风,尹雪慧.知识流、知识分配力与基础研究中的科学传播[J].科普研究,2012(10).

[90] 李正信.匹兹堡成功转型:从"钢城"到高科技研发中心[N].经济日报,2009-09-30(15).

[91] 厉无畏.创意改变中国[M].北京:新华出版社,2009.

[92] 廖德贤,张平.区域创新系统中的城市创新系统[J].科技情报开发与经济,2005(3).

[93] 林毅夫.如何理解中国经济增速放缓[N].新华日报,2016-11-04(015).

[94] 刘昌荣.川崎产业转型路[J].上海国资,2012(4).

[95] 刘莉.城市产业结构转型:匹兹堡标本[N].东方早报,2009-09-24(12).

[96] 刘丽娜.匹兹堡:从"人间地狱"到"绿色天堂"[N].新华每日电讯,2010-03-04(11).

[97] 刘思齐.微软:企业研究院的最后乐土[N].中国经营报,2004-05-17.

[98] 刘向,黄泳.调整发展活力——胡锦涛主席考察德国鲁尔工业区侧记[EB/OL].[2005-11-13].http://news.sina.com.cn/w/2005-11-13/08547425735s.shtml.

[99] 刘学敏,赵辉.德国鲁尔工业区产业转型的经验[N].中国经济时报,2005-11-24(5).

[100] 刘奕,夏杰长.共享经济理论与政策研究动态[J].经济学动态,2016(4).

[101] 刘奕,夏杰长.全球价值链下服务业集聚区的嵌入与升级——创意产业的案例分析[J].中国工业经济,2009(12).

[102] 陆琪,张义春,等.上海高新技术产业化领域创新团队建设研究[J].科学发展,2012(5).

[103] 罗伯特·保罗·欧文斯.世界城市文化报告2012[M].黄昌勇,侯卉娟,章超,等译.上海:同济大学出版社,2013.

[104] 罗长远,张军.经济发展中的劳动收入占比:基于中国产业数据的实证研究[J].中国社会科学,2009(4).

[105] 吕薇.技术创新驱动中国经济[J].新经济导刊,2012(10).

[106] 吕薇,马志刚.以全球视野谋划推动创新[N].经济日报,2012-12-14(13).

[107] 马梅.从第三方支付发展看上海国际金融中心建设[J].科学发展,2014(4).

[108] 马忠法.完善现有专利资助政策,为提高高校专利技术转化率创造条件[J].中国高校科技与产业化,2009(3).

[109] 毛磊.演化博弈视角下创意产业集群企业创新竞合机制分析[J].科技进步与对策,2010(4).

[110] 倪鹏飞,白晶,杨旭.城市创新系统的关键因素及其影响机制——基于全球436个城市数据的结构化方程模型[J].中国工业经济,2011(2).

[111] 牛智敬,顾乡.德国如何保证创新财政补贴不被滥用[N].第一财经日报,2015-04-23(A16).

[112] 潘理权,杨善林.科技实力在货币国际化中的作用分析[J].中国软科学,2011(8).

[113] 潘世伟,等.上海转型发展:理论、战略与前景[M].上海:上海人民出版社,2013.

[114] 彭国华.中国地区收入差距、全要素生产率及其收敛分析[J].经济研究,2005(9).

[115] 齐严.商业模式创新研究[D].北京:北京邮电大学,2010.

[116] 乔为国.商业模式创新[M].上海:上海远东出版社,2009.

[117] 权衡.未来30年上海城市发展动力:创新驱动与财富驱动的比较和选择[J].科学发展,2015(5).

[118] 权衡,李凌,等.国民收入分配结构:形成机理与调整思路[M].上海:上海社会科学院出版社,2015.

[119] 任荃.破解制约创新环境建设难题[N].文汇报,2015-05-26(4).

[120] 芮明杰.第三次工业革命的起源、实质与启示[N].文汇报,2012-09-17(00D).

[121] 萨丝凯·萨森.全球城市的视角:对上海的理论启示[Z].载陈向明,周振华.上海崛起:一座全球大都市中的国家战略与地方变革[M].上海:上海人民出版社,2009.

[122] 上海社会科学院经济研究所课题组.创新驱动发展与上海"四个中心"建设关系研究[J].上海经济研究,2014(10).

[123] 上海市公安局专题调研组.共享单车行业发展对上海道路交通的影响及对策建议

[J].上海法学研究,2017(6).

[124] 沈开艳,陈建华,邓立丽.长三角区域协同创新、提升科技创新能力研究[J].中国发展,2015(8).

[125] 石良平,等.上海"四个中心"创新升级研究[M].上海：上海社会科学院出版社,2016.

[126] 石晓梅,等.中国大宗商品电子交易市场经济特征与风险分析[J].情报杂志,2010(3).

[127] 宋子丹."互联网+"时代下的劳动关系[J].中国工人,2016(2).

[128] 孙汉文.现代科学技术概论[M].北京：中国经济出版社,1999.

[129] 孙洁.创意产业空间集聚的演化：升级趋势与固化、耗散——来自上海百家园区的观察[J].社会科学,2014(11).

[130] 谈国新,郝挺雷.科技创新视角下我国文化产业向全球价值链高端跃升的路径[J].华中师范大学学报(人文社会科学版),2015(2).

[131] 汤育书,张敏.城市创新型经济发展能力指标体系研究——以江苏镇江为例[J].江西农业学报,2011(9).

[132] 唐长春,孙宁生.产学研结合推进高新技术产业化的问题初探[J].中国集体经济,2012(2).

[133] 唐亚汇,李凌.分享经济：理论辨析、模式比较与规制思路[J].经济学家,2017(12).

[134] 田恬.国外科技创新政策概览[J].科技导报,2016(4).

[135] 田媛,高长春.创意产业集群运营模式国际比较分析——以上海和伦敦为例[J].科技进步与对策,2012(6).

[136] 屠启宇,等.国家战略中的上海科技创新中心城市建设：理论、模式与实践[M].上海：上海社会科学院出版社,2017.

[137] 万钢.以改革思维打造大众创业万众创新的新引擎[J].中国中小企业,2015(5).

[138] 王冬,孔庆峰.资源禀赋、制度变迁与中国科技兴衰——李约瑟之谜的科技加速进步假说[J].科学学研究,2013(3).

[139] 王琳.美国智库的发展状况[J].求知,2012(10).

[140] 王喜文.大众创业、万众创新与共享经济[J].中国党政干部论坛,2015(11).

[141] 王玉柱.专利存量市场化困境及上海科技创新中心建设的突破口[J].科学发展,2017(4).

[142] 王媛媛.美国推动先进制造业发展的政策、经验及启示[J].亚太经济,2017(6).

[143] 王战.提升上海国际竞争力：2004/2005年上海发展报告[M].上海：上海财经大

学出版社,2005.

[144] 王志成.德国鲁尔区:旧工业区整体改造的范本[J].乡音,2014(7).

[145] 魏爱苗.德国鲁尔:经济转型中再放异彩[N].经济日报,2006-07-19(16).

[146] 吴江.知识创新运行论[M].北京:新华出版社,2000:270-276.

[147] 吴晓波,姜源林,高忠仕.浙江省创新型经济运行评价及发展对策研究——基于六省市的对比分析[J].技术经济,2008(10).

[148] 吴宇军,胡树华,代晓晶.创新型城市创新驱动要素的差异化比较研究[J].中国科技论坛,2011(10).

[149] 习近平.决胜全面建成小康社会夺取新时代中国特色社会主义伟大胜利——在中国共产党第十九次全国代表大会上的报告[M].北京:人民出版社,2017.

[150] 习近平.在省部级主要领导干部学习贯彻党的十八届五中全会精神专题研讨班上的讲话[N].人民日报,2016-05-10(2).

[151] 夏晓伦.中央经济工作会议从九方面全面阐释"新常态"[EB/OL].[2014-12-11].中国新闻网.http://www.chinanews.com/gn/2014/12-11/6869341.shtml.

[152] 肖洪武.加快建设科研与教育有机结合的知识创新体系研究[J].科技和产业,2008(5).

[153] 肖林.上海共性技术研发主体严重缺失[EB/OL].[2015-08-20].http://www.thepaper.cn/newsDetail_forward_1366428.

[154] 谢群慧.科技企业孵化器的浦东探索[J].浦东开发,2016(6).

[155] 徐国祥,杨振建.上海转变经济发展方式评价指数及对策建议[J].科学发展,2011(8).

[156] 徐虎."互联网+"模式下企业与从业者劳动关系[J].中国工人,2016(2).

[157] 徐晋,张祥建.平台经济学初探[J].中国工业经济,2006(5).

[158] 徐蒙,等."双创"带来创新发展新动能新引擎[N].解放日报,2017-09-15(1).

[159] 徐启生,余晓葵.20国集团峰会举办城市匹兹堡的今昔[N].光明日报,2009-09-20(8).

[160] 徐净,王丹,等.上海建设科技创新中心的政策和环境研究[J].科学发展,2015(6).

[161] 闫文健.革新"革"到办公室[J].IT经理世界,2005(3).

[162] 杨东方.域面——技术创新体系的空间[J].科技管理研究,2012(2).

[163] 叶林,赵旭锋.科技创新中的政府与市场:来自英国牛津郡的经验[J].公共行政评论,2013(5).

[164] 叶宗裕.关于多指标综合评价中指标正向化和无量纲化方法的选择[J].浙江统计,

2003(4).

[165] 尹建华,苏敬勤.高新技术产业集群化与协同管理研究[J].科学学与科学技术管理,2002(9).

[166] 于明山.2016年世界品牌500强:中国36个品牌入榜[EB/OL].[2018-03-28].http://www.sohu.com/a/122633271_119038.

[167] 俞陶然,彭德倩.股权激励为何三次"暂缓"[N].解放日报,2015-09-11(1).

[168] 约瑟夫·熊彼特.经济发展理论[M].何畏,等译.北京:商务印书馆,1990.

[169] 曾莉.重庆市高校专利转化率偏低之现状调研及原因分析[J].重庆理工大学学报(社会科学版),2010(12).

[170] 曾万平.我国资源型城市转型政策研究[D].北京:财政部财政科学研究所,2013.

[171] 张长春,等.我国生产率研究:现状、问题与对策[J].宏观经济研究,2018(1).

[172] 张凤,何传启.知识创新的原理和路径[J].中国科学院院刊,2005(5).

[173] 张鸿铭.努力打造大众创业万众创新的乐园[J].浙江经济,2015(8).

[174] 张慧颖.美国发布新版国家创新战略[EB/OL].[2017-12-05].http://www.nipso.cn/onews.asp? id=37355.

[175] 张秋菊.预算紧缩环境下的美国科技与创新政策新举措[J].全球科技经济瞭望,2015(9).

[176] 张仁开."十二五"时期推进长三角区域创新体系建设的思考[J].科学发展,2012(9).

[177] 张蕊.科技金融——搭建金融助推科技的多米诺骨牌[J].华东科技,2012(9).

[178] 张省,顾新.城市创新系统动力机制研究[J].科技进步与对策,2012(3).

[179] 张晓强,徐占忱.为何把"双创"上升到发展新引擎的战略高度——关于大众创业万众创新的理论思考[J].中国经济导刊,2015(36).

[180] 赵洪修.鲁尔矿区产业转型经验及与淮南矿业集团战略合作[J].煤炭经济研究,2006(1).

[181] 郑秉文.面临"中等收入陷阱",中国经济需向效率驱动转型[N].中国证券报,2011-03-09(A07).

[182] 郑欣.物联网未来十类商业模式探析[J].移动通信,2011(7).

[183] 中国经济增长与宏观稳定课题组.全球失衡、金融危机与中国经济的复苏[J].经济研究,2009(5).

[184] 周国平,等.上海加快构建产业技术创新体系研究[J].科学发展,2012(9).

[185] 周海旺.上海市外来与本地从业人员状况比较研究——基于2005年和2009年两

次抽样调查的分析[J].人力资源研究(内刊),2010(4).

[186] 周洪波.物联网:技术、应用、标准和商业模式[M].北京:电子工业出版社,2010.

[187] 周勇,冯丛丛.刍议创新型国家省市的评价指标体系[J].科学与管理,2006(3).

[188] 周振华.产业融合:产业发展及经济增长的新动力[J].中国工业经济,2003(4).

[189] 周振华.崛起中的全球城市——理论框架及中国模式研究[M].上海:上海人民出版社,2008.

[190] 周振华,陈向明.全球信息化时代中的飞跃与滞后:比较分析视角下上海的电信和信息化发展[Z].载陈向明,周振华.上海崛起:一座全球大都市中的国家战略与地方变革[M].上海:上海人民出版社,2009.

[191] 朱邦见.世界经济的复苏及其持续增长[J].新远见,2010(3).

[192] 朱鸣,郭凤典,吴义能.印度班加罗尔软件产业集群的发展及启示[C]//第三届软科学国际研讨会论文集.2014.

后 记

创新一直以来都是每个时代最重要的经济和商业现象之一。知识、思想、理念的更新，工序、产品、技术的改进，组织、业态、市场的再造，制度、体制、结构的变迁，都离不开创新。创新活动不仅会通过技术进步和组织再造影响生产决策，而且还有可能通过对消费心理和消费行为施加影响改变消费需求。更重要的是，创新活动可能带来的负外部性也需要政府的创新政策加以干预，以避免出现市场失灵，而市场创新又进一步倒逼政府行政体制改革，成为调整政府与市场关系的内生性力量。所以从这个角度上来讲，创新与发展就是"一枚硬币的两面"，是一个国家从弱到强的必由之路，也是观察经济转型的重要方面。

然而，尽管创新是当下最热的词汇，但究竟什么是创新，中国需要怎样的创新，却不太容易回答。从发展经济学的视角来看，以往认为创新只局限于技术领域的观点可能过于狭隘，但凡有助于经济发展的变革，都可以归入创新的范畴。我在《经济效率转型：从要素驱动到创新驱动》（上海人民出版社2013年版）一书中尝试运用更为宽泛的内涵，把创新理解为持续的效率提升，并进一步按照要素构成，分解为资本配置效率（资本）、城市化效率（劳动力）、科技活动效率（技术）、信息化效率（信息）、能源效率（能源）及行政效率（行政管理）六个方面，构建了"要素驱动—效率驱动—创新驱动"渐进演化发展的理论框架。

呈现在读者面前的这本《创新驱动高质量发展》是在《经济效率转型：

从要素驱动到创新驱动》基础上进行的深化探索,旨在表明创新活动的根本目的在于提高发展质量。本书的构思始于 2012 年,起初我接触到一些关于上海"十二五"发展主线即"创新驱动、转型发展"的决策咨询类课题,以及上海文化创意产业发展的横向课题。通过大量的调查研究工作,我开始深入企业和园区,这迫使我去思考,如何将内生增长经济理论中高高在上的"创新"请下神坛,为一家园区、一个街区、一座城市、一片地区的发展提供实实在在的智力服务。经过观察与提炼,我感到用知识创新体系、技术创新体系、模式创新体系、空间创新体系似乎可以涵盖我在现实经济中对创新活动的认识。于是,便有了这本书的理论框架,后续的研究兴趣也基本上是围绕这一理论框架展开的。

本书研究获得上海社会科学院创新工程优秀青年人才"创新经济学"项目资助和"上海社会科学院院庆 60 周年·青年学者丛书"出版资助。部分研究成果已在《经济学家》《上海经济研究》等核心期刊上发表,部分观点也在《光明日报》《解放日报》《文汇报》等重要媒体上刊登。研究过程中,得到了原上海社会科学院经济研究所所长袁恩桢研究员、上海市经济学会会长周振华研究员、上海社会科学院副院长兼世界经济研究所所长权衡研究员、经济研究所所长沈开艳研究员的鼓励、指点与启发;研究工作也得到了上海对外经贸大学闫海洲副教授、上海师范大学王翔副教授、中共江苏省无锡市委党校周及真副教授、华东理工大学常亚青博士、上海社会科学院经济研究所邓立丽博士、唐亚汇博士、世界经济研究所周大鹏博士、浙江省审计厅张斌的帮助与支持;为使本书得以如期出版,责任编辑熊艳付出了大量辛劳。作者在此一并表示感谢!

书稿结集出版时,我的两位学生齐懂懂和满百举协助我将全书数据进行了更新,使我能在繁忙的智库研究中心工作之余,继续深化创新经济学的探索与研究。同时,我对各章节的谋篇与行文,作了反复推敲、提炼与梳理,力求研究思路更加清晰、逻辑框架更加完善、研究结论更加准确。由于最后定稿时间颇为仓促,本书难免存在不足,作者期待学界同仁对本书提出批评与指正。

谨以此书向改革开放40周年和上海社会科学院建院60周年献礼,同时本书也是上海社会科学院创新工程优秀青年人才"创新经济学"项目的结项研究成果。

李 凌

2017年7月

图书在版编目(CIP)数据

创新驱动高质量发展/李凌著.—上海：上海社会科学院出版社,2018
(上海社会科学院院庆60周年·青年学者丛书)
ISBN 978-7-5520-2394-7

Ⅰ.①创… Ⅱ.①李… Ⅲ.①国家创新系统-研究-中国 Ⅳ.①F204

中国版本图书馆 CIP 数据核字(2018)第 181242 号

创新驱动高质量发展

著　　者：李　凌
责任编辑：熊　艳
封面设计：广　岛
出版发行：上海社会科学院出版社
　　　　　上海顺昌路 622 号　邮编 200025
　　　　　电话总机 021-63315900　销售热线 021-53063735
　　　　　http://www.sassp.org.cn　E-mail:sassp@sass.org.cn
排　　版：南京展望文化发展有限公司
印　　刷：上海景条印刷有限公司
开　　本：710×1010 毫米　1/16 开
印　　张：23
字　　数：301 千字
版　　次：2018 年 9 月第 1 版　2018 年 9 月第 1 次印刷

ISBN 978-7-5520-2394-7/F·534　　　　　　定价：108.00 元

版权所有　翻印必究